JN428190

서원에 간
해설사

서원에 간 해설사

초판 1쇄 발행 2026. 1. 19.

지은이 정병철
펴낸이 김병호
펴낸곳 주식회사 바른북스

책임편집 주식회사 바른북스 편집부

등록 2019년 4월 3일 제2019-000040호
주소 서울시 성동구 연무장5길 9-16, 606호 (성수동2가, 블루스톤타워)
대표전화 070-7857-9719 | **경영지원** 02-3409-9719 | **팩스** 070-7610-9820

•바른북스는 여러분의 다양한 아이디어와 원고 투고를 설레는 마음으로 기다리고 있습니다.

자비출판 투고 barunbooks21@naver.com
홈페이지 www.barunbooks.com | **유튜브** https://www.youtube.com/@Youtube_brTV
인스타그램 https://www.instagram.com/barunbooks7/ | **X(트위터)** https://x.com/barunbooks7
페이스북 facebook.com/barunbooks7 | **틱톡** https://www.tiktok.com/@barunbooks7

ⓒ 정병철, 2026
ISBN 979-11-7263-784-2 93910

• 파본이나 잘못된 책은 구입하신 곳에서 교환해드립니다.
• 이 책은 저작권법에 따라 보호를 받는 저작물이므로 무단전재 및 복제를 금지하며,
이 책 내용의 전부 및 일부를 이용하려면 반드시 저작권자와 도서출판 바른북스의 서면동의를 받아야 합니다.

책을 펴내며

1만 킬로미터의 서원길은 아름답습니다!

말콤 글래드웰은 1만 시간 동안 꾸준히 연습하면 전문가가 될 수 있다고 하였습니다. 대신 필자는 1만 킬로미터 이상 서원을 향해 꾸준히 달렸습니다. 전문가가 되었을까요? 해설은 할 수 있을 정도가 되었답니다.

국내외 출장으로 다양한 문화를 경험하면서 관심을 가지고 국가유산과 전통문화를 공부한 지 십 년째입니다. 시민들께 궁궐 등 국가유산을 해설하고 강의하고 있습니다. 수년 전 고택과 서원을 다니며 느꼈던 내용을 정리하여 공모전에서 수상하면서 글쓰기를 시작하였고, 그동안 함께 답사 다닌 분들과 세 권의 책을 출간하였습니다.

본격적으로 혼자만의 글쓰기를 작정하고 세계유산에 등재된 9개 서원을 찾았습니다. 가족의 배웅을 받으며 집을 나설 때면 미안함도 있지만, 설렘도 큽니다. 오늘은 어떤 인물이 나를 기다리고 있을까? 그 인물에게서 배울 것은 무엇일까? 이번 서원에서는 어떤 발견의 기쁨을 찾을까? 흥미로운 이야기는 무얼까? 전통 문양은 많이 보일까? 이런 생각에 서원 가는 길은 항상 아름답습니다.

자주 듣던 말, “아직 안 가셨어요?”

서원에 들어서면서부터 관람객에게 알려주면 도움이 되고 즐거움을 느낄만한 것을 찾았습니다. 사당에는 우리가 존경하는 분을 모셨습니다. 혼란한 세상에 흔들리지 않고 자신만의 뜻을 세우고 그에 걸맞게 활동한 인물입니다. 충과 효를 기본으로 하되 백성을 배려하였습니다.

오늘을 사는 우리에게 줄 수 있는 선한 영향을 정리하였습니다.

최초의 사액서원인 소수서원을 제외하면 나머지 서원의 형식은 비슷합니다. 그렇다고 볼만한 것이 모두 비슷할까요? 그렇지 않습니다. 우리가 9개 서원을 세계유산에 연속 유산으로 등재한 이유를 보면 알 수 있습니다. 서원은 선현을 모시고 그 덕행을 따르기 위해 마음을 모아 공부하는 곳입니다. 하지만 인간의 성품이 모두 다르듯 서원마다 만들어진 문화가 다릅니다. 옥산서원은 수려한 자연 속에 닫힌 듯 지어졌고, 병산서원은 낙동강 옆에 열린 듯 섰습니다. 무성서원은 마을 안에 민가와 어울려 배움을 함께하였습니다. 각각 만들어진 문화의 가치가 모여 세계에 자랑할 진정성과 완전성을 갖추었습니다.

방문한 서원의 특징을 찾기 위해 구석구석을 반복해서 돌아보고, 현장 해설사님의 도움을 받기도 하였습니다. 서원 전체 모습과 눈에 보이지 않는 모습을 담기 위해 드론을 띄워 촬영하였습니다. 건축에서는 대칭인 듯하지만 살짝 비낀 유연함을, 문양에서는 엄격한 듯 보이나 해학적인 것을, 보고만 있어도 힐링해 줄 곳도 사진과 함께 소개합니다. 책 내용에 맞춰 서원 동선을 따라가다 보면, 우리 전통문화를 이해하는 즐거움과 함께 뜻하지 않은 '발견의 기쁨'도 누릴 수 있습니다. 이러다 보면 금방 두어 시간이 후딱 지나갑니다.

서원의 일출이 궁금해 어슴새벽부터 서원에 가기도 하고 때로는 노을을 배경으로 서원을 촬영하고 나오기도 하였습니다. 서원에서 많은 시간을 보내고 나오는 필자가 관리하는 분에게서 자주 듣는 말이 있습니다. "아직 안 가셨어요?"

서원에 머무르게 하는 말, "역시 아는 만큼 보이네요. 선생님 얘길 듣길 잘했어요."

이렇게 서원이 좋아 다니던 눈치 백단의 필자는 가끔 현지 해설사가 됩니다. 가족이나 연인 중 한 사람에게 가벼운 질문을 던져 맞추면 크게 칭찬합니다. 나머지 가족이나 연인이 흥미로운 표정을 지으면 여지없이 필자의 짧으나마 해설이 시작됩니다.

서원 관련 이야기보다 눈으로 찾을 거리로 먼저 질문합니다. 함양 남계서원 경판각 앞에 있는 청소년에게는 "요즘 케데헌 영화가 인기인데요, 조선시대에는 이미 이곳에 더피가 살고 있었답니다. 함께 찾아볼까요?", 대구 도동서원 중정당 대청마루 위에 연인이 앉아 쉬고 있으면, "마루 위를 살펴보면 옛날 원생이 게임 하던 흔적이 있어요. 작은 장기판처럼 생겼는데요, 한번 찾아볼래요?", 경주 옥산서원 무변루 주변을 살피는 대학생에게는 "우리 한옥에서는 아주 희귀하게 2층에 조성된 온돌방이 있는데요, 이곳에 있어요. 무엇을 찾으면 온돌방인 것을 알 수 있죠? 그렇죠. 아궁이나 굴뚝이죠! 어디에 있는지 찾아볼래요?" 그러면 궁금해하지 않는 이가 없습니다. 이 책에는 서원에서 발견한 '발견의 기쁨'을 곳곳에 녹여 넣었습니다.

발견의 기쁨을 이해했다면 '서원 감상의 즐거움'으로 넘어갑니다. 병산서원 만대루를 서원 최고의 건축물이라 얘기하지만, 막상 현장을 찾은 관람객에게는 대부분 실망하는 모습이 역력합니다. 하지만 약간의 역사 지식과 상상력만 있으면 제대로 감상할 수 있습니다. 중국 백제성과 삼국지 유비의 이야기를 알고 만대루 앞 병산의 붉게 물든 모습을 상상하면, 열린 만대루는 하나의 멋진 장면으로 우리에게 다가옵니다. 옥산서원 닫힌 공간에 가면 무문관에 들어선 듯하고, 남계서원 사당의 내삼문을 나서면서 바라보는 지리산은 호연지기를 느낄 수 있습니다. 서원에서 감상할 수 있는 포인트도 찾아 정리했습니다.

이런 얘기를 들은 관람객은 "어디에 그런 내용이 있나요? 역시 아는 만큼 보이네요, 선생님 얘길 듣길 잘했어요!" 하며, 감사 인사하고 서원을 한 바퀴 더 돌곤 합니다.

나에게 하는 말, “귀중한 유산을 선택하길 잘했어!”

퇴직을 멀찍이 앞둔 때였지만 인생 제2막을 고민한 적이 있습니다. 오롯이 나를 위해 살아온 삶에서 남을 위해 무언가 할 수 있는 것이 무엇일까 찾았습니다. 기회를 얻어 선택한 것이 국가유산 해설입니다.

처음 문을 두드린 곳이 〈궁궐문화원〉입니다. 신세계로 들어가는 문을 열어준 곳입니다. 즐거움의 바다에 빠진 듯 그렇게 10년이 흘렀습니다. 원장님과 함께 공부하는 선생님들 덕분에 전문가는 아니지만 글 쓰고 강의까지 하고 있습니다. 두 번째 찾아간 곳이 〈우리문화숨결〉입니다. 내가 알고 있는 지식을 다듬어 시민들과 국가유산을 공유하며 공감하고 있습니다. 아직 완전하게 성공했다고 표현하긴 이르지만 “그래도 귀중한 유산을 선택하길 잘했어.”라고 스스로에게 말하곤 합니다.

인생 제2막에서 가족보다 더 소중한 것은 없을 겁니다. 퇴임 때 커다란 현수막에 ‘해설사로의 새로운 시작을 응원합니다.’를 써 격려하고 지속적으로 후원하고 있는 가족에게 감사하며, 가족의 모습을 알 듯 모를 듯 책 속 사진에 담아 간직하려 합니다.

42년을 기술자로 살아온 필자가 인문학에 빠져 쓴 책이 《서원에 간 해설사》입니다. 이 책을 읽고 서원에 가서 동선을 따라가다 보면 자연스레 힐링 될 것을 확신합니다.

2025년 12월
날뫼마루에서 정병철

일러두기

- 이 책에 실린 사진은 지은이가 직접 촬영하였으며, 설명을 돕기 위한 자료는 출처를 표시했습니다.
- 단행본, 잡지, 논문집, 조사보고서 등의 제목은 《 》로, 시, 그림, 논문, 기사, 블로그 등은 〈 〉로 표시했습니다.
- 주석은 본문의 해당 쪽이나 다음 쪽에 번호로 표시하며 정리했습니다.
- 이해를 돕기 위한 한자는 한글과 나란히 표시했으나 읽기 편하도록 반복 사용을 피했습니다.
- 서원에 다닌 학생을 시기에 따라 원생, 입원생, 유생으로 불렀으나 여기서는 '원생'으로 표현했습니다.
- 서원의 사당에 모신 인물을 '선현先賢'으로 표현합니다. 유교에서는 뛰어난 유학자를 의미합니다.
- 전문 자료에서 '사당祠堂'을 '사우祠宇'로 표현하고 있으나, 독자의 이해를 돕기 위해 '사당'으로 통일했습니다.
- 출처 및 소장처 표기가 없는 사진의 저작권은 필자에게 있습니다.
- 저작권이 확인되지 않은 일부 사진은 확인되는 대로 절차에 따라 승인받겠습니다.

차 례

I 세계유산 한국의 서원 여행 채비

Ⅱ 세계유산 한국의 서원 여행

I

세계유산
한국의 서원 여행 채비

세계유산, 한국의 서원 위치도

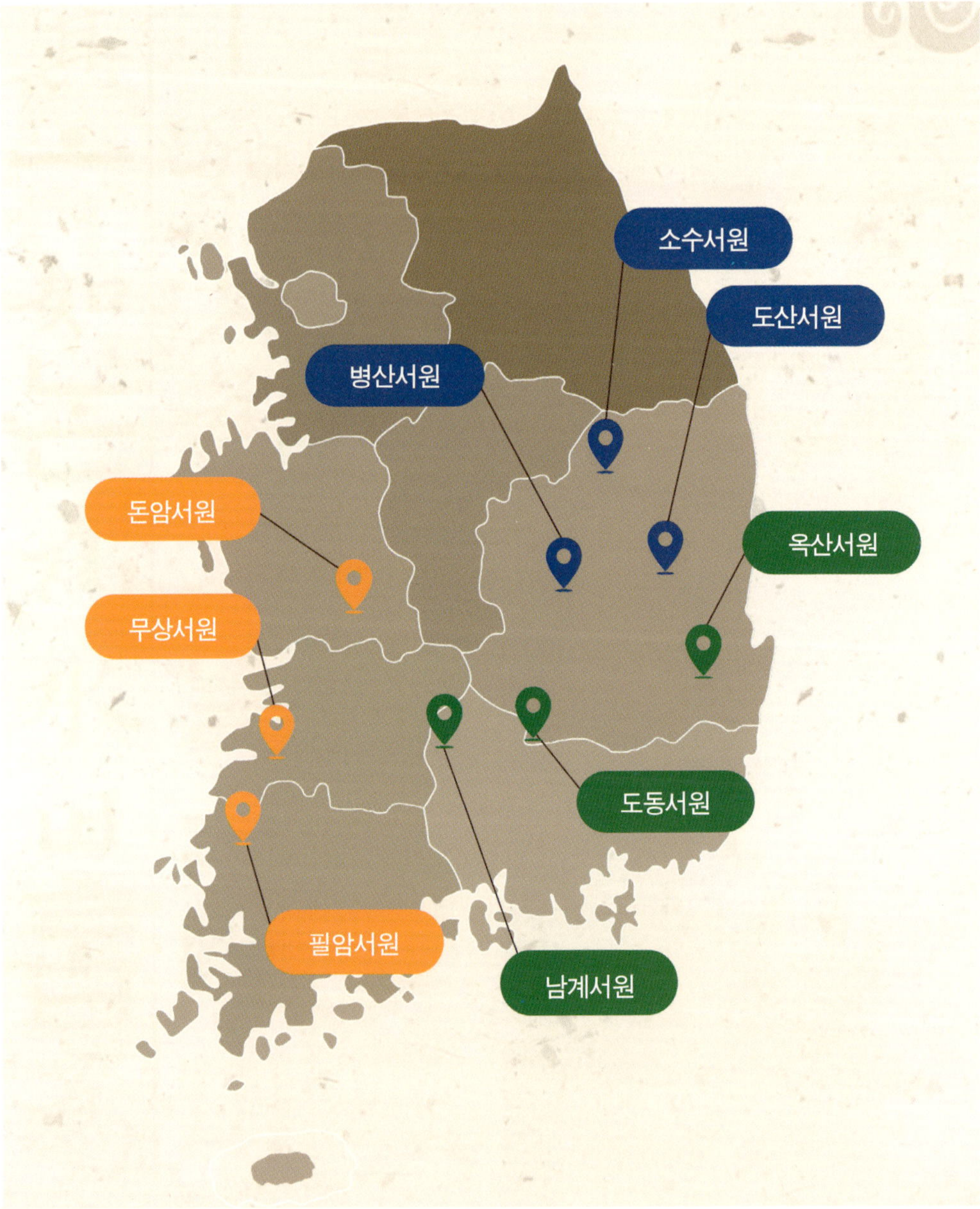

01 한국 서원 약사

국가유산 해설사로 활동하는 필자는 질문으로 해설을 시작합니다. 오늘 시작 질문은 "한국의 서원하면 어떤 생각이 먼저 떠오르나요?"입니다. 이 질문을 하면 일부 관람객은 당파, 붕당, 부정부패 등의 단어를 언급하기도 합니다. 하지만 조선시대 사림을 중심으로 만들어진 서원은, 성리학을 인간의 본성으로 체득한 선현의 얼을 모시고 그 정신을 가르치는 사립 교육기관이었습니다. 우리에게 중요한 교육 유산이기도 합니다. 우리가 무심하게 생각했던 한국 서원의 진정성을 세계가 인정하여, 2019년 한국의 9개 서원이 〈세계유산, 한국의 서원〉이란 이름으로 세계유산에 등재되었습니다.

세계유산에 선정된 서원의 진정성과 그 속에 숨겨진 이야기를 찾아 여행을 떠날 텐데요, 그전에 준비할 것이 있습니다. 국가유산 여행에서 빠지지 않는 표현이 있습니다. '아는 만큼 보인다'입니다. 현장에서 더욱 많은 것을 보고 감상하고 즐기기 위해 서원에 대해 알아보고 출발하겠습니다.

▲ 소수서원 죽계천과 경敬자 바위입니다.

한국 서원의 시작

최초의 서원은 중국에서 시작하였습니다. 중국 당나라 여정서원麗正書院[1]입니다. 하지만 여정서원은 궁중에 있어 사학私學의 기능은 아니었습니다. 중국에서 사학으로 서원이 보급된 시기는, 송나라의 주자가 백록동서원白鹿洞書院[2]을 세워 강학 활동하며 제도를 확립한 이후라고 봅니다. 이후 명나라 때 이름난 서원만 300여 개, 청나라 때는 1,000여 개로 확대되었습니다. 하지만 중국 경우에도 서원의 진정성이 변질되어 주로 과거 시험 준비를 위한 공간이었고, 문화대혁명[3]을 거치면서 경치 좋은 명승지로 남아 있을 정도입니다.

백록동에서 중국의 서원 건립이 시작되었다면, 한국은 백운동에서 서원 활동을 시작하였습니다. '백운'은 소백산 비로봉에 하얀 안개

▲ 소백산 자락에 안겨있는 소수서원 모습입니다.

1) 디지털군산문화대전 홈페이지(https://gunsan.grandculture.net/gunsan)를 참고하였습니다.

2) 백록白鹿, 흰 사슴의 명칭은 이곳에서 공부하던 이발李渤이 흰 사슴을 길렀다는 데서 유래하였습니다.

3) 중국에서 1966년부터 10여 년간 벌어졌던 자국민 스스로 자국의 문화를 파괴한 전례가 없는 대사건으로, 이때 공자를 모신 사당이나 관우의 묘 등 문화재를 훼손하였습니다.

▲ 조선시대 국립교육기관인 성균관의 명륜당입니다. 가을이면 마당의 단풍 든 은행나무를 감상하는 장소가 됩니다.

구름이 내려앉은 모습을 표현한 것인데, 현재 영주시 순흥면 소수서원을 말합니다. 물론 이전에도 한국에 여러 형태의 사학이 있었습니다. 사학은 주로 관학官學을 보완하는 역할을 하였습니다. 고구려에는 관학인 태학太學과 사학인 경당扃堂이 있었습니다. 당시 경당은 한국 최초의 사학으로 서민 자제를 대상으로 유교 경전을 읽고 군사 훈련과 실무 행정에 필요한 교육을 시행하였습니다. 신라의 화랑제도 역시 시작은 사학 형태였습니다. 신라 후기에는 신분의 한계를 극복하기 위해 당나라로 유학하는 이들이 늘어나게 되었는데, 이때도 사학이 필요했을 것으로 생각합니다. 고려시대 최고의 관학은 국자감國子監이었는데, 사학은 최충으로부터 시작된 십이공도十二公徒[4]가 잘 알려져 있습니다. 전직 관료들에 의해 운영되었으며, 과거 시험을 준비하기 위한 교육과정이라 볼 수 있습니다.

조선을 설계한 정도전은 국가 이념을 성리학으로 정하고 통치 체제를 정비해 나갔습니다. 중앙에 성균관成均館을 두고 지방에 향교鄕校를 두어 관학 중심의 이원적 인재 양성 체제를 갖추어 나갔습니다. 하지만 오늘날과 마찬가지로 지방에서 자질 있는 선생을 모시기 힘들었습니다. 또 양반과 양민이 함께 공부하고 과거에도 응시할 수 있는 좋

4) 고려시대 사학으로 사학 12도라고도 하였으며, 고려 문종 시기부터 공양왕까지 존속하였습니다. 최충의 문헌공도가 가장 번성한 사학이었습니다.

▲ 최치원이 자주 올라 학사루學士樓라 불린 이곳은 김종직이 군수로 부임하여 유자광의 현판을 철거하면서 무오사화의 빌미가 되기도 하였습니다. (경남 함양군 소재)

은 제도임에도 불구하고 양반 중심 사회로 변하면서 양반 자제가 양민과 공부하는 것을 꺼리게 됩니다. 자연스레 관학 교육기관인 향교의 입지가 위축되었습니다.

태종에 의해 정도전이 꿈꾸던 성리학적 국가 실현의 꿈은 산산조각이 났습니다. 이후 왕과 훈구 세력[5]에 의해 국가가 운영되고 있었습니다. 변화를 갈구하던 16세기에 새로운 사회 분위기가 싹트기 시작했는데요, 바로 사림士林입니다. 사림은 '글 읽는 선비의 무리'를 뜻합니다. 김종직이 성종의 신임을 받으면서 그를 중심으로 향촌 사회에 뿌리를 두었던 사림 세력이 등장한 것입니다. 초야에 묻혀 성리학 공부에 충실했던 이들은 충절과 의리의 명분을 앞세웠습니다. 그러니 세조 정권을 합리화하고 현실론을 앞세웠던 훈구 세력과의 충돌은 불 보듯 하였습니다.

연산군 이후 명종 대까지 네 차례 발생한 사화士禍[6]는 이러한 명

5) 조선 초기 세조의 집권을 도와 공신이 되면서 정치적 실권을 장악한 이후 형성된 집권 정치세력으로, 이들을 훈신勳臣, 훈구대신, 훈구공신 등으로 부릅니다.
6) 조선 전기 관료와 선비들이 정치적 반대파에게 몰려 참혹한 화를 입은 정치적 사건으로, 무오사화(1498년, 연산군4), 갑자사화(1504년, 연산군10), 기묘사화(1519년, 중종14), 을사사화(1545년, 명종 즉위년)를 말합니다.

분론과 현실론의 대립 결과로 볼 수 있습니다. 그러나 사화에 의한 사림의 피해가 컸지만, 훈구 세력의 부패와 비행은 그들 스스로 쇠락의 길로 들이서게 됩니다. 한국의 서원은 이때쯤 출발합니다. 신재愼齋 주세붕周世鵬 선생은 1541년 풍기 군수로 부임하였습니다. 다음 해 지금의 영주시 순흥에 이곳 출신이면서 한국에 처음 주자학을 도입한 회헌晦軒 안향安珦 선생을 기리기 위해, 옛 숙수사宿水寺[7] 터에 사당을 지어 제사를 지냈습니다. 사당 옆에는 건물을 지어 원생들이 학문을 닦을 수 있도록 하고, 주자의 백록동학규[8]를 본받아 이름을 백운동서원白雲洞書院이라 하였습니다. 한국 최초의 서원입니다. 유사한 역할을 했던 향교의 경우 공자를 중심으로 여러 현인을 모신 반면, 이곳은 처음으로 한국의 현인을 모시고 제사를 지냈습니다. 이 차이는 향교와 서원의 큰 특징 중 하나입니다.

1548년 풍기 군수로 부임한 퇴계退溪 이황李滉 선생은 이곳에서 중요한 일을 추진하였습니다. 서원 설립 운동입니다. 이황 선생은 을사사화에 연루되어 본인이 파직당하기도 하였고, 형 이해는 귀향 가는 길

▲ 주세붕 선생을 모신 문성공묘 지붕이 소나무 숲 사이로 보입니다.

7) 통일신라시대에 창건된 사찰로 조선 초 없어진 것으로 알려져 있습니다.
8) 주자가 백록동서원에서 강학하며 만든 규약으로, 학문을 하는 사람으로서 항상 가슴에 새겨 따라야 할 기본 원칙을 정리한 것입니다.

에 사망하였습니다. 외직으로 나가야겠다고 생각한 선생은 복직 후 단양을 거쳐 풍기로 발령받아 왔습니다. 그리고 이미 운영 중인 순흥의 서원에 대해 공인받기 위해 조정에 사액賜額[9]을 요청하였습니다.

선생은 경제적 지원만을 위해 사액을 요청했을까요? 그곳엔 선생의 깊은 뜻이 있었습니다. 왕으로부터 사액 받은 서원을 누구도 함부로 할 수 없었습니다. 그래서 그곳에서 성리학을 근간으로 의리와 덕성을 갖춘 인재를 양성하고, 그들이 백성을 교화해서 선생이 꿈꾸던 올바른 세상을 만들고자 했던 것입니다.

선현이 모셔진 사당을 사상적 지주를 모신 제향 공간으로, 원생들이 선현의 글을 읽고 공부하는 강당을 강학 공간으로 서원을 구조화하고 체제를 정비해 나갔습니다. 국가는 유학을 장려한다는 이유로 소수서원紹修書院 현판과 함께 서적과 노비를 보냈습니다. 이것이 사액서원의 시작입니다. 백운동서원이 소수서원으로 사액 받을 때 이황 선생은 고향인 도산에 은거하고 있었지만, 이후에도 서원 설립에 힘을 아끼지 않았습니다.[10] 이황 선생을 서원 역사에서 조종祖宗[11]이라 부르는 이유입니다.

▲ 귀향한 이황 선생은 한서암寒栖庵 등을 짓고 공부하며 제자를 가르쳤습니다.

---

9) 조선시대 왕으로부터 서원이나 사당의 이름을 받는 것으로, 영광스러운 일이었습니다. 현판뿐만 아니라 노비, 서적 등도 지원받았습니다.

10) 이황 선생이 직간접적으로 서원 설립에 참여한 서원은 소수서원, 죽계서원, 임고서원, 남계서원, 화암서원 등 10여 곳에 이릅니다.

11) 어떤 분야를 본격적으로 일으킨 사람을 비유적으로 이르는 말입니다.

한국 서원의 발전과 쇠퇴

이황 선생에 의해 보급된 서원은 이후 사림 전반으로 퍼져 나갔습니다. 서원을 기반으로 한 사림세력은 정계로 대거 나아가 18세기 전반까지 명실상부 조선 사회를 이끌었습니다. 17세기를 거치면서 서원은 본래의 기능을 충실하게 이행하였고, 많은 능력 있는 인재를 양성하였습니다. 이는 원생 스스로 수련하는 장수藏修[12]의 기틀 위에, 훌륭한 문인들의 강학講學 활동이 활발했고, 원생 집단의 결속력을 다질 수 있는 선현에 대한 제향祭享[13] 활동이 있었기에 가능하였습니다. 서원의 기능인 장수, 강학 그리고 제향 기능이 유기적으로 동작한 결과로 볼 수 있습니다.

▲ 마을 중심에서 향촌공동체로 발전한 무성서원 모습입니다.

12) 《예기禮記》의 〈학기學記〉에 있으며, 학문할 때 조금도 변함없이 열심히 한다는 의미입니다. '장藏'이란 마음에 항상 학업을 생각하는 것이고, '수修'란 배우고 익히는 일을 그만두지 않음을 뜻합니다.

13) 각종 제사의식祭祀儀式을 말하며, 제사의 높임말이기도 합니다.

그들은 향촌의 백성들 교화에 힘을 쏟았습니다. 사림 명단인 향안鄕案과 관련 규정인 향규鄕規를 만들었습니다. 그리고 권선징악과 상부상조하는 내용을 중심으로 자치 규약인 향약鄕約을 만들어 향촌공동체를 발전시켰습니다. 임진왜란이 발생했을 때는 사림 주도로 많은 향촌민이 참여하여 자기 지역을 지키려 의병 활동을 했고, 전후에도 힘을 모아 복구과정에 참여하였습니다. 또 지주인 사림과 생산자인 농민은 지혜를 모아 제방을 쌓고 모내기와 파종 방법을 개선하는 등 농업 생산력을 높여, 향촌 사회의 안정을 도모하였습니다. 이러한 노력이 18세기 이후 본격화하는 조선시대 유통경제 발전의 기초가 되기도 하였습니다.

사림의 활동은 향촌에 머물지 않고 중앙 정치로 이어지면서 서원이 정치적 공간으로 변하는데, 바로 붕당 정치[14]와 관련 있습니다. 붕당은 서원 활동에서 시작되었기 때문에, 주로 학연을 중심으로 발생하였습니다. 이황 계열을 남인, 조식 계열을 북인 그리고 이이 계열을 서인 등으로 나눕니다. 그런데 붕당 정치가 나쁘기만 할까요? 꼭 그렇지는 않은 듯합니다. 자료를 찾다 보니 '붕당이 있으면 혼란스러울 수 있으나, 붕당이 없으면 망한다.'는 표현에 어느 정도 공감이 가기도 합니다. 백성을 위한 정책을 두고 최선의 방안을 찾는 방법을 긍정적으로 보면 선진 정치 형태로 보이기도 합니다. 하지만 그 진행 과정이나 결과가 문제입니다. 숙종이 선호한 환국 정치[15], 광해군-숙종 대에 진행되었던 대동법[16]이나 19세기 63년간 지속된 세도 정치[17] 등의 배경이나

14) 서로 입장을 같이하는 사람들끼리 집단을 형성하고, 그에 반대되는 집단과는 대립, 반목하는 정치 형태입니다.

15) 환국이란 '국면 전환'을 뜻합니다. 여기서는 주로 숙종에 의해 이루어진 정치적 국면 전환을 가리킵니다. 경신환국庚申換局(숙종 6년), 기사환국己巳換局(숙종 15년), 갑술환국甲戌換局(숙종 20년), 정미환국丁未換局(영조 3년)이 있습니다.

16) 임진왜란과 병자호란 이후, 세금을 그 지방에서 나는 특산물로 바쳐야 했던 백성의 어려움을 해소하기 위해, 쌀로 대신 납부하는 제도로 '대공수미법代貢收米法'이라고도 합니다.

17) 정조 이후 왕권이 약했던 순조부터 철종까지 왕의 근친이나 신하가 권력을 잡고

▲ 소수서원을 지구 중심에 두고 드론 촬영 및 편집하였습니다.

그 결과를 보면 이해할 수 있습니다.

아무튼 서원을 중심으로 어떤 변화가 있었을까요? 붕당 세력을 확장하기 위해 서원 설립의 취지와 맞지 않게 특정 인물을 모시는 사당을 계속 지었습니다. 결국 서원은 필요 이상으로 많아졌는데, 이를 서원의 남설濫設[18]이라 합니다. 한때 서원이 전국에 900개[19]가 넘었습니다. 이러한 서원 확산은 그 질적 수준을 낮추어 장수의 기능은 찾아볼 수 없었습니다. 운영에 있어 군역의 폐단을 초래하였고, 제향 인물에 대한 시비가 발생하였습니다. 그리고 제수 비용 부담이 커지면서 사회적 문제를 일으킵니다. 서원 무용론無用論까지 나오게 되었습니다.

마음대로 하는 정치 형태입니다. 순조, 헌종, 철종 3대 동안 왕의 외척인 안동 김씨, 풍양 조씨 집안에 의해 이루어졌습니다.

18) 넘칠 정도로 많이 건설되거나 설치된 것을 뜻합니다.

19) 《한국민족문화대백과사전》 〈서원〉 '표2 연대별, 지역별 서원의 건립'에서 참고했으며, 서원과 사당의 형태를 포함하여 909개였습니다.

소학[20]을 정치와 생활의 근본으로 삼고 서원을 지원하던 영조도 그 폐단을 알고 나서는 서원을 통제하기 시작하였습니다. 그는 탕평책을 추진함과 동시에 붕당 간 정쟁을 유발한 서원에 대한 훼철을 단행하였습니다. 헐어서 없애버린 것입니다. 서원의 훼철은 이후 정조나 철종 대에도 진행되었습니다.

결국 조선 초 훈구 세력처럼, 사림 스스로 서원 운영의 폐단을 개선하지 못해 쇠퇴의 과정을 밟았습니다. 공부는 하지 않고 문중 제사 등을 핑계로 재물 축적에 혈안이 된 서원 집단을 향해, 대원군은 "진실로 백성에게 해가 되는 것이 있으면 비록 공자가 다시 살아난다고 해도 나는 용서하지 않겠다."는 말과 함께 서원 훼철[21]의 철퇴를 가하였습니다. 이때 전국에 살아남은 서원은 모두 47개소였는데, 서원 형태가 27개소, 사당 형태가 20개소[22]였습니다.

우리가 역사를 배우는 이유는 무엇일까요? 잘못된 역사를 개선하고 잘된 역사는 자부하면서 미래를 밝혀나가기 위함입니다. 서원을 답사하는 이유는 각박한 일상에서 벗어나 몸과 마음의 여유를 찾는 시간이 될 수도 있지만, 서원의 진정성을 알아보고 선현의 삶을 나의 삶에 반영하는 것도 의미가 있을 겁니다. 앞서 언급한 문제점을 반면교사로 삼으면서.

---

20) 소학은 어려서부터 학문을 하는 사람들의 일상생활과 행동 기준을 밝혀주는 지침서입니다. 한훤당 김굉필 선생이 '소학 동자'란 별명이 있었고, 영조 역시 평생 소학에 따르는 마음가짐으로 살았다고 합니다. 동양의 《탈무드》라고 말할 수 있습니다.

21) 헐어서 치워 버리는 것을 말합니다.

22) 《한국민족문화대백과사전》 〈서원〉 '표3, 대원군의 서원 철폐령 이후 남은 47개 서원'을 참고하였습니다.

02 세계유산으로서 한국의 서원

세계가 인정한 한국의 서원

2019년 7월 아제르바이잔 수도 바쿠에서 제43차 세계유산위원회가 개최되었습니다. '한국의 서원'이 세계유산 목록에 등재되는 영광을 누리는 순간이었습니다. 한복 두루마기를 멋지게 차려입고 자축하는 모습이 '2002년 한-일 월드컵 공동 개최가 결정'될 때처럼 인상적이었습니다. 등재 발표 전에 몇몇 국가의 지지 발언이 있었는데, 필자는 중국 대표의 지지 발언을 잊을 수 없습니다.

> "중국은 이코모스[23]의 '한국의 서원' 세계유산 등재 권고와 문안 내용을 전적으로 지지합니다. (중략) 중국어로 슈유앤 shūyuàn 書院으로 불리는 성리학 교육기관이 비록 중국에서 시작되기는 했지만, '한국의 서원' 역시 16세기에서 17세기 사이에 동아시아의 유교 문화의 보급과 지역화에 기여한 중요한 곳입니다. 이러한 서원은 자연환경과 잘 조화되어 한국의 독자적인 서원 건축 형식으로 발전시킴으로써, 한국에서 성리학이 추구하는 이상이 꽃피도록 하였습니다. (후략)"[24]

놀라운 지지 발언이 아닌가요? 중국은 어떤 나라입니까? 정치와 경제에서 자국 이익을 위해 첨예하게 대립하고 있는 이웃 국가입니다. 특히 자국 영토 안의 한국 역사를 인정하지 않으려 옛 부여, 고구려,

---

23) ICOMOS, International Council on Monuments and Sites 국제기념물유적협의회의 약자입니다. 세계의 역사적 기념물 및 유적의 보존에 관한 국제적인 비정부 조직이면서, 유네스코 기념물 및 유적 보호에 관한 자문 기관으로 세계유산 등재에 중요한 역할을 합니다.

24) 《한국의 서원, 세계유산목록 등재 백서》 한국의 서원 통합보존관리단, 2020년, 276쪽을 참고하였습니다.

발해 지역에 대해 '동북공정東北工程'[25]을 주도면밀하게 마무리하였습니다.

필자가 몇 해 전 중국이 자행한 동북공정 지역을 답사하러 갔었습니다. 광개토대왕비廣開土大王碑를 비롯하여 멀쩡한 한국의 유산을 자기네 유산으로 만들어 놓고, 일부는 세계유산 목록에 등재까지 하였습니다. 한국인이 유산에 접근하는 것을 유난히 경계하고 근접 촬영도 어려울 지경이었습니다. 이보다 더한 것은 이렇게 한국 유산을 자기네 것으로 만들어 놓고 세계유산에 등재한 후 방치한 모습이었습니다. 보는 것만으로도 가슴이 아팠습니다. 이번 경우에는 중국도 거부할 수 없을 만큼 그 가치가 있었다고 본 모양입니다. 중국도 인정한 한국 서원의 가치를 함께 찾아보겠습니다.

유네스코 세계유산 제도는 1972년 이집트 댐 공사로부터 누비아 유적을 보호하기 위해 1972년 마련되었습니다. 이후 전 세계에 널리

▲ 중국 지린성 지안시의 광개토대왕비입니다. 한국인은 보호막 안에서 해설하거나 사진 촬영을 할 수 없어 외부에서 해설하였습니다.

25) '동북변강역사여현상계열공정'의 준말입니다. 중국 동북 지역의 역사와 현황에 관한 대형 학술과제로, 중국은 이를 통해 현재의 중국 국경선 안에서 일어난 모든 역사를 중국의 역사로 만들려는 정치적 프로젝트입니다. 출처는 〈한국경제연구원 박승록 칼럼〉 입니다.

▲ 남계서원의 제향 준비 모습인데, 특별하게 낮에 치렀습니다.

분포된 유적과 유물을 대상으로, 모든 국가와 국민이 공동으로 지켜나가 다음 세대와 함께 향유 할 중요한 가치를 지닌 유산을 선정하여 관리하는 제도입니다. 그 중요한 가치란 '탁월한 보편적 가치'[26]입니다. 그 가치에는 10가지 기준이 있는데, 한국의 서원은 세 번째 기준에 해당합니다. '(iii) 살아 있거나 이미 사라진 전통, 혹은 문명의 독보적 또는 적어도 특출한 증거'에 해당한다는 것입니다. 정의된 내용이 이해하기 쉽지 않은데요, 정리하면 다음과 같습니다.

첫째, 중국 성리학이 한국 환경에 맞춰 발전해 온 과정을 잘 보여주고 있습니다. 앞서 언급한 것과 같이 한국 서원은 중국에서 들어왔지만, 모든 면에서 한국에 토착화한 형태로 발전하면서 성리학을 보급하는 기능에 충실하였습니다. 서원의 형태가 지금까지 남은 국가는 중국, 일본, 베트남과 한국 정도입니다. 이들 가운데 한국 서원만이 가장 독특하고 화려한 문화적 특색으로 꽃피운 국가유산이라 볼 수 있습니다.

---

26) Outstanding Universal Value, 국경을 초월할 만큼 독보적이면서 현재와 미래 세대의 전 인류에게 공통으로 중요한 문화적, 자연적 중요성을 지닌 가치를 말합니다.

둘째, 성리학과 관련된 문화적 전통을 보여주는 탁월한 증거입니다. 한국 서원은 사당에 훌륭한 선현의 위패位牌[27]를 모시고 그 인물의 덕행을 따르려는 소통 문화가 있습니다. 강학 공간에서는 성리학 경전을 공부하고 토론하면서 우주를 이해하고 이상적인 세상을 구현하기 위한 장수와 강학이 이루어졌습니다. 또 유식 공간에서는 자연 풍광이 수려한 곳에서 사색하며 호연지기를 길렀습니다. 이러한 서원 활동은 향촌 활동으로 이어져 성리학의 원칙을 널리 보급하는 결과까지 얻을 수 있었습니다.

셋째, 형성된 전통문화는 교육과 관습 형태로 많은 부분이 오늘날까지 지속되고 있습니다. 한국 서원의 큰 특징을 꼽으라면 제향 활동과 강학 활동입니다. 제향 활동을 통해 선현의 학문과 정신을 이어가길 원하였습니다. 지금도 이러한 전통은 서원마다 고스란히 이어가고 있습니다. 강학의 경우 시대에 따라 다소 변형된 모습인데요, 그래도 시대에 맞는 교육 형태를 개발하고 그에 맞춰 교육을 진행하고 있습니다. 현재는 시민의 인문학적 소양을 기르는 장으로 활용하고 있습니다.

▲ 도산서원의 강학 공간인 전교당입니다. 조선 초기 모습을 간직한 두꺼운 창 얼굴과 창 얼굴 가운데 문설주를 감상할 수 있습니다.

27) 조상의 혼이 깃들어 있다고 여기는 나무로 만든 패입니다.

넷째, 서원 건축물 역시 건축학 측면에서의 변화와 지역화 과정의 탁월한 증거로 인증받았습니다. 선정된 서원은 모두 16세기 중반부터 17세기 중반에 건립된 것입니다. 서원 건축 형태에 있어 건축 기술과 자연과 조화 과정 등을 잘 보여줍니다. 특히 풍수와 자연에 조화로운 위치 선정, 정형화된 공간의 구성, 주요 건물과 보조 건물의 배치, 경관의 조성, 건물 의장 등에서 그 특성을 살려 한국 서원만의 건축적 특징을 만들어 냈습니다.

앞으로 살펴보겠지만 우리가 알고 있는 궁궐, 사찰, 사대부 건물과 또 다른 정형화된 특징을 발견할 수 있습니다. 이러한 서원 건축의 정형화된 모습은 결국 성리학이 조선 사회에 잘 정착한 사실을 보여준다고 할 수 있습니다.

한국을 대표하는 아홉 개 서원의 선정

이렇게 탁월하고 보편적 가치를 가진 한국의 서원은 전국으로 9개 서원이 선정되어 세계유산 목록에 등재되었습니다. 영주 소수서원, 함양 남계서원, 경주 옥산서원, 안동 도산서원, 장성 필암서원, 달성 도동서원, 안동 병산서원, 정읍 무성서원 그리고 논산 돈암서원입니다. 이 9개 서원 유산을 연속유산[28]이라고 합니다.

이쯤이면 궁금한 점이 있지 않나요? 현재 국내의 648개 서원[29] 중에 어떻게 9개 서원만 선정했을까 하는 겁니다. 선정에 있어 먼저 대원군의 서원 철폐 때 남은 서원 27개소가 대상이었습니다. 당시 한 인물을 여러 사당이나 서원에서 모시기도 했는데, 이를 인물 중심으로 통합한 것이었습니다. 성리학적 업적이 뚜렷한 인물의 경우 하나의 사당이나 서원에 모셔지는 것은 허락한 겁니다. 또 사당 형태로 남아 있던 20

28) 단일 국가 내 지리적으로 떨어져 있는 두 개 이상의 유산을 포함한 유산을 말합니다.
29) 《한국서원연합회》 〈전국 서원 찾기〉 표를 참고하였습니다.

개소는 서원 선발에서 제외하였습니다. 완전한 서원 형태로 남은 것을 우선 대상으로 하였습니다. 이렇게 해서 서원의 역사성과 정통성을 확보하였습니다.

다음으로 조선시대 서원의 모범이 되는 16세기에서 17세기까지 조성되고 발전한 서원이 대상이었습니다. 대개 400여 년 전통을 이어온 서원입니다. 그런데 여러분이 잘 알고 있는 인물을 모신 서원도 빠진 경우가 있습니다. 왜 그럴까요? 포은 정몽주와 백사 이항복을 모신 서원은 북한에 있어 선정 시 빠졌습니다. 우암 송시열을 모신 곳은 서원이 아닌 강한사江漢祠로 사당 형태였습니다. 그리고 정암 조광조를 모신 서원은 심곡서원深谷書院으로 용인에 있지만 주변 환경이 세계유산에 신청할 수 있는 상황이 아니었습니다. 또 각 서원이 내세울 만한 특징이 있어야 하고, 건축적으로도 한국 서원의 정형을 완성하고 전통적 양식을 보존한 곳이어야 하였습니다.

세계유산위원회는 9개 서원에 대해서도 대상 서원이 많다며 줄이려 하였습니다. 한국은 서원의 특징과 역사를 연속성 있게 보여주는 것이 한국 서원의 진정성을 보여주는 것이라 설득하여 마침내 등재에 성공하였습니다.

▲ 설립 당시와 달리 주변이 개발되면서 심곡서원은 아파트에 둘러싸여 있습니다.

03 한국 서원의 공간구성

한국 서원의 입지

한국의 서원은 대개 풍수가 좋고 풍광이 뛰어난 곳이면서, 사당에 모신 선현이 활동하던 지역에 설립되었습니다. 특히 풍광이 좋은 곳에 서원을 지어야 원생들이 장수하고 강학하면서 호연지기를 기르기 좋다고 생각하였습니다. 인격 수양과 도덕적 행동을 지향하는 성리학 교육 목적에도 말할 나위 없이 좋았을 것입니다. 향교는 관학으로 관청 옆이나 접근하기 좋은 장소에 있었는데, 서원은 이와 대조적입니다. 서원에 가면 자연경관과 서원 건축물이 하나가 된 모습입니다. 서원 입지를 보면 경상도 지역 서원은 계곡이 완만해지는 곳에, 충청도와 전라도 지역 서원은 낮은 언덕과 들판이 만나는 곳에 주로 있습니다.

성리학에서는 우주에서 볼 수 있는 모든 물질과 현상은 이理와 기氣로 구성되어 있고, 이와 기에 의해 세상은 일정한 법칙을 가지고 생성되고 변한다고 봅니다. 서원 건축물 역시 일정한 법칙에 따라 질서정연

▲ 드론으로 확인한 옥산서원의 입지는 최고의 풍광을 자랑합니다.

한 형태를 보입니다. 이런 이유로 서원을 구성하고 배치된 건물은 균형과 절제가 반영되고, 궁궐이나 사찰만큼 화려하진 않으나 품격이 느껴지는 곳입니다.

서원의 공간구성

앞서 언급한 것과 같이 서원 위치를 정할 때 배산임수의 좋은 장소를 찾아 정합니다. 서원 건축물을 배치할 때는 전학후묘前學後廟[30]와 중심축中心軸[31] 배치의 원칙을 따랐습니다. 즉 앞에는 강학하는 건물인 강당과 생활하는 건물인 재사齋舍를 두고, 뒤에는 선현을 모신 건물인 사당을 배치합니다. 이는 한국 최초 서원인 소수서원을 제외한 8개 서원에서 공통으로 볼 수 있습니다. 평지에 주로 조성된 향교의 경우 전학후묘와 전묘후학의 배치 형태가 혼용되고 있으나, 서원의 경우 뒤쪽 지형이 높아 자연스레 높은 곳에 사당을 두는 형태가 되었습니다.

또 한국 건축물뿐만 아니라 전 세계 고건축물의 일반적인 특징이기도 하지만, 서원 역시 중심축이 있어 좌우 대칭인 건물 배치를 볼 수 있습니다. 이러한 배치 형식을 가장 잘 따른 곳이 대구 달성 도동서원입니다. 앞쪽 수월루부터 환주문, 거인재, 거의재, 중정당, 내삼문과 사당은 직선의 중심축 위에 있거나 대칭적 배치 모습을 보여줍니다. 일부 서원의 경우 기준은 따르되, 지형에 따라 조금씩 다릅니다. 이를 건축의 유연성이라 부르는데, 약간씩 형식에서 벗어난 한국 건축의 매력으로 보기도 합니다. 건축물 자체가 자연과 동화하고 호흡하기 위해 원칙이 허용하는 범위에서 자연에 맞춘 것이기 때문입니다.

---

30) 전학후묘는 서원과 일부 향교에서 건물을 배치하는 방법으로, 앞쪽에 강학용 건물인 강당을 두고 뒤쪽에 제사를 지내기 위한 사당을 두는 형식입니다. 대조적인 형식이 전묘후학 형식인데, 성균관과 향교에서 볼 수 있습니다.

31) 건물 배치에 있어 주요 건물들을 하나의 축을 중심으로 배치하는 방법인데, 지형적 여건상 일부 건물은 중심축에서 벗어날 수 있습니다.

이러한 원칙에 따라 배치된 서원 건물은 크게 유식遊息 공간, 강학講學 공간 그리고 제향祭享 공간으로 나누어지는데요, 여행을 떠나기 전에 공간에 대해 알아보겠습니다.

제향 공간

먼저 제향 공간입니다. 사당이 있는 곳입니다. 이곳은 선현의 위패를 모시고 제사를 지내는 공간으로, 서원 내 가장 안쪽 높은 곳에 둡니다. 출입문에 해당하는 내삼문內三門, 신위를 모시는 건물인 사당 그리고 제사에 필요한 각종 물품을 보관하고 준비하는 전사청典祀廳 등으로 구성됩니다. 향교 사당대성전에는 공자를 중심으로 중국과 한국의 선현을 모시는데, 서원의 사당에는 각 서원에서 추모하는 선현 9개 서원의 경우

▲ 한국 서원의 정형을 보여주는 도동서원입니다. 주요 건물을 중심축에 두고 앞에서부터 유식, 강학, 제향 공간을 배치하였습니다.

〈도동서원 종단면도〉

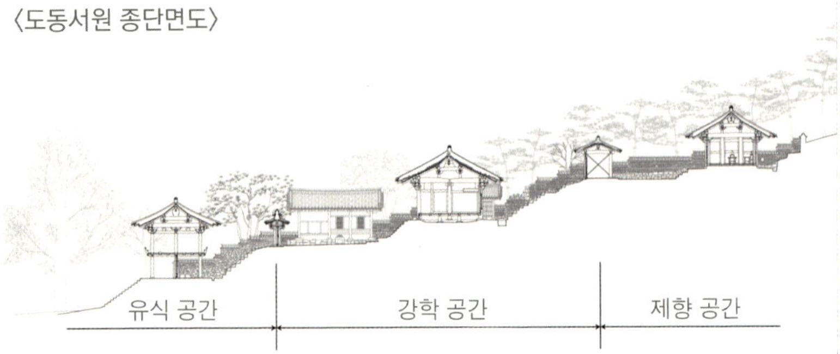

《한국의 서원 사진 및 도면집》에서 편집하였습니다.

▲ 도동서원의 종단면에서도 기단을 조성하고 영역을 따라 공간을 구분합니다.

각 1~7분을 모십니다. 단순히 제사를 지내는 것으로 그치는 것이 아닙니다. 원생들은 이곳에서 제사 지내며 선현의 학덕을 기리며 소통하고 학문의 목표를 지향합니다.

강학 공간

강학 공간은 강당과 재사로 구성되는데, 서원의 핵심 공간으로 제향 공간 앞에 자리합니다. 강당은 선생과 원생들이 경서經書[32]를 강독講讀[33]하거나 유림의 회합 장소로 사용되었습니다. 대개 강당 가운데 대청마루가 있고 좌우에 선생이 생활할 수 있는 온돌방이 있습니다. 재사는 원생들의 생활공간으로 강당 앞에 배치하며, 주로 동재와 서재로 구성되었습니다. 동재와 서재는 사용자의 서열에 따라 공간이 정해지기도 하였습니다. 그러나 소수서원과 같이 서원 형식이 확립되기 이전에 세워진 서원이거나 무성서원과 같이 마을 안에 서원이 들어선 경우 일부 건물 배치가 다릅니다.

---

32) 유교의 사상과 교리를 써 놓은 책으로, 《역경》, 《서경》, 《시경》, 《예기》, 《춘추》, 《대학》, 《논어》, 《맹자》, 《중용》 등을 말합니다.

33) 문장의 의미를 탐구하면서 읽는 것을 의미하거나, 내용의 뜻을 파악하며 함께 공부하는 수업 방식을 말합니다.

▲ 필암서원의 확연루는 누마루 양식으로 창을 열면 넓은 들이 펼쳐집니다.

유식 공간

다음은 유식 공간입니다. 예나 지금이나 사람이 항상 긴장하고 생활할 수는 없겠죠? 서원이 생기기 시작했을 때는 이 공간이 따로 없었습니다. 시간이 지남에 따라 차츰 학문의 긴장에서 잠시 벗어나 자연을 감상하고 호연지기를 기를 공간이 필요하였습니다. 산수가 좋은 곳에 자리 잡은 서원이지만, 그중에서 자연과 최대한 친화할 수 있는 공간에 유식 공간을 조성하였습니다. 대개 서원 입구에 누마루 형식의 건물을 세워, 아래 공간은 출입문외삼문으로 사용하였습니다. 사방이 훤하게 뚫린 누각 위 공간은 서원의 안과 밖을 감상하며 여유를 즐기는 공간으로 사용하였습니다. 일부 서원의 경우 주변의 시냇가나 연못가에 정자 등을 지어 유식 공간으로 사용하기도 하였습니다.

이러한 공간들은 별개의 공간으로 보이지만, 사실은 서로 긴밀하게 연결되어 있었습니다. 사당에서 선현을 배향하며 강한 학문적 계보를 형성하고 목표 의식을 가졌습니다. 강당에서는 성리학 경전을 익히고 토론하며, 우주를 이해하고 이상 세계 구현을 위해 노력하였습니다. 누마루에서는 자연을 감상하고 호연지기를 기르고 심신을 단련하였습니다. 이렇게 유기적 활동 덕분에 원생들은 성리학을 고도로 완성할 수 있었습니다. 또 서원을 중심으로 다양한 사회 활동을 펼치면서 성리학의 원칙을 널리 보급할 수 있었던 것은 그 결과로 볼 수 있습니다.

이 외에도 서원에는 주요 공간의 기능을 지원하는 공간이 있습니다. 제향과 강학 기능 등 서원 전반을 지원하고 관리하는 고직사庫直舍, 제향을 주관하고 준비하는 전사청典祀廳, 도서 제작용 목판을 보관하는 장판각藏板閣, 도서를 보관하는 장서각藏書閣 등입니다. 기타 시설물로는 제사에 바칠 살아있는 짐승주로 돼지을 검사하는 생단牲壇 또는 희생단犧牲壇, 제사 때 손을 씻기 위해 대야를 올리는 관세위盥洗位, 제사를 끝내고 축문[34]을 태우는 망료위望燎位 그리고 야간에 관솔[35] 등을 태워 불 밝히던 정료대庭燎臺 등이 있습니다.

이제 여러분은 이 책과 함께 현장으로 갈 수 있습니다. 서원을 방문할 때 알아야 할 기본을 익혔기 때문입니다. 이후 내용은 서원을 답사하면서 수시로 읽어보면 서원 이해에 도움이 됩니다.

▲ 돈암서원의 전사청은 사당인 숭례사와 별도로 꽤 규모 있게 조성하였습니다.

34) 제사 시 혼령에게 올리는 의식 중 하나로, 혼령에게 제수를 차렸으니 맛있게 드시라고 알리는 글입니다.

35) 송진이 엉긴 소나무의 가지 등을 말합니다. 예전에는 송진이 많은 관솔에 불을 붙여 촛불이나 등불 대신 사용하였습니다.

04 한국 서원의 제례 문화

서원에서 행해지는 활동을 의례儀禮로 표현합니다. 제향 공간에서 행해지는 활동을 제향 의례, 강학 공간에서 행해지는 활동을 강학 의례로 볼 수 있습니다. 이러한 의례들은 서원이 사회교육을 실현하기 위한 공간이었음을 보여줍니다. 이중 현대까지 잘 보존된 것이 제향 의례입니다. 젊은 세대에게는 다소 생소할 수 있으나, 국가 행사든 가정 제례든 현재까지 치르고 있는 제사의 형태이니 알아보는 것도 흥미로울 수 있습니다.

제향 인물

앞선 언급에서 향교와는 달리 서원에서는 한국의 선현을 모시고 학덕과 선행을 추앙[36]한다고 하였습니다. 모시는 인물은 당연히 학문과 충절로 뛰어난 인물을 위패 형태로 모셨습니다. 주로 태어나고 성장한 곳이거나 거주한 곳 또는 관리로 부임하여 백성을 잘 다스린 곳입니다. 즉 그 지방에 선한 영향을 준 선현을 모셨다고 볼 수 있습니다. 이런 이유로 서원의 위상은 외관상 규모로 결정되지 않고, 서당에 어떤 선현을 모셨는지로 결정되었습니다. 조선 후기로 가면서 이런 분위기는 부정적으로 변하여 중요 인물과 조그마한 연관이라도 있으면 서원을 지어, 이익을 챙기려는 현상이 나타나 마구잡이로 서원이 조성되는 현상이 나타났습니다.

여기서 이런 궁금증이 생깁니다. 9개 서원에 모신 선현은 당시 문인文人으로 한국의 성리학이나 도학道學의 발전에 도움을 준 인물입니다. 그런데 한국 역사에 이런 분만이 존경받는 것은 아닙니다. 위기에 처한 나라를 구한 이순신 장군과 같은 인물을 추앙하기 위한 서원은 왜

36) 높이 받들어 우러러본다는 의미입니다.

▲ 제례를 위해 제관들이 남계서원 사당 내삼문을 들어서고 있는 모습입니다.

없냐는 것입니다. 궁금하지 않나요? 물론 그러한 공간이 있습니다. 다만 이런 인물을 추앙하기 위한 공간은 강학 공간이 없는 사당 형태입니다. 앞서 언급한 서원 철폐 때 남은 47개 중 사당 형태로 남았던 20개에 포함되어 있습니다. 이러한 곳 역시 창건 이후 사액을 받았으며, 대원군의 서원 철폐령에도 남았습니다. 이순신 장군 위패는 통영 충렬사에, 권율 장군 위패는 고양 충장사에 배향[37]되어 있습니다.

제향 종류

서원에서의 제향 의례는 주세붕 선생이 안향 선생을 모시는 사당을 세우고 제사를 지내면서 시작되었습니다. 향교에서 지내던 석전제釋奠祭[38]와 가례家禮[39]에 따라 절차를 만들어 시행하였습니다. 서원의 제향 역

37) 《한국민족문화대백과사전》〈서원〉'표3, 대원군의 서원 철폐령 이후 남은 47개 서원'을 참고하였습니다.

38) 석전은 문묘에서 공자를 비롯한 성현에게 제사를 지내는 의식을 말합니다. 한자 '석'은 놓다, 베풀다의 뜻이고 '전'은 술을 담아놓은 것으로 '석전'은 정성스럽게 빚은 술을 올린다는 의미입니다.

시 향교처럼 자체 의례로도 의미가 있지만 사회적으로도 중요하였으므로, 행정 관청의 지원을 받기도 하였습니다.

제향 의례는 언제 치를까요?[40] 정기적 제향과 비정기적 제향으로 나눌 수 있습니다. 정기적 제향에는 매년 봄·가을에 치르는 춘계제향春季祭享, 추계제향秋季祭享, 매월 초하루와 보름에 분향하는 삭망례朔望禮,[41] 정월 초 5일이나 6일에 행하는 정알례正謁禮[42]가 있습니다. 가장 규모가 있는 제향은 봄·가을에 있는 춘추 제향입니다. 이외에도 비정기적인 제례도 있었으나 여기서는 생략합니다.

제향 준비

이제 춘추제향을 중심으로 제례 의식을 알아보겠습니다. 준비 과정부터 의례의 중요성에 맞추어 엄격한 절차를 따릅니다. 제례 업무는 한두 사람이 중심이 되어 진행하지 않고, 사전에 분업하여 일사불란하게 진행

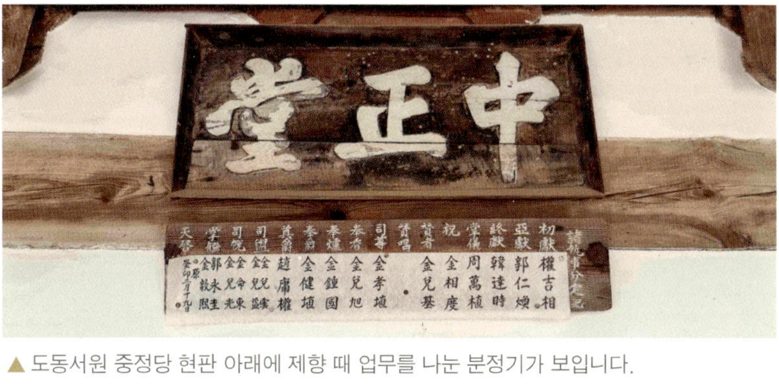

▲ 도동서원 중정당 현판 아래에 제향 때 업무를 나눈 분정기가 보입니다.

---

39) 송나라 학자 주희가 인간의 도리인 관혼상제冠婚喪祭의 절차를 정리한 것이 《가례》입니다. 한국에서는 시대에 따라 그 환경에 맞게 개선하여 사용하였습니다.

40) 도산서원에서는 제향 의례를 '치른다'라고 표현합니다.

41) 매월 음력 초하루를 한자로 '삭朔'이라 하고 보름을 '망望'이라 하는데, 이때 선현의 가르침을 잊지 않고 실천하겠다고 다짐하며 지내는 제례가 삭망례입니다.

42) 새해를 맞이하여 선현에게 제례를 지내는 것을 말합니다.

합니다. 서원에 가면 강당에 걸려있는 현판 중 분정기分定記를 볼 수 있습니다. 제례를 진행할 때 맡은 역할을 정한 것입니다. 제례를 맡은 사람을 제관이라고 하는데, 헌관과 집사로 구성합니다. 헌관은 초헌관, 아헌관 및 종헌관으로 선현께 술잔을 올리는 사람으로 덕망이 있는 인물이 선정됩니다. 집사는 축문을 낭독하거나 제례 진행을 돕는 사람으로 주로 서원의 원생들이 맡았습니다.

먼저 해야 할 것은 제례에 바칠 제물의 준비입니다. 제물에는 곡식穀食, 희생犧牲 그리고 폐백幣帛이 중심이 됩니다. 곡식을 대표하는 것은 쌀과 기장입니다. 희생43)은 제례에 올리는 가축으로 예전에는 살아있는 돼지를 도축하여 사용하였습니다. 도축하기 전에 희생단에 돼지를 올려놓고 검사하였습니다. 유사가 희생의 상태를 검사하여 희생물로 올리기에 적당하다고 판단하면, 초헌관에게 '이 정도면 희생으로 적합하겠습니까?'하는 의미로 "돌腯"이라고 합니다. 초헌관이 적합하다고 판단하면 동의한다는 의미로 "충充"이라고 답합니다. 옥산서원의 경우 한 마리 전체를 사용합니다만, 배향 인물이 많은 서원의 경우에는 희생을 부위별로 나누어 사용하기도 합니다. 요즘엔 살아있는 짐승을 서원에서 도살할 수 없어 희생을 따로 준비합니다. 선현에게 올리는 물건을 폐백이

▲ 옥산서원 추계제향 시 희생을 확인하고 충돌례를 행하는 모습입니다.

43) 희생을 성생省牲이라고도 합니다.

라 하는데, 주로 모시, 면포 또는 한지를 사용합니다. 도산서원처럼 생략하기도 합니다.

서원에서 제물 준비는 누가 할까요? 서원 운영 업무를 담당하는 유사가 합니다. 날짜에 맞춰 술은 손수 빚고 장에 가서 물품을 구합니다. 요즘엔 이런 일을 할 수 있는 사람이 적어 서원 사정에 맞추어 진행합니다. 제수를 익히지 않습니다. 희생 역시 익히지 않고 돼지를 생으로 준비해서 사용합니다.

제향 절차

준비 과정이 끝나면 제향을 거행하는데, 예에 어긋남이 없도록 정성을 다합니다. 제향 의식 순서를 적은 것을 홀기笏記라고 합니다. 진행자가 홀기 순서대로 한 단계씩 읊으면, 그 내용에 따라 제관들이 질서 있게 진행합니다. 사당에서 지낼 경우, 계단을 오를 때는 오른쪽 계단을 이용합니다. 걸음은 오른발을 먼저 올리고 왼발을 따라 올립니다. 합보법合步法이라고 합니다. 사당 출입 역시 오른쪽 문으로 들어가고 왼쪽 문으로 나옵니다. 계단을 내려설 때는 왼쪽 계단을 이용하고, 왼발을 먼저 오른발은 나중에 내립니다. 도동서원의 경우 오른쪽 문만 이용하지만 대체로 이런 절차를 엄하게 지킵니다.

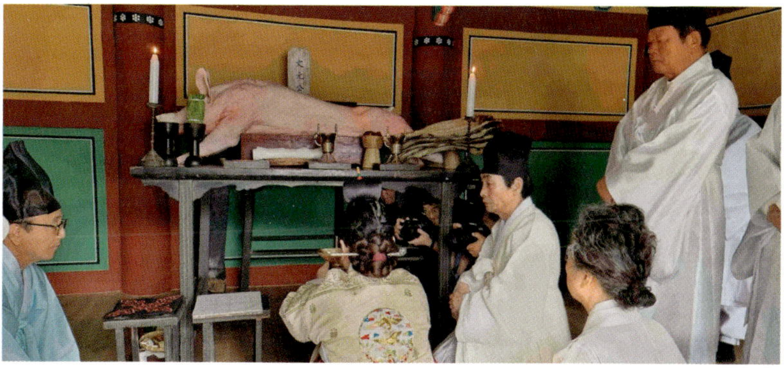

▲ 옥산서원 추계제향에서 초헌관이 술을 올리는 모습입니다. 다음에 축문을 읽습니다.

제향 절차는 대개 다음 순서로 이루어집니다.

- 분향례焚香禮 : 초헌관이 제상 앞에 앉아 잘게 자른 향을 세 번 집어 향로에 넣습니다. 향을 피우는 의미는 맑은 몸과 마음으로 선현의 혼을 부르는 것입니다.
- 전폐례奠幣禮 : 초헌관이 앞서 준비한 폐백을 위패 앞에 올립니다.
- 초헌례初獻禮 : 초헌관이 위패 앞에 첫 번째 술잔을 올립니다.
- 독축讀祝 : 선현에게 드리는 글인 축문을 읽습니다. 주로 제례의 의미를 선현에게 알리고 정성껏 준비한 술과 음식을 기쁘게 받기를 바라는 내용입니다.
- 아헌례亞獻禮 : 아헌관이 위패 앞에 두 번째 술잔을 올립니다.
- 종헌례終獻禮 : 종헌관이 위패 앞에 세 번째 술잔을 올립니다.
- 음복례飮福禮 : 선현이 드신 술과 음식을 초헌관이 대표로 맛봅니다.
- 철변두撤籩豆 : 선현이 식사를 끝내고 상을 물린다는 의미로, 제상에 올려진 제물을 내립니다.
- 망료례望燎禮 : 축문을 땅속에 묻거나 태우는 절차로, 제례에 사용한 것을 없애면서 하늘로 올라간 선현에게 보낸다는 의미입니다.

▲ 제향이 끝난 후 음복하면서 제물을 나누고 있습니다.

이후 선현의 덕을 그리며 음식을 나누어 먹고 준비한 제물을 나누어 갖습니다.

최근 서원에서는 일반인의 제향 참석을 환영합니다. 필자도 옥산서원과 남계서원 제향에 참석한 적이 있는데, 의미 있는 시간으로 기억하고 있습니다. 각 서원 첫머리에 서원별로 제향 일자를 표시하였습니다. 일자를 확인하고 참관하면 좋은 경험이 될 것입니다.

05 한국 서원의 운영

서원의 인적 구성

서원의 인적 구성은 크게 서원을 운영하는 원임院任과 학생인 원생院生으로 구분합니다. 원임 중 원장은 서원을 대표하고 서원 운영 전반을 책임지는 직책이므로, 춘추 제향에 대표로 참석하고 원생의 강학에 참여합니다. 주로 퇴임 관료나 향촌 내 존경받는 유학자가 맡습니다. 임기는 대개 1년에 연임도 가능하였습니다. 강회를 열어 외부에서 초빙하는 강사를 강장講長이라고 합니다. 서원의 실질적 운영은 주로 유사가 하는데, 담당 업무가 따로 정해져 있습니다. 유사 업무를 총괄하는 직책은 도유사都有司입니다. 서원의 운영 인력은 서원의 운영 시기, 규모 및 계파에 따라 인원이나 직책의 명칭이 달랐습니다. 이는 재정적 지원을 일부 국가로부터 받았지만, 향교에 비해 비교적 독립적으로 운영되었음을 알 수 있습니다.

독자 입장으로 궁금한 것은 서원에서 공부한 원생에 관한 내용일 겁니다. 원생에 대한 선입견을 없애고 서원으로 여행하는 것이 좋을 것 같습니다. 먼저 서원에 다닌 원생들의 나이는 어느 정도일까요? 일부 동영상이나 도서에서는 초중고 학생 정도로 소개하고 있습니다. 그럴까요? 당시 교육은 지금처럼 체계적이지 못하였습니다. 개인의 역량에 따라 월반할 수 있었지만, 누구에게나 쉬운 일은 아니었습니다. 물론, 율곡 이이 선생은 13세 진사과 초시부터 아홉 차례 장원으로 합격하여 구도장원공九度壯元公으로 불리기도 했지만, 일반인에게는 거의 불가능하지 않았을까요. 대개 서당을 졸업할 때면 10대 중반이고 소과에 합격할 때면 20대 중반을 넘겨야 했습니다.

백운동서원 원규에 있는 원생의 입학 자격을 보면, '생원, 진사 등

▲ 옥산서원 무변루에서 바라본 구인당 모습입니다.

초시에 합격한 자를 우선 선발하고 다음으로 향학열이 높고 행실이 있으나 초시에 합격하지 않은 자는 반드시 승인을 얻어 입학'하도록 엄격하게 규정하고 있었습니다.[44] 도동서원 기록을 보면 20세 이상이면 정상 입학할 수 있고, 20세 미만이면 예비 교육기관인 양몽재에 먼저 들어가게 하였습니다.[45] 정리하면, 당시 서원마다 원생의 나이는 차이가 나지만 대개 15세에서 40세 정도였습니다.

서원의 원생 수도 지금 학교처럼 많았을까요? 서원에 방문하여 원생이 생활하는 동재와 서재의 규모를 보면 짐작할 수 있습니다. 처음에는 10명을 정원으로 하였습니다. 서원이 전국으로 확산하면서 서원에 따라 원생 수가 늘어났습니다. 서원의 혜택 중에 병역 의무를 면제받을 수 있으니, 증폭하는 현상까지 나타났습니다. 경주 옥산서원의 경우 무변루의 2층 누각에 온돌방이 있는 것을 보면 이를 뒷받침합니다. 국가에선 당연히 그 인원을 통제했는데요, 인조 때는 일반서원에는 10명, 사액서원에는 20명 그리고 문묘에 모셔진 선현을 모신 서원에는 30명으로 규정하였습니다. 물론, 이런 규정은 시대나 상황에 따라 변하기도 하였습니다.

---

44) 《한국의 서원문화》 한국서원연합회, 2014년, 276쪽을 참고하였습니다.
45) 위 도서 280쪽을 참고하였습니다.

서원의 강학 활동과 평가

서원에서 강학은 지금의 교육과 비교해서 어떠했을까요? 규율 속에서 진행되므로 생각만큼 여유롭진 않았습니다. 서원에 들어가기 전부터 강학의 목표는 전인全人입니다. 인간의 심적 요소인 지知·정情·의意를 갖추는 것입니다. 즉 학덕과 인성을 갖추고 예를 실천하는 인간을 목표로 입학합니다. 또 모든 활동은 예로 시작하여 예로 마무리하였습니다.

일과를 한번 따라가 볼까요? 정해진 시간에 당번이 종이나 쇠붙이 판을 치면 모두 일어나 씻고 옷은 갖춰 입습니다. 원생끼리 두 줄로 나누어 서서 인사를 합니다. 상읍례上揖禮라고 하는데, 서로 허리를 굽혀 정중하게 인사하는 것을 말합니다. 식사 시간에도 예절을 지키며 먹습니다. 식사 후 강당에 모여 경독을 합니다.

경독이란 서원의 교육 목표와 방향이 적힌 글을 한 명이 크게 읽고 나머지 원생은 새겨듣습니다. 다음은 알묘謁廟로 사당에 가서 선현에

▲ 오늘날에도 서원마다 시대에 맞는 교육과정을 운영하고 있습니다.

예를 올립니다. 이때 강학을 위한 자신의 다짐을 합니다. 사당에서 내려와 각자의 공간에서 독서합니다. 오늘날의 자기주도 학습이라고 할까요. 독서할 때는 여러 원생이 함께 있으므로 몸가짐을 단정히 하고 차분한 분위기를 조성합니다. 잡담도 허용하지 않습니다. 읽은 책이나 물건은 사용 후 반드시 원래의 자리에 둡니다.

독서 내용은 소학을 먼저 익힙니다. 이후에 사서오경을 읽고 역사서 또는 선현의 글을 읽어 이해의 폭을 넓혀나갔습니다.

서원의 강학 활동 중에 조금 특별한 것이 있습니다. 강회와 거접입니다. 강회講會는 해당 서원 전체 또는 외부 원생이나 유생이 모여 특정 주제나 교재를 중심으로 강의하고 토론하는 방법입니다. 강회의 수준은 강사의 수준에 비례하기 때문에 유능한 인물을 초청하여 강의하기도 하였습니다. 서원별로는 20~30명, 외부 유생이 참여할 경우는 100여 명까지 모이기도 하였습니다.

외부 강사를 초청하고 외부 유생이 많이 참석할 경우, 비용이 만만치 않았겠지요? 그래서 2~3일 진행하던 강회를 하루에 끝내는 경우도 있고, 참석하는 유생들에게 먹을 것을 가져오게 하기도 하였습니다. 오늘날 전문 학술대회일수록 높은 참가비를 받는 것과 같은 이치가 아닐까요?

조금 더 재미있는 것이 거접居接입니다. '접接'이란 과거를 준비하는 유생들의 무리를 말합니다. 오늘날 공무원 시험 준비를 위한 노량진 학원가처럼, 일정 기간 모여 서원에 기숙하면서 공부하는 것입니다.

한편으론 이해가 되지 않습니다. 서원이란 본래 선현의 뜻을 따르고 도덕적으로 자신을 완성하기 위해 수양하는 것을 목표로 하는 곳이었는데 말입니다. 결국 서원도 현실을 벗어날 수 없었던 모양입니다. 아무튼, 서로 도와가며 공부하다가 과거 시험이 다가오면 족집게 강의도 듣고 매일 예비 과거 문제를 풀었습니다. 선의의 경쟁력을 통해 집중력을 끌어올리는 방법이었습니다. 이런 이유로 이황 선생도 과거 시

▲ 하급생이 생활한 곳인 소수서원 지락재지만 많은 현판이 걸려있어 눈길을 끕니다.

험을 위해서는 거접과 같은 공부 방법이 효과적이라고 했을 정도입니다. 특히 조선 후기로 가면서 붕당 정치가 활발해지고 자신과 자신이 몸담은 조직이 살아남기 위해서는 어쩔 수 없었던 모양입니다.

서원에는 요즘처럼 방학이 있었을까요? 방학이 따로 정해져 있지 않았습니다. 서원의 상황에 따라 운영 방식도 달랐습니다. 흉년이 들든지 전염병이 돈 경우에는 서원 운영을 중단하였습니다. 무더운 한여름이나 매서운 바람이 부는 한겨울에 강당의 대청마루에서 대쪽 같은 스승 앞에서 공부하는 것도 힘들었겠죠? 또 필요에 따라서만 서원을 일정 기간 운영하기도 하였습니다.

이렇게 열심히 공부한 결과는 어떻게 평가할까요? 지금처럼 필기시험의 형태가 아닙니다. 열흘 또는 보름에 한 번씩 주기적으로 평가했는데, 어린 원생의 경우 주로 배운 내용을 소리 내 외우게 하였습니다. 이를 면강面講이라 하였습니다. 학문의 깊이가 있는 원생의 경우에는 배강背講과 임강臨講이 있었습니다. 배강은 책을 보지 않고, 임강은 책

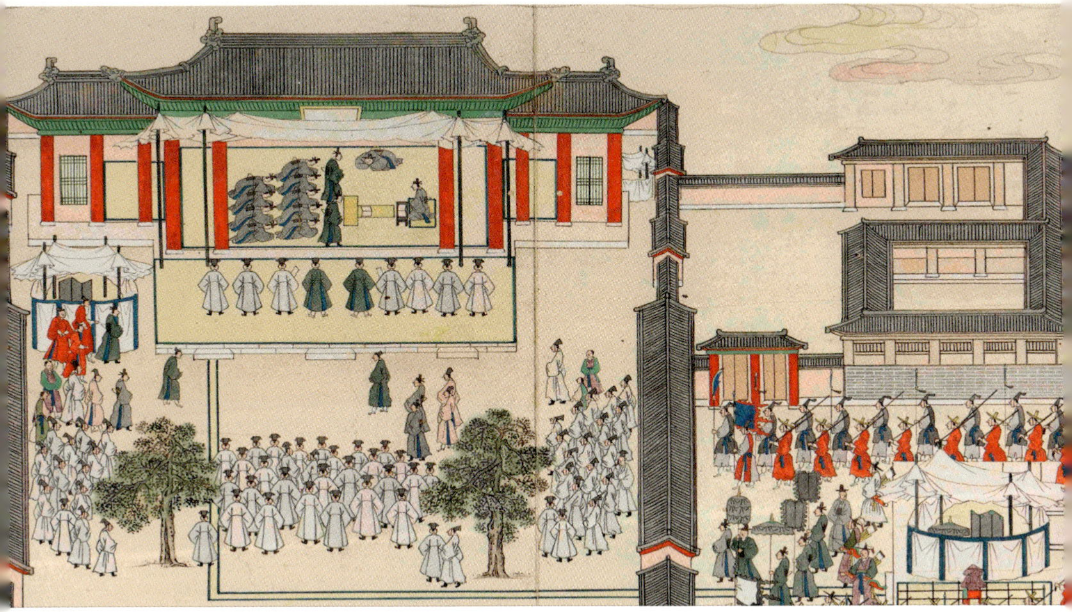

▲ 비록 궁궐의 왕세자라도 스승에게는 예를 다했습니다. ⓒ국립고궁박물관 왕세자입학도

을 보고 그 뜻을 풀이하는 방식입니다. 단순히 외우는 데에만 그치지 않고 구두句讀[46]를 잘하고 설명에 막힘이 없어야 좋은 점수를 받았습니다.

이렇게 평가한 결과는 대개 4~5단계로 매겼습니다.[47] 4단계인 경우 통通, 약略, 조粗, 불不로 나누었습니다. 스승의 질문에 원생이 열심히 답하고, 그 내용을 가만히 듣고 있던 스승이 '통'하고 말하면 옆에서 듣고 있던 원생들의 박수하는 모습이 그려집니다. 이러한 채점 방식은 궁궐의 왕세자에게도 적용되었습니다. 왕세자라고 피할 수 없었던 것이 시험이었습니다. 왕세자의 경우 20여 명이나 되는 스승 앞에서 시험을 치렀는데, 고강考講이라 불렀습니다. 시험과 시험 결과에 대한 스트레스는 예나 지금이나 변하지 않는 것 중 하나입니다.

---

46) 사전적으로는 '읽기 편하도록 구절에 점을 찍는 것'을 말합니다. 한자의 경우 따로 띄어쓰기가 없어 어디를 띄워 읽느냐에 따라 의미가 달라질 수 있기 때문에 구두는 중요합니다. 한자 '讀'은 구절을 의미할 때는 '두'로 읽습니다.

47) 《세계유산 한국의 서원 학술연구자료집》 한국의 서원 통합보존관리단, 2021년, 386쪽을 참고하였습니다.

서원의 경제 활동

붕당 정치가 일반화되면서 서원은 제향과 강학뿐만 아니라 정치와 사회적 활동도 확대해 나갔습니다. 당연히 큰 비용이 필요했을 텐데, 이를 다양한 방법으로 확보하였습니다. 서원이 사립인 만큼 국가의 지원이 없었을 것으로 생각할 수 있는데, 그렇지는 않았습니다. 초기에는 많은 부분에서 지방 관청의 지원이 있었고, 사액을 받는 경우 충분하지는 않지만, 직접적인 국가 지원도 기대할 수 있었습니다.

서원의 가장 큰 자산은 서원전書院田[48]과 노비奴婢[49]였습니다. 사액서원의 경우, 서원에 토지를 지급하는 규정이 《속대전》에 있었습니다. 일반 서원의 경우 지역 유지가 기증한 토지, 국가 부역을 면하기 위해 기부한 토지 또는 서원에서 직접 사들인 토지 등이 있었습니다. 서원에서 여러 가지 일을 수행했던 노비 역시 국가의 지원과 함께 다양한 방법으로 소유할 수 있었습니다.

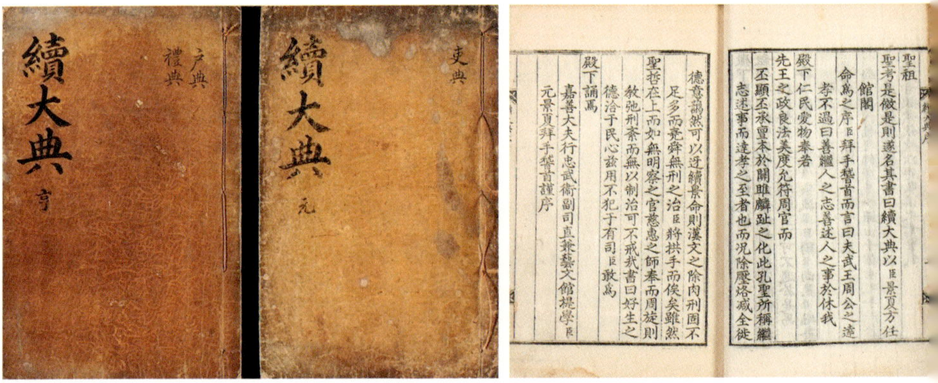

▲《속대전》은 《경국대전》의 반포 이후 260여 년 뒤에 사회 전반을 종합 정리하여 편찬한 법전입니다. ⓒ국립중앙박물관

48) 서원의 운영에 필요한 경비를 조달하기 위해 소유한 토지를 말합니다.

49) 서원에 소속된 남성과 여성 종을 말합니다. 서원 안에서 필요한 노동력을 제공하기도 하고, 외부에 살면서 서원에 노동력이나 옷감 등을 제공하였습니다.

중요한 것은 모든 서원이 충분한 재정을 확보할 수 있었냐는 것인데요, 그렇지는 않았습니다. 오백 년 서원의 역사에서 지역, 당파, 시기, 사액과 비사액, 중앙 정부에 대한 영향력 등 여러 가지 원인으로 서원 역시 빈부의 차가 있었다고 봅니다. 기록을 보면 1759년 옥산서원 전답은 약 32결,[50] 노비는 190명이었고, 1762년 병산서원 전답은 약 40결, 노비는 244명이었습니다. 상대적으로 규모가 작은 서원 중에는 전답이 10결 이내, 노비가 10명 내외인 곳도 많아서 서원에 따른 경제 규모가 많이 달랐음을 알 수 있습니다. 요즘 방송에서도 지방 사립대학의 운영이 어렵다고 하는데, 서원의 운영과 비교할 수 있습니다.

50) 결結은 농사짓는 땅의 넓이를 나타내기 위한 단위인데, 세금을 거두기 위해 토지 면적을 셈하는 단위였습니다. 땅의 비옥한 정도에 따라 실제 면적이 달라지기도 하였습니다.

06 한국 서원의 책판과 인쇄

서원의 인쇄 방식, 목판

제향, 강학과 더불어 서원의 중요한 기능이 경서나 선현의 문집을 제작하고 관리하는 일입니다. 오늘날 출판과 도서관의 역할로 볼 수 있습니다. 특히 경서나 선현의 문집을 만드는 것은 오늘날 교과서를 만드는 것과 같은데, 당시에는 쉽지 않았습니다. 이를 만들기 위해 인쇄술이 필요했는데, 당시 인쇄술은 국가의 중요 정책으로 여길 만큼 중요하고 힘든 일이었습니다. 서원에 장판각이나 장서각을 따로 둔 이유이기도 하였습니다.

한국은 독일 구텐베르크보다 앞서 금속활자를 발명하였습니다. 또 현존하는 가장 오래되고 완벽한 목판인 팔만대장경을 소유한 인쇄 선진국입니다. 이런 자부심은 조선시대로 이어져 다양한 도서를 출판하였습니다.

우리가 서원을 답사하면서 눈에 잘 보이지 않아 간과하기 쉬운 것이 서원의 출판 기능입니다. 서원은 선현의 글을 읽고 공부하는 곳이기도 하지만, 책을 인쇄하고 관리했던 곳이기도 합니다. 그래서 지역 사회의 도서관 역할뿐만 아니라 출판사 역할도 했다고 봅니다.

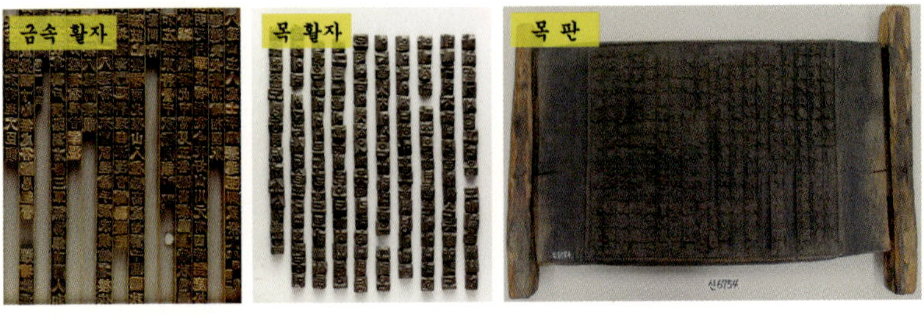

▲ 조선시대에는 금속활자, 목활자 그리고 목판을 이용하여 인쇄했는데, 서원에서는 주로 목판을 사용하였습니다. ⓒ국립중앙박물관

▲ 통일신라시대 건축물로 국보인 정혜사지 십삼층 석탑입니다. 정혜사는 한때 옥산서원의 수호사守護寺로 서원 관련 자료가 많았습니다.

조선시대 책을 인쇄하는 방식은 몇 가지나 될까요? 크게 세 가지로 나눌 수 있습니다. 금속활자 인쇄, 목활자 인쇄 그리고 목판 인쇄입니다. 그런데 금속활자를 이용한 인쇄 방법은 고도의 기술자가 있어야 하고 제작 비용이 많이 들었습니다. 자연스레 국가와 왕을 위한 책을 만들 때 인쇄하는 방법으로, 주자소[51]와 교서관[52]을 두어 발전하였습니다. 목활자는 인쇄 방식이 금속활자와 같으나 실용적이지 못해, 일부 실록 제작이나 지방 관청에서 사용했지만 널리 활용되지는 못하였습니다.

51) 조선 초부터 있었던 금속활자를 만들고 인쇄를 담당하던 기관입니다.

52) 조선시대 도서의 인쇄, 반포 및 판본 관리 등을 담당하던 관청입니다. 정조 때는 업무가 규장각으로 넘어갔습니다.

▲ 국학 자료의 수집과 관리, 현대적 활용을 위해 1996년 개원한 한국국학진흥원입니다. 도산서원 가는 길에 있으며, 유학 자료와 고건축의 현판 등을 보고 이해할 수 있습니다.

목판 인쇄는 주로 지방 관청, 향교 또는 서원을 중심으로 발전하였습니다. 목판 인쇄는 우리가 잘 알고 있는 팔만대장경의 인쇄 방식인데, 현재 가장 많이 남아 있는 인쇄 형태입니다. 안동 한국국학진흥원에서 볼 수 있는 책판은 무려 64,000여 점에 이릅니다. 기증된 책판을 정리하여 《한국의 유교 책판》으로 세계기록유산으로 등재하여 관리하고 있습니다.

서원에 방문하면 이러한 책판을 보관한 곳이 장판각藏板閣이고, 책판으로 책을 만들어 보관한 곳이 장서각藏書閣입니다. 한 공간에서 두 기능을 한 곳도 있습니다. 현재 서원의 장판각이나 장서각은 대부분 비어 있고, 현대화된 공간으로 옮겨 잘 보존하고 있습니다.

서원의 교과서, 유교 경전과 문집

서원에서 만들었던 책은 어떤 내용일까요? 책의 내용은 유교 경전과 같은 교육에 필요한 책이 대부분이었습니다. 또 서원에 모신 선현이나 학맥과 관련된 인물의 문집과 자료도 있습니다. 이러한 책은 임진왜란을 겪으면서 많이 소실되었지만, 이후 자료를 보완하면서 인쇄 문화가 더욱 활발하였습니다.

서원에서 책을 만들기 위한 책판은 '공론公論'에 의해 제작됩니다. 공론이란 지역 사회 지식인 집단의 여론을 말합니다. 공론에 어긋난 책판은 만들 수 없었고 만들어진 책판의 검수도 여러 단계로 진행하였으므로 오탈자를 찾을 수 없을 정도였습니다. 책을 만들고 남은 책판은 이후 재출간에 사용되기도 하고, 후대에 다시 공론 과정에서 수정·발전하는 과정을 거쳤습니다. 이러한 과정이 '한국의 유교 책판'을 세계기록유산에 등재하는 과정에서, 진정성을 확보할 수 있는 좋은 특징 중 하나였다고 하니 자부심이 느껴집니다.[53]

서원에서 만든 책판의 제작 과정을 잠시 소개할까요? 책판의 재료는 목재이므로 나무의 선정이 중요합니다. 주로 가래나무[54]를 사용하

▲ 목판 제작 및 활자 조판 모습을 한 장면으로 표현하였습니다. ⓒ한국사데이터베이스

53) 《한국국학진흥원》 홈페이지, 〈유네스코 기록유산, 한국의 유교 책판〉 자료를 참고하였습니다.

54) 나무 재질이 치밀하고 질겨서 잘 뒤틀리지 않아 책판으로 사용하였습니다.

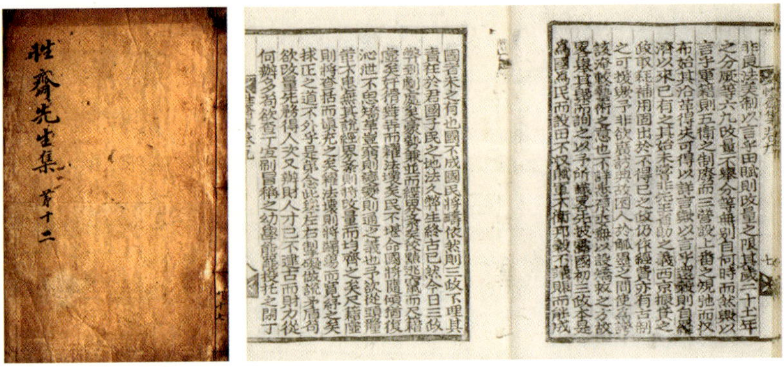

▲ 성재집은 조선 후기 문신인 허전의 시문집으로 1903년 간행되었습니다.
ⓒ한국민족문화대백과사전

는데, 사전에 나무를 잘라, 말리고, 짠물에 담그고, 작업하기 편한 크기로 자르는 과정을 거칩니다. 대패로 나무판 면을 반듯하게 깎고 다듬습니다. 나무판 위에 판하본[55]을 붙입니다. 이때 식물성 기름을 바르면 새길 글씨가 잘 보입니다. 나무판을 잘 고정하고 창칼과 마치로 새기고, 끌로 판면을 마무리합니다. 새기기가 끝나면 초벌 교정하고 인쇄합니다. 교정을 거쳐 각 장의 내용, 글자 굵기, 길이, 균형 등을 수정합니다. 인쇄하는 것을 '인출'이라고 합니다. 이때 사용하는 먹은 소나무를 태워 얻은 그을음과 아교를 녹여서 섞은 송연묵松煙墨을 사용합니다.[56]

이렇게 인쇄한 인쇄 종이를 반으로 접어 제본해서 책으로 만듭니다. 책판 인쇄 후 접는 것은 요즘처럼 양면으로 인쇄할 수 없었기 때문입니다. 옛날 책을 자세히 보면 튼튼한 실로 묶여 있는데, 이런 묶는 방법을 선장線裝이라고 합니다. 두루마리 등 몇 가지 형태의 제본 방법이 있지만 대개 표지를 씌우고 다섯 개 구멍을 뚫고 실을 꼬아 묶어 완성합니다. 표지는 비단을 사용하기도 하지만 대개는 닥종이를 몇 장 겹쳐 만듭니다.[57] 요즘 선장 체험활동을 간간이 볼 수 있습니다. 기회가 되

55) 손 글이나 이전에 인쇄한 글로 목판에 새길 글씨의 원본을 말합니다.
56) 《청주고인쇄박물관》 홈페이지, 〈목판 인쇄술〉을 참고하였습니다.
57) 《조선시대 책과 지식의 역사》 강명관, 천년의 상상, 2014년, 227~259쪽을 참고

면 체험하길 추천합니다. 생각보다 묶음이 단단합니다.

금속활자로 책을 만드는 것과 마찬가지로, 책판으로 책을 만드는 것도 비용이 많이 듭니다. 예를 들어 1891년 만든 성재 허전의 《성재집》의 경우 33권 17책을 간행했는데, 책판 제작, 인쇄 및 인건비를 포함하여 전체 6,451냥을 지급했다고 합니다. 이는 현재 비용으로 환산하면 2억 3천만 원[58]이 넘는 엄청난 비용이었습니다. 개인적인 출판은 언감생심 어려웠고, 서원에서는 별도 기금이나 제향 인물의 후손 또는 제자들의 기부금으로 충당하였습니다. 이렇게 고가의 책판이나 책을 보관했던 장판각과 장서각은 아무나 쉽게 접근할 수 없도록 별도로 관리했고, 습기 등에 쉽게 훼손되지 않도록 건물을 조성하였습니다.

여기까지 읽은 독자는 서원 여행에 필요한 준비를 완벽하게 마쳤습니다. 아는 만큼 현장에서 고개가 끄덕여질 것입니다. 이제 필자와 함께 세계인이 관심을 가지기 시작한 자랑스러운 9개 서원을 둘러보겠습니다. 서원을 둘러보기 전에는 성리학적 공통 분모가 대부분이라고 생각할 수 있지만, 직접 가보면 각각 서원이 가지고 있는 매력은 무진무궁합니다. 기대와 설렘을 가슴에 담고 서원 여행을 시작하겠습니다.

▲ 서원 답사는 매화 피는 봄에도 좋고 은행나무 물든 가을도 좋습니다.

하였습니다.

58) 필자가 계산한 내용입니다. 당시 1섬이 약 10냥 정도였으니, 6,451냥은 약 645섬에 해당합니다. 1섬을 144kg으로 적용하면 92,880kg이 됩니다. 쌀 20kg을 현재 시세 50,000원으로 계산하면 현재 비용으로 2억 3천만 원이 넘는 엄청난 비용이 나옵니다. 모두 33권이므로 권당으로 계산하면 7백만 원이 넘습니다. 여러 질을 만들면 조금 더 저렴해질 수 있었습니다.

Ⅱ

세계유산 한국의 서원 여행

01 첫 번째, 동부 지역 여행
소수서원 / 도산서원 / 병산서원

02 두 번째, 남부 지역 여행
남계서원 / 도동서원 / 옥산서원

03 세 번째, 서부 지역 여행
돈암서원 / 무성서원 / 필암서원

01

첫 번째, 동부 지역 여행

소수서원 / 도산서원 / 병산서원

가. 소수서원

순흥부順興府

❶ 죽계천 옆에 자리잡은 백운동서원이 현재 소수서원
❷ 서원에서 멀지 않은 곳에 무량수전으로 잘 알려진 부석사浮石寺
❸ 태백산, 소백산 사이의 관적령串赤岺(現 고치령)과 마아령馬児岺(現 마구령)
※ 출처 : 《광여도》 서울대학교 규장각한국학연구원

소수서원紹修書院

⊙ 모신 인물	회헌晦軒 안향安珦 1243년~1306년 근재謹齋 안축安軸 1282년~1348년 원지員之 안보安輔 1302년~1357년 신재愼齋 주세붕周世鵬 1495년~1554년
⊙ 창건/사액	1542년/1550년
⊙ 제 향 일	음력 3, 9월 상정일 (육십갑자 달력에서 '정丁' 자가 들어가는 날짜 중 첫 번째 날을 상정일, 두 번째 날을 중정일이라 합니다.)
⊙ 지정문화재[1]	소수서원(사적 제55호), 문성공묘(보물), 강학당(보물) 명종어필 현판(경북 유형문화재 제330호), 서원 소장 판목(경북 유형문화재 제331호)

---

1) 《세계유산 '한국의 서원' 학술연구 자료집 I 》 한국의 서원 통합보존관리단, 2021년, 82쪽 참고하였습니다.

서원 입구의 학자수, 소나무

서원 가는 길은 항상 기대감에 부풉니다. 소수서원에 갈 때는 더욱 그렇습니다. 서원 입구부터 숲을 이룬 소나무들이 봄이든 가을이든, 비가 오든 눈이 오든 상관없이 방문객을 반깁니다. 서원 입구부터 어깨동무하고 서 있는 소나무는 870여 그루나 됩니다. 그중에 400~500년 정도 되어 보이는 것도 많습니다.

오랜 세월 우리 민족과 함께해 온 소나무는 정서적으로 한국인과 일체감을 느끼는 나무입니다. 한겨울 눈보라 속에서도 꺾이지 않고 푸르름을 유지하는 것이, 어떤 시련에도 굴복하지 않고 곧은 모습을 보이는 선비 같다고 해서 이곳에서는 '학자수學者樹[2]'라고 부릅니다.

▲ 입구에 줄지어 선 소나무 군락 사이로 서원 지붕이 언뜻 보입니다.

---

2) 흔히 회화나무를 학자수로 부릅니다. 중국 주나라의 삼정승이 회화나무 아래에서 공부하고 정치한 데서 유래하였습니다. 조선시대에도 선비를 상징하는 나무를 학자수라고 했는데, 이외에도 은행나무와 배롱나무 등이 있습니다.

▲ 소수서원에서 불과 300여 미터 거리에 금성대군 신단과 비석이 있습니다.

솔숲에 앉아 이곳 영주의 옛 이름인 순흥 이야기를 잠시 하고 가겠습니다. 삼국시대 고구려 땅이었던 순흥은 조선 태종 때 순흥도호부로 행정 구역이 정해질 정도로 한강 이남에서 중요한 지역이었습니다. 살기 좋아 고래 등 같은 기와집이 줄지어 있었다고 전하고, 조선시대 예언서였던 《정감록》에서도 언급된 곳입니다.

그러나 행정 지역의 이름이 지워지는 사건이 발생합니다. 정축지변丁丑之變 때문입니다. 1456년 경기도 광주에서 순흥으로 유배지를 옮긴 세종의 다섯째 아들 금성대군은 단종 임금의 복위 운동을 준비합니다. 이곳은 소헌왕후의 친정집이 있던 곳으로, 금성대군의 외가 마을이었으므로 지원 세력이 있었습니다.

뜻을 함께한 이보흠 부사를 비롯하여 호족, 관리, 상민, 노비들까지 참여한 범 저항 세력으로 규합하고 치밀하게 준비하였습니다. 당시 단종은 강원도 영월 청령포에 유배되어 있었는데, 이곳에서 불과 50킬로미터에 불과하였습니다. 금성대군이 보낸 밀사는 조심스레 고치령[3]을 넘어 단종에게 복위 계획을 알렸을 겁니다.

---

3) 소백산맥에 있는 고개로 옛날에는 관동과 호서지방을 연결하는 길목이었습니다. 지금도 영주에서 고치령을 넘으면 단양과 영월로 이어집니다.

그러나 1457년 7월 거사 준비가 마무리 단계에 갔을 즈음, 관노가 격문[4] 초안을 훔쳐 밀고하는 바람에 복위 운동이 실패합니다. 금성대군과 부사 이보흠은 끌려가 처형되었습니다. 세조는 이곳 순흥도 가만 두지 않았겠지요. 사방 10리 이내의 고을 전체를 불태우고, 수천 명의 백성들을 3살 이상이면 어른, 아이 구분 없이 모두 무자비하게 죽였습니다. 순흥부는 이름조차 없애고 인근 지역에 편입시켰습니다.

▲ 정축지변 때 흘린 피가 죽계천을 따라 동촌 마을까지 흘렀다고 전합니다.

관군이 백성들을 무참히 죽인 곳이 청다리였습니다. 지금 선비촌으로 넘어가는 제월교입니다. 백성들이 흘린 피는 죽계천을 따라 7킬로미터 아래 현재 동촌1리까지 흘렀고, 청다리 아래 남겨진 3살 아래 아이들을 관군이 불쌍히 여겨 한양으로 데려갔습니다. 지금도 동촌1리 마을 표석에는 '피끝'이라 쓰여있습니다. 또 어린아이가 말을 잘 듣지 않을 때 "다리 밑에서 주워 와서 이렇게 말을 듣지 않구나." 하는 말도 이곳에서 생겼다고 합니다. 제월교는 이황 선생이 풍기 군수로 있으면서 붙인 이름입니다. 순흥도호부는 1683년 숙종 때 다시 옛날의 지명을 얻었으나 땅을 모두 찾지 못하였습니다.

---

4) 사람들을 선동하거나 어떤 사실을 백성들에게 알려 불의에 대한 분노를 느끼게 하려는 목적의 글을 말합니다.

퇴계 선생의 시선으로 바라보는 정자, 취한대

안으로 들어가 볼까요? 소수서원은 통일신라시대 세워진 숙수사宿水寺란 절터에 세워졌습니다. 소나무 군락이 끝날 때쯤이면 흔적을 볼 수 있습니다. 오른쪽에 있는 4미터 정도의 높다란 돌기둥 두 개입니다. 보물로 지정된 당간지주인데, 이곳이 절터였음을 알 수 있는 유물입니다. 자세히 들여다보면 지주 전후와 둘레로 세로줄이 세련되게 새겨져 있음을 알 수 있습니다. 상부에 홈이 있는 것을 볼 수 있는데, 절에서 당간지주가 어떻게 사용되었을지 상상해 봅니다. 당간지주는 통일신라시대부터 절을 상징하는 깃발을 올리기 위해 사찰 앞에 세우던 구조물입니다. 고려시대까지만 해도 사찰은 신성한 영역으로 그 영역을 표시했다고 볼 수 있습니다.

당간지주를 뒤로하고 죽계천으로 다가가면 앞에 서원의 정문이 보입니다. 필자는 먼저 죽계천으로 내려가기를 추천합니다. 계단으로 내려서면 돌 징검다리를 건너볼 수 있거니와, 서원을 운치 있게 바라볼 수 있는 취한대翠寒臺[5]가 있기 때문입니다.

▲ 당간지주가 있는 것으로 보아 소수서원이 절터에 세워졌음을 알 수 있습니다.

5) 취한이란 표현은 옛날 시 구절인 송취한계松翠寒溪, 즉 '소나무는 푸르고 계곡의 물은 차다'에서 따왔습니다.

취한대는 본래 이황 선생이 풍기 군수로 부임하여 언덕에 돌을 쌓고 흙을 채워 만든 곳입니다. 선생은 이곳에 소나무, 잣나무와 대나무를 심고 휴식을 취하면서 취한대로 불렀습니다. 도산서당에도 비슷한 곳이 있습니다. 퇴계 선생은 도산서당을 직접 설계하고 지은 후, 작은 개울 건너에 터를 조성하였습니다. 매화, 대나무, 소나무와 국화를 심고 절우사로 불렀습니다. 절우사의 시작이 이곳이라 할 수 있습니다. 지금은 취한대의 흔적이 거의 없습니다. 대신 1986년 정자를 지어 '취한대' 편액을 걸었습니다.

▲ 취한대는 죽계천 건너 옛 취한대 터에 새로 지은 정자입니다.

그 편액 아래 걸터앉거나 정자 위에 올라가 앉아볼까요? 죽계천 건너 높다란 은행나무가 보이고 옆에 정자가 보입니다. 경렴정景濂亭입니다. 뒤쪽에 소수서원의 정문인 지도문이 보이고, 오른쪽으로 서원의 긴 담장과 그 위로 서원의 지붕 선이 아름답게 그려집니다. 봄이면 죽계천 주변과 담장 아래 울긋불긋 꽃들이 취한대 기둥 사이 차경을 풍요롭게 합니다. 여름이면 짙은 녹색이 눈의 피로를 풀어주고, 가을이면 경렴정 주변의 은행나무와 함께 더욱 멋진 그림을 상상하게 만듭니다. 겨울에는 담담한 수묵화를 감상할 수 있겠죠? 이곳을 첫 번째 방문 장소로 추천한 이유입니다.

▲ 취한대에서 바라본 죽계천과 경렴정 주변엔 봄 초록이 곱습니다.

무너진 유학을 다시 이을 기대감으로 지은 이름, 소수紹修

앉은 김에 소수서원과 관련 인물에 대해 알아보고 가겠습니다. 죽계천을 따라 올라가면 죽계구곡에 이르고 그 위가 멀리 보이는 소백산입니다. 소백산 허리에 흰 구름 머물면, 소수서원의 본래 이름인 백운동입니다. 우리는 한국사에서 한국 최초의 서원하면 자연스레 백운동서원으로 기억하고 있습니다. 1541년 풍기 군수로 부임한 주세붕[6] 선생은 백성을 위해 많은 일을 하였습니다. 당시 산삼을 공납하느라 힘들었던 백성들을 위해 경작할 수 있는 인삼을 개발하고 장려하여 풍기가 지금까지 인삼의 고장으로 명성을 유지할 수 있게 하였습니다. 또 우리나라에 처음 주자학을 도입한 회헌 안향[7] 선생을 위해 옛 숙수사 터에 사당을 짓고 제사를 올린 분도 선생입니다.

---

6) 주세붕 선생은 조선 중종과 명종 때 문신이며 학자입니다. 내직으로는 홍문관, 성균관 등 주로 학문 기관의 직책을 맡았으며, 외직으로는 군수, 관찰사 등을 맡았습니다. 선생은 스스로 배우고 백성 가르치기를 즐겨 하였습니다. 한국 최초의 서원인 백운동서원을 세운 것이 우연은 아닌듯합니다.

7) 안향 선생은 고려 후기 충렬왕 때 활동한 문신으로 학자이기도 하였습니다. 호는 회헌晦軒입니다. 당시 무신 집권과 원의 간섭 등 국내외적 위기를 해결할 대안으로 원나라에서 성리학을 도입하였습니다.

▲ 주세붕 선생 초상화 판각으로 소수박물관에 소장 중입니다.

안향 선생에 대해 우리는 중국 원나라에서 성리학을 처음으로 도입한 인물 정도로만 알고 있습니다. 성리학을 도입하는 과정에서 선생은 어떤 노력을 기울였을까요? 선생은 본관이 순흥으로 이곳 출신입니다. 고려 원종과 충렬왕의 신임을 받았던 선생은 여러 차례 원나라를 다녀오면서 그곳의 문묘와 국자감을 보았습니다. 이때 선생은 성리학의 도입 필요성을 느꼈습니다. 《주자대전》[8]을 베끼고 공자와 주자의 초상화를 가지고 왔습니다. 선생은, 혼란스러웠던 정치 상황, 불교의 부패와 몽골의 침략 등으로 위기에 처한 고려를 구할 방법이, 성리학의 수양론[9]을 통해 가능하다고 믿었습니다. 이 땅에 우주와 인간에 대한 철학이 들어오는 순간이었습니다.

풍기 군수로 부임한 주세붕 선생이 안향 선생의 고향 마을을 방문하면서 비로소 안향 선생의 뜻이 현실로 이루어졌습니다. 안향 선생이 어린 시절 뛰어놀고 공부하던 숙수사 터에, 1543년 주세붕 선생이 안향 선생의 사당을 짓고 서원을 세웠기 때문입니다. 향교와 달리 한국의

8) 중국 송나라의 성리학자 회암晦庵 주희朱熹가 지은 글과 여러 학자와 질의 회답한 편지와 시, 명문, 비문, 묘지 등 문예에 관한 글을 모두 모은 것입니다. 이 중 중요한 글들을 퇴계 선생이 제자들과 정리한 것이 《주자서절요朱子書節要》입니다.

9) 품성, 지혜, 도덕을 함양하여 자아를 실현하고자 하는 마음 또는 그 방법을 말합니다.

▲ 소수서원을 방문하면 주변으로 역사와 전통문화를 함께 만날 수 있습니다.

인물을 모시고 학원을 재건하고 인재를 양성하려는 것이 안향 선생의 뜻이었을 겁니다. 이렇게 한국 최초의 백운동서원이 세워졌습니다. 여기에 서원을 더욱 체계화하고 소수서원으로 사액 받도록 한 인물이 바로 퇴계 이황 선생입니다.

사액 받는 과정에서 붙여진 '소수'의 의미는 알아둘 필요가 있습니다. 퇴계 선생이 요청한 백운동서원의 사액은 1549년 명종이 승인하였습니다. 서원 이름을 짓는 배경을 '이미 무너진 유학을 다시 이어 닦게 한다는 뜻을 담아 백운동 소수서원紹修書院'[10]이라 하였습니다. '이미 무너진 유학'은 무엇을 뜻할까요? 필자는 앞서 언급한 단종 복위 운동으로 사라진 순흥도호부, 순흥향교 그리고 청다리에서 숨져간 선비와 백성들이라고 생각합니다. 이 소식을 들은 순흥 사람들은 마을이 다시 살아날 수 있다는 기대감에 얼마나 가슴 설렜을까요?

10) 출처는 '기폐지학既廢之學 소이수지紹而修之'입니다.

서원의 유식 공간, 탁청지와 경렴정

취한대에서 조금 오래 앉아 있었나요? 이제 징검다리를 다시 건너 서원 입구인 경렴정으로 가도 되지만, 우리는 죽계천을 따라 올라갑니다. 죽계천 둑방 건너 서원 담장과 지붕 선을 감상하면서. '만卍'자 문양을 난간에 베푼 나무다리를 건넙니다. 백운교입니다. 다리 위에서 사진 찍으면 멋지게 나올 듯합니다. 다리를 건너 탁청지濯淸池[11]와 만납니다. 주변에 긴 나무 의자가 여럿 있어 자리 잡습니다. 옛 원생들은 열심히 공부하다 여기서 자연과 함께 휴식을 취했을 겁니다. 그러면 이곳이 유식 공간이 됩니다. 고요한 탁청지 위 수련을 바라보다 가만히 고개를 들어 봅니다. 탁청지 위에 지락재 담장이 보이는데, 담장 자리쯤에 2층 제월루가 있었다고 전해집니다. 병산서원의 만대루를 지을 때 이곳에 있던 제월루를 참고했다는 이야기가 있습니다. 제월루가 있어 누각 위에 올라앉아 내려다보는 모습을 상상해 봅니다. 아래로 내려다보이는 탁청지와 죽계천! 그보다 더 아름다운 경치가 또 있을까요? 원생들은 이곳 탁청지보다 제월루 위에서 휴식을 취하고 호연지기를 기르지 않았을까요?

▲ 탁청지 옆 긴 의자에 앉아 멍때리는 것만으로도 마음 치유가 됩니다.

---

11) 탁청은 《굴원屈原》의 〈어부사漁父詞〉에서 '창랑의 물이 맑으면淸 내 갓끈을 씻는다濯'에서 유래된 말로, 스스로 깨끗하게 한다는 의미입니다.

탁청지 위 담장 아래에는 호젓한 작은길이 있습니다. 천천히 걸으면 서원 입구에 있는 경렴정과 연결됩니다. 경렴정 옆에는 500년쯤 된 은행나무 두 그루가 있습니다. 서원에는 대개 암수를 맞춰 심는데, 이곳에는 두 그루 모두 암나무입니다. 공자가 제자를 가르친 곳을 행단杏壇이라고 합니다. 한자 '행杏' 자가 살구나무냐 아니면 은행나무냐 아직도 이견이 있습니다. 아무튼 이 은행나무가 가을이면 소수서원을 한껏 화려하게 만들어 주어 감사하기만 합니다.

은행나무 아래서 죽계천 맞은편을 보면 취한대에서 보지 못한 것이 있습니다. '경敬자 바위'입니다. 주세붕 선생이 새긴 글씨입니다. 바위와 관련하여 몇 가지 이야기가 있습니다. 숙수사를 없애면서 불상들을 죽계천에 버렸더니 밤마다 귀신 울음소리가 들렸다든가, 단종 복위 실패로 많은 사람이 청다리에서 죽어 그 혼들의 울음이었다는 이야기가 있었습니다. 그래서 주세붕 선생이 바위에 붉은 글씨로 '경' 자를 썼더니 울음소리가 사라졌다고 합니다.

사실 이런 이야기보다 성리학에서 '경'자 뜻을 음미하는 것이 더 의미가 있습니다.[12] 경은 성리학에서 스스로 마음가짐을 바르게 하여

▲ 마음가짐을 바르게 하고 자신을 갈고닦는 곳이 백운동'이란 뜻이 아닐까요.

12) 《무릉잡고武陵雜稿》 별집別集 권 6에 수록된 〈백운동석벽각경자白雲洞石壁刻敬字〉에 있습니다.

▲ 소수서원 입구에는 화려한 누각 대신 단정한 정자가 앉아 있습니다.

자신을 갈고닦는 선비의 지침과 같은 글입니다. 이런 의미를 알고 있었던 선생은 안향 선생을 모시는 사당과 후학을 위한 강당을 짓고, 여기서 공부하는 선비는 모두 앞으로 올바른 인물이 되기를 바라며 '경' 자를 새겼습니다. 경 자 위의 '백운동' 글씨는 이후에 부임한 이황 선생이 새긴 것으로 알려져 있으나 그 기록을 찾을 길이 없습니다. 대신 선생의 시[13]에서 백운동이란 표현이 있어, 백운동 역시 선생이 주도하여 새긴 것으로 추정하고 있습니다.

이제 뒤돌아보면 경렴정景濂亭[14]이 보입니다. 정자로서는 단정한 모습입니다. 이곳은 원생들이 죽계천을 내려다보며 시를 짓고 휴식하거나 학문을 토론하던 공간입니다. 소수서원은 한국 최초의 서원으로 앞에서 소개한 건물 배치 형식이 이후 서원과 다릅니다. 하지만 경렴정을 정문 앞에 두어 다른 서원의 누각처럼 원생의 유식 공간으로 사용되었습니다. 경렴정은 1543년 주세붕 선생이 서원을 조성하면서 세운 건물입니다. 현재 건물은 보수 과정에서 부재[15]를 많이 교체하여 건물이 오래되어 보이지는 않습니다.

---

13) 《무릉잡고》 권 3 〈경렴정景濂亭〉 시에 나오는 표현입니다.
〈영주 소수서원 종합정비계획〉 2014년, 184쪽 참고하였습니다.

14) 경렴이란 북송의 철학자 주돈이周敦頤의 호 염계濂溪에서 '염濂'을 따고 '우러러보다'의 한자어 '경景'과 합쳐 만들었습니다.

15) 한옥에서 건물의 뼈대를 이루는 여러 가지 재료를 부재로 표현합니다.

경렴정에 앉아 죽계천을 감상하고 고개를 들어 걸려있는 현판이 몇 개나 되는지 세어 보세요. 목판 등에 글씨를 써 걸어둔 것을 현판懸板이라 합니다. 편액扁額과 혼용해서 사용하고 있는데, 편액은 현판 중에 건물의 이름을 쓴 현판이라고 하면 이해가 쉽습니다. 여기서는 현판이라고 표현하겠습니다. 경렴정에는 현판이 무려 17개나 있습니다. 정면 경렴정 편액은 해서체[16]로 이황 선생의 글씨입니다. 죽계천을 바라보고 오른쪽에 녹색 테두리를 한 현판이 또 다른 경렴정 현판입니다. 우리가 이해하기 힘든 초서체로 쓰여 있습니다. 퇴계 선생의 제자였던 고산 황기로 선생의 글씨입니다. 그런데 글씨를 유심히 바라보고 있으면 좀 흔들린 느낌이 있지 않나요? 당시 초서체를 잘 쓰기로 유명한 고산 선생도 스승 앞에서 떨렸나 봅니다. 그 마음을 알아차린 퇴계 선생이 자리를 비켜줬다는 이야기가 전해집니다. 스승을 존경한 고산 선생이나 제자의 마음을 헤아리고 배려한 퇴계 선생이나 모두 존경스럽습니다.

▲ 각각 예서체와 초서체로 쓰인 경렴정 현판을 감상하는 재미도 쏠쏠합니다.

16) 한자 글씨체는 크게 고대 한자 서체인 전서체篆書體, 좀 더 구체화한 한나라 때의 예서체隷書體, 점과 획을 정확히 독립시켜 쓰는 해서체楷書體, 해서를 약간 흘려 쓴 행서체行書體, 그리고 글자 일부를 생략하여 흘려 쓴 초서체草書體 등으로 나눕니다.

사실 필자에게는 더 흥미로운 이야기가 있습니다. 고산 선생의 원본 초서 현판은 소수박물관에 소장되어 있습니다. 현판 글씨는 양각인데, '정亭'의 끝부분이 1.5센티미터 정도 훼손되어 있습니다. 이를 두고 일제강점기에 일제가 한국의 정기를 끊으려 한반도 곳곳에 큰 쇠말뚝을 박았던 것처럼, 경렴정 현판 글씨 역시 일제가 훼손했다는 이야기가 있습니다.

자료를 찾아보니 쇠말뚝 이야기도 일제의 기록에서 찾을 수 없을 뿐더러 현판의 글씨도 관련 근거는 찾을 수 없었습니다. 많은 현판 중에 주세붕 선생과 이황 선생의 시를 찾아보는 것도 재미있습니다.

▲ 제례에 사용하는 희생을 검사하는 성생단이 흙으로 조성된 것이 이채롭습니다.

경렴정에서 내려오면 맞은편에 네모난 무덤처럼 생긴 것이 있습니다. 제사를 지낼 때 바치는 제물 중 살아 있는 짐승을 올려두고 검사하는 성생단省牲壇입니다. 다른 서원의 경우 대개 평평한 돌 위에 올리거나 돌에 묶어 검사하는데, 이곳에서는 흙으로 조성한 것이 특이합니다.

강학 공간에서 즐기는 한옥 감상, 강학당

드디어 정문인 지도문志道門17)을 통해 안으로 들어갑니다. 서원의 정문으로는 작은 편입니다. 이렇게 기둥이 4개인 문을 사주문四柱門이라고

17) 지도란 인간이 마땅히 지켜야 할 도리에 뜻을 두는 것을 의미합니다. 《논어》 〈술이述而〉의 구절에서 인용했는데, 군자는 '도道에 뜻志을 두며, 덕德을 굳게 지키며, 인仁에 의지하며, 예藝에 노닐어야 한다.'고 하였습니다.

합니다. 규모는 크지 않지만, 한국 최초 서원의 격을 제대로 갖추었습니다. 기단 위에 둥근 주초를 정성스레 깎아 두고 둥근 기둥 4개를 세웠습니다. 위에 보, 도리와 창방까지 결구하고 초익공을 멋지게 꽂았습니다. 문얼굴 위에는 홍살을 세워 아무나 함부로 들어오지 못하게 하였습니다. 지붕은 전형적인 맞배지붕[18]이고 단정한 기와 끝에는 수막새와 암막새로 한층 격을 올렸습니다. 그리고 마무리는 단청으로 장엄함을 주었습니다.

무슨 말을 하는지 이해하기 어렵죠? 전통 건축 용어로 지도문을 표현해 봤습니다. 76쪽 사진에 표시한 부재 이름을 보면 어렵지 않게 이해할 수 있습니다. 이렇게 한옥에 대해 하나씩 알아나가는 재미를 느껴보길 바랍니다.

지도문을 들어서면 강학 공간의 핵심인 강학당이 있습니다. 신재 주세붕 선생이 지은 백운동 현판은 강당에 있지만, 소수서원 강당 이름은 따로 없습니다. 이곳에서는 강학당이라 부릅니다. 강학당은 원생이 공부하거나 유림이 모임을 하던 곳입니다. 1543년 세워지고 세 차례 중건하였습니다. 대개 문을 들어서면 건물의 정면을 보게 되는데, 여기서는 강학당의 측면이 보입니다. 보이는 것이 팔작지붕의 측면 모습이어서 바로 알 수 있습니다. 그것도 대문의 축이 강학당 측면의 중앙

18) (한옥 지붕 종류) 무성서원에 일반적인 지붕 형태인 맞배지붕, 팔작지붕과 우진각지붕이 있어 사진으로 소개합니다.

▲ 큰 규모는 아니지만 맞배지붕 형태의 지도문은 소수서원의 품격 있는 정문입니다.

이 아닌, 오른쪽으로 치우쳐 연결된 특이한 모습입니다. 이처럼 건물 배치가 중심축과 맞지 않는 것은, 주세붕 선생이 서원을 조성하면서 숙수사 터에 사당을 먼저 짓고 강당을 건립한 이후 지형을 따라 대문을 세웠기 때문으로 보입니다.

처마 아래 백운동白雲洞 현판이 보입니다. 글씨체가 본 듯하지요? '경자 바위'의 백운동 글씨를 탁본하여 1610년 만들었다고 전해집니다. 백운동 글씨 왼쪽의 작은 글씨는 만력경술춘각萬曆庚戌春刻입니다. 만력은 중국 왕의 즉위하면 불렀던 연호 중 하나입니다. 연호는 지금 우리가 사용하는 단기檀紀 몇 년, 서기西紀 몇 년 하는 것과 같습니다. 만력은 명나라 13대 황제였던 만력제 때 사용하던 연호입니다. 경술은 육십 간지 중 하나입니다. 요즘은 연도를 2025년이라고 표시하지만, 예전에는 육십 간지로 표시하였습니다. 2025년이면 을사년으로 표현하였습니다. 그래서 만력경술은 1610년이 됩니다. 춘각은 '봄에 새기다' 입니다. 이 작은 메모 같은 글로 이 현판이 400년이 넘은 것을 알 수 있습니다. 물론 원본은 소수박물관에 소장 중입니다.

▲ 지도문은 들어서면 강학당과 백운동 현판(원본은 소수박물관 소재)이 보입니다.

강학당은 장대석으로 조성한 세벌대 기단 위에 언뜻 보면 정면 4칸,[19] 측면 3칸 건물입니다. 팔작지붕에 겹처마를 올려 격을 높혔는데, 건물의 정면은 어딜까요? 서원의 뒤쪽에 사당을 두는 것이 일반적이라 배치상으로 동쪽을 정면으로 봐야겠습니다. 사진을 보더라도 팔작지붕의 긴 면이 정면으로 보입니다. 그런데 정문인 지도문을 들어가서 강학당에 오르려면 서쪽 문을 이용해야 합니다. 강학당에 올라 현판의 위치나 공간 활용을 보면 확연히 남쪽이 정면입니다. 옛 건물 배치를 따라 지어서 동쪽이 정면일 수 있지만, 그 쓰임새를 보면 남쪽이 정면이라고 볼 수 있습니다.

건물 전체를 둘러 쪽마루를 놓았습니다. 강론이 있을 때면 들어열개문을 올리고 쪽마루까지 사람들이 앉아 토론하는 모습을 지켜봤을겁니다. 기둥을 세우는 초석은 쪽마루에 가려 보이지 않습니다. 찾아볼까요? 기단과 쪽마루 사이를 잘 살펴야 초석이 나오는데 누군가 다듬은 흔적이 보입니다. 이것은 숙수사가 없어지면서 남은 주초를 그대로 사용한 것으로 보입니다. 자료를 찾아보니 숙수사 대웅전 위치에 강학당을 그대로 세웠다는 이야기도 있습니다. (78쪽 아래 사진 참조)

19) 한옥은 기둥과 기둥 사이를 한 칸, 4개 기둥으로 만들어지는 면적 역시 한 칸으로 표현합니다.

▲ 강학당 배치 형태로는 문성공묘 반대쪽이 정면으로 보이지만 쓰임새로 보면 지도문 쪽인 남쪽이 정면인 듯합니다.

주초 위에 올라탄 기둥 중에 민흘림기둥[20]이 많습니다. 서쪽 쪽마루 아래에는 숙수사에서 사용한 듯한 주초가 보입니다. 쪽마루 위 기둥엔 표면도 그렇거니와 손상된 부분을 잘라내고 덧댄 곳이 여러 곳입니다. 강학당의 역사를 읽을 수 있습니다.

강학당 안을 들여다봅니다. 동쪽에서 봤을 때 왼쪽 3칸이 대청마루이고 오른쪽 1칸은 온돌방입니다. 온돌방은 아궁이와 굴뚝이 외부에 있는지, 여부로 구분할 수 있습니다. 내부 온돌방 쪽 벽면에 소수서원

▲ 서쪽 쪽마루 아래에는 숙수사 터에서 나온 듯한 초석을 다듬은 흔적이 있고, 쪽마루 위 기둥 역시 허투루 교체하지 않고 수리하여 사용한 흔적이 많습니다.

---

20) 기둥 하부가 기둥 상부보다 굵은 기둥을 말하는데, 시각적으로 건물의 안정감을 얻을 수 있습니다.

紹修書院 현판이 걸려있습니다. 글씨 오른쪽에 작은 글씨인 명묘어필明廟御筆은 명종이 직접 썼다는 뜻입니다. 왼쪽의 가정29년4월선사嘉靖二十九年宣賜는 '1550년 임금이 사액을 내리다'의 뜻입니다. 이 외에도 마루 위에는 여러 현판이 걸려있습니다. 백록동규, 사물잠, 경제잠, 숙흥야매잠 등 교육과 운영에 필요한 내용을 규정하여 기록한 것들입니다.

이 공간에서 현판의 규정을 지키며 스승과 함께 공부했던 인물은 얼마나 될까요? 강학당을 거쳐 간 사람이 4천 명이 넘었습니다. 그중에

▲ 지금도 서원에서는 옛 방식과 조금 다르지만, 강학 활동을 이어가고 있습니다.

▲ 오전에 서쪽 쪽마루에서 바라본 강학당 동쪽 차경과 내부 모습입니다.

이황 선생의 제자였던 배순裵純이란 인물이 있습니다. 공부하려는 열망이 컸던 그는 비록 양반이 아니었지만, 선생이 제자로 받아들여 열심히 공부하였습니다. 후에 그의 이름을 따 '배점리'란 마을이 생길 정도로 고을에 좋은 영향을 주었습니다. 신분을 따지지 않고 진정한 교육을 실천하던 공간임을 생각하면 따스한 느낌마저 드는 공간입니다.

지금도 강학당에는 강학 활동이 이어지고 있습니다. 소수서원을 방문할 때면 선현과 공감하듯 옛글을 읽고 계신 분들이 있습니다. 함부로 글공부를 훼방하면 안 되지만, 여유 있을 때 예의를 갖추고 서원과 인물에 대해 여쭤보면 항상 좋은 말씀을 주십니다.

소수서원은 여느 서원과 다르게 강학당의 동서쪽이 길어 내부를 감상할 때는 필자만의 감상법이 있습니다. 해가 동쪽에 있는 오전에는 서쪽 쪽마루에서, 해가 서쪽에 있는 오후에는 동쪽 쪽마루에서 강학당 내부를 감상합니다. 차경도 아름다울 뿐만 아니라 왠지 장엄하고 신비로운 느낌이 듭니다. 언제든 해를 마주하는 쪽에서 강학당 내부를 살펴보길 바랍니다. 외부보다 약간 어두운 공간에 파고들어 온 햇빛이 정연한 창호 살을 문양으로 그립니다. 간접 조명으로 바뀐 빛은 색바랜 단청을 더욱 장엄하고 우아하게 만듭니다. 자연스레 다듬은 우람한 대들보에는 자존감이 묻어나도록 단청을 베풀었습니다. 눈에 보이는 장면

▲ 오후에 바라본 강학당 서쪽 내부 모습입니다. 창호지를 통과한 빛이 넉넉해 내부에서 글 읽기 충분합니다.

하나씩 사진 촬영을 해도 아름답고 바라보는 그 자체가 힐링입니다.

창호 살에 그림자로 그려지는 문양을 감상하는 것도 재밌습니다. 낮에는 해가 그리고 밤이면 촛불이나 등이 그리는 문양은 왠지 마음에 평화를 가져다줍니다. 가을이나 초겨울 창경궁 명정전 창과 문에 핀 꽃살 문양이 그렇고, 창덕궁 야행 때 들어가 본 낙선재 창호의 문양이 그렇습니다. 그러다가 갑자기 궁금해집니다. 창호지를 통과한 빛만으로 이곳에서 책을 읽을 수 있을까? 한옥의 작은 창이나 문을 생각하면, 한옥 내부는 항상 어두울 거라는 선입견이 있어서입니다. 그러나 걱정하지 않아도 됩니다. 한옥의 창호지는 감상하는 데에도 제격이지만 책 읽고 대화를 나누는 데에도 부족함이 없습니다.

내부를 둘러보고 나오려 쪽마루에 발을 딛는 순간 머리 위에 줄지어 매달려 있는 것이 보입니다. 사각형 쇠고리들인데, 무엇에 쓰는 물건일까요? 등자쇠 또는 걸쇠라고 합니다. 대청마루의 분합문을 들어 열고 등자쇠에 막대기를 끼워 고정합니다. 강학당의 모든 문을 이렇게 열어두면 여름에 시원하기도 하지만, 공간이 엄청나게 확장된 느낌을 받습니다. 느낌만으로도 시원하고 쾌청합니다. 이런 모습을 외국인이

▲ 쪽마루에 올라서면 서까래 단청과 가지런한 걸쇠가 멋진 장면을 연출합니다.

보면 꼭 '원더풀!' 감탄사를 외칩니다.

쪽마루와 쪽마루가 만나는 모서리에 바깥으로 조금 가는 기둥이 서 있습니다. 기둥을 올려다보면 서까래의 끝부분인 추녀를 받치고 있는데요, 팔작지붕의 경우 끝부분이 무거워 이렇게 기둥으로 받치는 경우가 종종 있습니다. 활주活柱라고 합니다. 기둥에 비해 밖으로 나와 있어 비바람에 취약해 활주 아랫부분을 돌로 만들기도 합니다.

강학당의 온돌방은 원장이 머무는 공간입니다. 건물 동쪽에 아궁이가 있어 불을 때면 따뜻한 연기가 온돌을 데우고 돌고 돌아 서쪽 굴뚝으로 나옵니다. 그런데 굴뚝이 보이지 않습니다. 자세히 보면 기단에 난 구멍이 굴뚝입니다. 우리가 생각하는 높다란 굴뚝이 아니고 기단에 연결된 굴뚝입니다. 기단굴뚝입니다.

매의 눈으로 찾은 건물의 품격, 직방재와 일신재

강학당 북쪽에는 꽤 긴 건물이 있습니다. 직방재直方齋[21]와 일신재一新齋

21) 직방은 《주역》에 있는 '경敬으로써 공경하며 겸손한 마음을 가지고 의義로써 올바르게 행동하라'에서 따왔습니다. 직방이란 '정직하고 방정하다'는 뜻입니다. 일신은 《대학》에 있는 말로, '매일 새롭게 한다'는 뜻입니다. 항상 새로운 것을 받아들이고 발전하기를 게을리하지 않는다는 의미겠지요.

입니다. 직방재는 건립 연대가 확실하지 않지만 사당과 강학당이 지어질 때 함께 지어진 것으로 추정합니다. 1804년 확장하면서 지금처럼 직방재와 일신재가 하나의 건물로 조성되었습니다.

지금은 두 건물 이외에도 동쪽에 학구재와 지락재가 있습니다. 초기에는 직방재와 일신재가 다른 서원의 동서재와 같이 원생들의 생활공간으로 사용되었고, 서원 규모가 커지면서 직방재와 일신재는 교수의 생활공간과 사무실로, 학구재와 지락재는 원생들의 생활공간으로 사용되었습니다. 소수서원에서는 이 네 개 건물을 두고 하학상달下學上達[22]의 건물 배치라고 합니다. 서원 입학 후 지락재에서 공부하여 학문의 깊이가 깊어지면 학구재로, 다시 일신재로 그리고 직방재로 올라가며 생활하기 때문입니다. 즉, 건물 배치 순서가 학문의 차례를 의미하여 재밌습니다.

직방재와 일신재 건물은 정면 6칸, 측면 2칸의 팔작지붕 홑처마 건물입니다. 이렇게 단청하지 않은 건물은 백골집이라 합니다. 두 건물은 합쳐서 그런지 좌우 대칭의 모습이고, 각각 온돌방 2칸에 마루방 1칸씩 넣었습니다. 좌우 온돌방 2칸 앞에는 사대부 집에서 볼 수 있는

▲ 데칼코마니처럼 대칭적 구조지만 조금만 관심을 가지고 보면, 직방재와 일신재 현판의 크기가 달라 공간의 격을 구분한 것을 알 수 있습니다.

---

22) 《논어》〈헌문憲問〉에 나오는 용어로, '아래를 배워 위에 달한다'는 뜻으로, '낮고 쉬운 것을 배워 깊고 어려운 것을 깨닫는다'는 의미입니다.

▲ 기둥을 받치고 있는 초석이 폐사지에서 가져온 듯 잘 다듬어져 있습니다.

누마루 형식을 따랐습니다. 난간에는 행운과 모든 복을 상징하는 '만卍' 자 문양을 넣었습니다.

이 건물에는 어떤 볼거리가 있을까요? 최근에 수리한 듯하여 볼거리가 많아 보이지 않는다고 생각하기 쉬운데, 그렇지 않습니다. 먼저 기단은 잘 다듬은 두벌 장대석으로 쌓았습니다. 장대석은 격이 높은 건물에 적용합니다. 초석들은 폐사지에서 가져온 듯한 돌을 많이 사용하였습니다. 전면의 초석 일곱 개 중 다듬은 초석이 4개나 됩니다. 나머지 초석도 기둥과 만나는 면을 평평하게 잘 다듬은 모습입니다. 왼쪽 누마루에 오르기 위한 디딤돌 역시 잘 다듬어져 있습니다.

두 눈을 더 크게 뜨고 살펴볼 것이 있습니다. 기둥입니다. 조선시대에는 살림집에 원기둥을 사용할 수 없도록 법으로 금지하였습니다. 원기둥을 만들려면 사각기둥의 모서리를 여러 번 정성스레 깎아 만들 수 있었습니다. 지금이야 기계로 손쉽게 가공할 수 있는데, 예전에는 시간을 두고 일일이 대목장이 깎았습니다. 그만큼 시간과 비용이 많이 들었습니다. 그래서 원기둥을 사각기둥보다 격이 높은 궁궐이나 사찰 등에 사용하였습니다. 직방재와 일신재 정면을 보겠습니다. 원기둥이 보이나요? 누마루 형식의 마루에 좌우 각각 2개의 기둥이 원기둥입니다. 사대부 사랑채 누마루의 기둥을 원기둥으로 조성한 것을 볼 수 있는데, 그 모습을 따른 듯합니다.

▲ 직방재와 일신재 뒷면에는 가퇴, 벼락닫이 창 그리고 낮은 굴뚝을 볼 수 있습니다.

건물 뒤쪽 기둥들 모습은 궁금증을 유발합니다. 일곱 개 기둥이 원기둥과 사각기둥으로 번갈아 설치되어 있습니다. 특이합니다. 원기둥으로 시작하여 반복되다가 원기둥으로 끝납니다. 이 건물을 지은 대목장의 생각을 담은 기록은 없습니다. 하지만 세월이 흘러 이런 모습을 발견할 누군가를 기대하며 대목장은 기둥을 세우지 않았을까요?

건물의 뒷면에서 찾은 것이 더 있습니다. 직방재 뒤쪽에는 일신재와 달리 벽면이 밖으로 튀어나온 부분이 있습니다. 오늘날 벽장처럼 사용되는 것으로 가퇴[23]라고 합니다. 직방재와 일신재 중에 가퇴를 서열상 더 높은 공간에 설치하였습니다.[24] 같은 스승의 공간이지만 건물의 형태로 스승의 위계를 읽을 수 있습니다.

창문도 재밌습니다. 돌쩌귀[25]가 창틀 위에 있어 창을 열려면 위로 들어올려야 합니다. 창을 열어 막대를 끼웠다가 닫을 때는 막대를 치웁니다. 이때 창이 벼락같이 닫힌다고 하여 붙여진 이름이 있습니다. 벼락

23) 공간의 활용도를 높이기 위해 집 벽 밖으로 달아낸 공간을 말합니다.
24) 서원의 형식이 정형화된 남계서원부터 강당의 공간을 보면 원장이 머무르는 공간에 주로 가퇴를 달아낸 것을 볼 수 있습니다.
25) 문기둥과 창을 연결하여 창과 문을 여닫을 때 쓰는 쇠붙이를 말합니다.

닫이 창입니다. 소리나 모양으로 한옥의 구성 요소 이름을 붙인 것이 재밌습니다.

담장에 의해 차단된 자연과의 교감 공간, 학구재와 지락재

일신재의 동쪽으로 학구재와 지락재가 약간 떨어져 'ㄱ'자 모양으로 배치되어 있습니다. 다른 서원의 동재와 서재처럼 원생들이 생활하면서 공부하는 공간입니다. 소수서원의 동재와 서재는 강학당에서 바라보며 왼쪽이 동재에 해당하는 학구재, 오른쪽이 서재에 해당하는 지락재로 보면 됩니다.

동재에 해당하는 학구재學求齋[26]는 정면 3칸, 측면 1칸의 맞배지붕입니다. 가운데 마루를 두고 양쪽에 온돌방을 하나씩 두었습니다. 건물을 일신재에 비해 뒤로 물렸습니다. 학구재는 앞서 소개한 제월루 터에 있던 어린 학습생의 공간이었던 동몽재童蒙齋를 1730년 중수하면서 위치와 이름을 바꾸었습니다. 어린 학습생이라 해도 서원에 입원할 수 있는 나이가 15세 정도였으니, 요즘으로 중학생 정도였을 겁니다.

▲ 학구재 양쪽 온돌방의 아궁이와 굴뚝 위치가 다릅니다.

26) 학구는 주자의 글 학구성현學求聖賢에서 따왔습니다. 성현의 길을 따라 학문을 연마하겠다는 뜻입니다.

▲ 지락재는 생활공간으로 격이 낮은 건물이지만 대부분 원기둥을 사용하였습니다.

학구재의 기단을 보면 지락재보다 높습니다. 역시 상급생을 배려하여 기단을 세벌대로 높였습니다. 정면 오른쪽 기둥 2개를 받친 초석도 폐사지에서 가져온 듯 잘 다듬어져 있습니다. 양쪽 온돌방의 아궁이 위치가 다릅니다. 오른쪽 방의 아궁이는 전면, 왼쪽 방의 아궁이는 측면에 구성하였습니다. 이는 바람의 방향과 양에 의해 최적의 온돌 상태를 유지하기 위한 장인의 기술이 녹여졌다고 볼 수 있습니다.

서재에 해당하는 건물은 지락재至樂齋[27]입니다. 역시 정면 3칸, 측면 1칸의 맞배지붕입니다만 여기는 마루가 2칸이면서 삼면이 트여 있는 개방형 공간입니다. 원기둥은 사각기둥에 비해 격이 높은 건물에 사용한다고 하였습니다. 이곳 지락재에는 원기둥이 몇 개일까요? 모두 일곱 개입니다. 왼쪽 끝의 기둥을 제외하고 모두 원기둥입니다. 매우 특이합니다. 강당이나 사당도 아닌, 그것도 가장 낮은 원생이 사용하는 건물 귀한 원기둥을 일곱 개나 세웠으니 말입니다.

여기서 필자의 상상력을 동원해 봅니다. 지락재 뒤 담장 밖은 어디일까요? 발꿈치를 들어 담장 밖을 내다봅니다. 탁영지가 보입니다. 이곳은 예전에 앙고재仰高齋[28]가 있던 곳으로 담장이 없었을 겁니다.

---

27) 지락은 송나라 구양수의 막여독서莫如讀書에서 나온 말입니다. '지극한 즐거움에는 글 읽는 것만 한 것이 없다'는 말로, 책을 통해 진리를 알아가는 즐거움이 크다는 의미입니다.

▲ 지락재 담장에 이렇게 살창을 내면 탁청지와 죽계천 감상에 최적일 것 같습니다.

마루에 앉아 탁영지와 죽계천을 바라볼 수 있었겠지요. 마루에서 독서하다가 사색이 필요할 때면 고개만 들면 됩니다. 아름다운 자연과 함께 익힌 내용이 머리에 쏙쏙 들어왔을 겁니다. 여기 담장이 있으니 없앨 수는 없고, 대신 밖을 내다볼 수 있는 살창을 내면 어떨까요? 필자의 아이디어가 아닙니다. 이미 오백 년 전에 경주 독락당에서 회재 이언적 선생이 낸 아이디어입니다. 보안 문제로 담장을 헐 수 없으면, 위 사진 같이 살창을 두어 개 내어주면 됩니다. 서원에 들른 관람객이 지락재 마루에 앉아 탁청지와 죽계천을 바라볼 수 있다면, 그 옛날 유생과 교감할 수 있을 것 같기도 하고 감상 장소로도 최적일 것 같습니다.

▲ 두 칸짜리 장서각 출입문도 서로 다릅니다.

강학 공간 중 마지막으로 볼 곳은 장서각藏書閣입니다. 정면 2칸, 측면 1칸 맞배지붕 건물입니다. 창건 연대는 사당과 같을 것으로 추정하고 있습니다. 필요에 따라 몇 번 이전을

28) 앙고는 '옛것을 우러러 배운다'는 뜻입니다.

▲ 여느 서원과 달리 사당의 문은 삼문이 아닌 일각문 형식입니다.

했고 현재는 본래 자리에 복원한 건물입니다. 왕이 하사한 책과 서원의 책 그리고 서원에서 출판을 위해 만든 목판을 보관했던 공간입니다. 3천여 권의 책을 보관했다고 하는데, 두 칸 건물로는 공간이 부족했을 것 같습니다. 문을 열어보니 공간은 비어있고 바닥이 마루로 조성되어 있습니다. 책이나 목판의 경우 습기에 약하므로 저장 공간에 환기창이 있고 판벽을 설치하는 것이 일반적이지만, 이곳은 그렇지 않습니다. 지금은 책이나 목판을 보관하지 않으니, 기능적이기보다 형식적인 공간으로 보입니다.

격을 올려 선현을 모신 공간, 문성공묘

이제 제향 공간을 둘러볼 차례입니다. 사당은 강학당의 서쪽에 있습니다. 소수서원의 사당은 편액 이름부터 차별화되어 있습니다. 문성공묘文成公廟입니다. 아홉 개 서원 중 소수서원 문성공묘와 옥산서원 체인묘만 사당 이름에 '묘廟'란 단어를 붙였습니다. 모신 인물이 그만큼 훌륭하다는 의미일 텐데, 누구를 모셨을까요? 한국에 성리학을 처음 도입한 안향 선생이라고 하였습니다. 처음에는 초상화를 모셨습니다. 지금은 뒤쪽 영정각에 초상화를 모시고 사당에는 위패를 모시고 있습니다.

안향 선생 위패와 함께 양쪽으로 안축, 안보 형제와 주세붕 선생의 위패를 모셨습니다. 안축 선생은 왕에 대한 충성심과 효심이, 안보 선생은 학문을 계승한 업적을 인정받았습니다. 주세붕 선생은 당연히 소수서원을 설립한 인물로 모셔졌습니다.

사당 영역은 사당 건물, 담장과 두 개 문으로 구성되어 있습니다. 남쪽으로 난 문은 신문神門으로 위패나 제물이 출입하는 문이고, 동쪽으로 난 문은 일반인이 출입하는 문입니다. 다른 서원의 경우 세 개의 문이 나란히 연결된 삼문 형태인데, 소수서원은 기둥이 2개인 일각문입니다. 사당은 전형적인 정면 3칸, 측면 3칸 맞배지붕입니다. 양쪽 측면에는 풍판[29]을 달았습니다. 단청을 새로 칠하고 기와를 교체하여 깔끔한 모습입니다. 건물의 기본 부재들은 옛것을 그대로 사용하였습니다. 기둥은 흘림기둥이고 자세히 보면 단청 목재 결이 거칠어 오래되어 보입니다. 초석도 폐사지에서 가져온 것인지 반듯합니다. 남쪽 문 아래 기초 역시 재활용한 돌로 보여 인상적입니다.

사당의 기둥 위를 보면 새 날개처럼 뾰족한 부재를 중심으로 좌우에 장식처럼 부재들이 붙어있는데요, 사실 끼워 조립된 겁니다. 날개

▲ 기둥 위 주두와 양옆 행공을 통해 위쪽의 무게를 안정적으로 받칩니다.

---

29) 맞배지붕의 측면은 비바람에 취약합니다. 이를 보완하기 위해 판으로 겹쳐 막은 것을 풍판이라 합니다.

▲ 제향에서 초헌, 아헌, 종헌 사이에 주세붕 선생이 지은 도동곡을 부릅니다. ⓒ소수서원

처럼 보여 익공翼工이라고 합니다. 강학당에서도 볼 수 있었는데, 혹시 보았나요? 국가유산을 여행할 때 자주 쓰는 말이 있습니다. '아는 만큼 보인다'입니다. 이제 보일 테니까, 사당의 익공과 함께 확인하길 바랍니다. 건물을 아름답게 장식하는 역할을 하지만, 사실 무거운 지붕을 안정적으로 받치는 역할이 먼저입니다.

사당 내부는 몇 차례 답사에도 불구하고 참배하지 못하였습니다. 내부에는 정면이 안향 선생의 자리이며, 옆으로 안축 선생, 안보 선생 그리고 주세붕 선생의 위패가 모셔져 있습니다.

서원의 제향 절차 중에 소수서원만의 색다른 절차가 있습니다. 제례 절차 중에 삼헌관이 각각 술을 올릴 때마다, 주세붕 선생이 지은 도동곡道東曲[30]을 나누어 부릅니다. 도동곡은 주세붕 선생이 지은 경기체가[31]로 안향에 의해 성리학이 조선에 전래되어 널리 전파된 것을 찬양

30) 도동곡은 모두 아홉 장으로 되어 있으며, 주세붕 선생의 ≪무릉집武陵集≫에 전합니다.

31) 고려 후기에 발생하여 조선 전기까지 약 350년간 지속된 긴 형태의 시가인데, 연이 나누어지고 여음이 있는 속악가사의 형식을 따라 만든 사대부의 노래입니다. 대부분 '경景 긔 엇더ᄒᆞ니잇고' 또는 '경기하여景幾何如'라는 구절이 4행과 6행에

▲ 전사청 현판이 있는 아래가 마루이면 그 아래에는 공기 구멍이 필요한 듯합니다.

하는 내용입니다. 종묘와 문묘를 제외한 서원에서는 유일한 형태이므로, 소수서원 제례가 있을 때 참석하는 것도 의미 있겠습니다.

사당 뒤로 있는 건물은 전사청典祀廳입니다. 제례 준비를 위한 공간이며 제례용 제기를 보관하고 있습니다. 정면 3칸, 측면 1칸 맞배지붕입니다. 오른쪽 한 칸은 아궁이와 굴뚝이 있어 온돌방임을 알 수 있습니다. 왼쪽 두 칸은 마루로 보입니다. 마루임을 알 수 있는 것은 아래 환기구가 건물 앞뒤로 있기 때문입니다. 하지만 어떤 이유에선지 모르겠지만 환기구가 충분해 보이지 않습니다. 일부 아래쪽 목재가 손상된 이유가 아닌지 걱정도 됩니다.

전사청은 백운동서원을 조성할 때 함께 조성된 것으로 추정하는데, 이 건물의 백미는 기둥입니다. 중요도가 높은 건물이 아님에도 불구하고, 여덟 개 기둥 모두를 원기둥으로 세웠습니다. 교체한 것을 제외하면 원래 기둥으로 보입니다. 기둥의 세로 결과 결 사이에는 세월의 흔적이 배어 있습니다. 필자는 비록 부분적으로 교체되어 누더기 같은 기둥이라도 이런 기둥을 좋아합니다. 이럴 때는 오백 년 세월을 잘 견뎌왔다고 토닥이고 쓰다듬어 줍니다.

있어 '경기'를 따서 붙여진 명칭입니다.

▲ 사람이 나이 들면 지혜가 쌓이듯 전사청 기둥은 나름의 역사를 지닌 듯합니다.

최초의 서원에 걸맞게 초상화를 별도로 모신, 영정각

전사청을 나오면 왼쪽 깨끗한 건물이 영정각影幀閣입니다. 국보로 지정된 안향 선생 외 다섯 인물의 초상화를 보존하기 위해 1975년 지었습니다. 건물은 정면 3칸, 측면 2칸의 팔작지붕에 처마는 겹처마입니다. 최근에 지은 건물이어서인지 반듯한 두벌 기단에 전돌을 깔고 건물을 올렸습니다. 외형은 사당과 유사한 모습이나 내부에 초상화가 많은 만큼 습기 관리에 신경을 썼습니다. 바닥은 마루를 깔았고 아래에는 전후로 환기구를 설치하고 창을 많이 내었습니다.

서원에 초상화를 모시더라도 대개 사당에 모시는데, 소수서원엔

▲ 영정각에는 중국 주자와 고려 안향 선생 등 6분의 초상화가 모셔져 있습니다.

▲ 영정각에는 가장 오래된 안향 선생과 주세붕 선생의 초상화가 모셔져 있습니다. 원본은 박물관에 소장되어 있습니다.

초상화 형태로 모시는 선현이 많아서인지 별도의 공간을 만들어 모셨습니다. 건물 내부 중앙에 주자와 회헌 안향 선생의 초상화가 있고 왼쪽에 미수 허목 선생과 오리 이원익 선생, 오른쪽에 신재 주세붕 선생과 한음 이덕형 선생의 초상화가 배치되어 있습니다. 이중 안향 선생 초상화는 국보, 주세붕 선생 초상화는 보물입니다.

안향 선생 초상화의 경우 원나라 화공에 의해 처음 그려진 초상화를 조선 명종 때 모사한 것입니다. 비단에 그린 초상화로 조선시대 초상화에 비해 섬세함은 다소 못하지만, 고려시대 초상화 양식을 잘 나타내고 있어 국보로 지정되었습니다. 단순하게 그린 것 같은 안향 선생의 눈을 가만히 보면 볼수록 깊은 온유함을 느낄 수 있습니다.

사료관은 고직사 자리에 1980년 새로 세운 건물입니다. 소수서원의 역사와 현재를 한눈에 알 수 있을 뿐만 아니라, 유학의 이해에도 도움이 되도록 많은 자료를 전시하고 있습니다. 서원 설립부터 1895년까지 350년 동안 소수서원에서 공부한 4,000여 명 원생들의 명단인 입원록 등 서원 운영과 관련한 자료를 볼 수 있습니다. 최근에 영상 자료를 보강하여 가족과 함께 옛 문화를 익히는데, 많은 도움이 됩니다.

찾는 재미가 쏠쏠한, 숙수사 흔적

소수서원에서는 옛터인 숙수사 흔적을 찾아보는 재미도 있습니다. 숙수사는 통일신라시대 시대에 세워졌으니, 남아있는 흔적은 적어도 천 년이 지난 유물입니다. 서원 입구에서 본 당간지주와 서원 건물의 주초가 숙수사의 흔적이 될 수 있습니다.

문성공묘 앞 마당에 석물이 하나 있습니다. 평평한 돌이 누워있는 듯한데요, 어떤 용도였는지 알 수는 없으나 가운데 둥글고 네모나게 가공한 흔적이 역력합니다. 작은 연자방아의 부속물은 아닐까요?

▲ 문성공묘 앞에 놓인 석물입니다.

장서각 앞에 정료대와 관세대가 있습니다. 정료대는 밤에 관솔불을 올려 조명으로 사용하던 것이고, 관세대는 제사를 지낼 때 대야를 올려 손을 씻는 곳입니다. 이들 역시 절터에서 구한 것으로 보입니다.

또 영정각 앞에서는 막대를 꽂아 시간을 알 수 있는 해시계가 있습니다. 아랫돌은 주초로 보이는데, 자세히 보면 연꽃이나 당초문이 새겨져 있습니다. 그 위에 문지도리석[32]으로 추정되는 돌은 놓아 해시계로 사용한 것입니다. 쓸모없어 버려졌던 돌을 생활 도구로 사용하는 지혜가 엿보입니다.

▲ 영정각 앞 해시계인데, 아랫돌엔 문양이 남아있습니다.

---

32) 문짝과 문설주를 연결하는 문지도리가 꽂히는 돌로 추정합니다.

▲ 옛터에서 발굴한 석등, 소맷돌, 광배석, 맷돌 등을 모아서 전시하고 있습니다.

더욱 많은 석물은 관리사무소 앞에 모아두었습니다. 서원을 지으면서 초석과 같이 유교 공간에서 사용할 수 있는 것은 재사용하고 사용하기 어려운 것은 땅에 묻기도 하였습니다. 발굴한 석물은 돌계단 양쪽을 장식했던 소맷돌, 연꽃무늬 석등이나 맷돌의 부분, 돌부처의 광배석 조각, 돌절구 등입니다. 땅속에서 발굴한 금동불 등 수십 점은 소수박물관에 소장 중입니다.

서원 나서기가 아쉬워 올라선 곳, 소혼대

서원을 둘러보고 나가는 길엔 소혼대에 올라 봅니다. 서원의 정문인 지도문을 나서면 오른쪽에 있는 작은 언덕입니다. 서원에 들어가는 원생들이 가족과 헤어짐을 아쉬워하며 서로 격려하던 곳입니다. 이제 필자도 소수서원과 헤어질 시간입니다. 조금 전까지 필자가 서원의 역사를 알아보고 건축적 의미를 찾고 사색하던, 서원 내부가 잘 보입니다.

이곳 순흥에 부임한 신재 주세붕 선생은 백성의 어려움을 하나씩 해결하였습니다. 백성의 가장 큰 고민거리는 나라에 바칠 인삼이 부족

▲ 돌아서는 발길을 아쉬워하며 소혼대에 서서 서원 내부를 한 번 더 둘러봅니다.

한 것이었는데, 소백산 기슭에서 알맞은 토질을 찾아 인삼 재배에 성공하였습니다. 당시로는 엄청난 모험과 성공이 아니었을까요? 선생은 백성의 풍속을 올바르게 이끌기 위해 공적 교육 기관인 향교를 복구하기도 했지만, 더 효과적인 방법을 생각해 냈습니다. 바로 이곳 출신으로 성리학의 원조인 회헌 안향 선생을 모실 사당을 지었습니다. 장소는 바로 숙수사 터였습니다. 나아가 백록동서원을 모방하여 백운동서원을 건립하였습니다. 퇴계 선생은 서원을 나라의 공식적인 인정을 받는 사액서원으로 만드는데, 큰 역할을 하였습니다. 한국 역사에 한 획을 그은 서원은 이렇게 소수서원에서 시작하였습니다. 다시 한번 눈앞의 문성공묘와 강학당이 자랑스러운 순간입니다.

이렇게 서원을 세운 신재 선생은 천년대계千年大計를 실천할 서원을 세워놓고 경렴정에 앉아 시를 한 수 읊었습니다.

산은 경건한 모습으로 서 있고
시냇물은 졸졸 소리 내며 흘러가네.
한가하게 노니는 선비 느낀 바 있어
한밤중 높은 정자에 기대어 서 있네.

나. 도산서원

예안현禮安縣

❶ 안동댐이 없어서인지 작아 보이는 낙동강 옆의 도산서원

❷ 퇴계 구택으로 표시된 곳은 선생이 태어난 온혜리 노송정老松亭

❸ 제자 금난수의 정자로 선생이 들러 시를 지은 고산정孤山亭

※ 출처 : 《광여도》 서울대학교 규장각한국학연구원

도산서원陶山書院

⊙ 모신 인물　퇴계退溪 이황李滉 1501년~1570년
　　　　　　월천月川 조목趙穆 1524년~1606년

⊙ 창건/사액　1574년/1575년

⊙ 제 향 일　음력 2, 8월 중정일

⊙ 지정문화재[33]　도산서원 사적 제170호, 전교당 보물
　　　　　　상덕사, 정문 및 사주토병 보물
　　　　　　도산서원도 보물, 이황 필적 보물

---

33) 세계유산 '한국의 서원' 학술연구 자료집 I, 한국의 서원 통합보존관리단, 2021년, 82쪽 참고하였습니다.

▲ 넓은 주차장과 함께 세계유산에 등재된 도산서원 안내판이 잘 정리되어 있습니다.

강가의 운치 있는 길을 따라 걷는 서원 가는 길

도산서원을 방문할 때는 주말보다 평일이 좋습니다. 휴가 내어 조용하고 아늑한 서원을 방문하면 그 이상의 가치를 얻을 수 있습니다. 도산서원엔 소수서원처럼 입장료를 내고 들어갑니다. 소수서원은 서원, 박물관과 선비촌을 하나로 묶었고, 도산서원은 이황 선생의 명성과 연계하여 서원을 관광자원으로 활용하고 있습니다. 봄, 가을 주말엔 관람객이라기보다 많은 관광객이 몰립니다. 서원을 제대로 감상할 수 없겠죠? 이때는 대부분 관람객이 이황 선생이 남겨놓은 가치를 제대로 느끼지 못하고 갑니다. 도산서원의 가치를 찾아 호기심 어린 눈으로 방문할 분을 위해 하나씩 소개합니다.

평일 도산서원 주차장에 내리면 넓은 주차 공간이 깔끔합니다. 서원으로 발길을 옮기면 길가 안내판 왼쪽에 세계유산 표석과 도산서원 표석이 있습니다. 오른쪽에 하마비가 있습니다. 하마비는 서원에 들어가는 사람은 탈 것에서 내려 예를 갖추라는 말입니다. 서원까지 4백여

▲ 4백여 미터 진입로는 걷는 것만으로도 힐링입니다.

미터로 굵은 모래가 깔린 흙길입니다. 이른 시간에 방문하면, 누군가 정성스레 비질하여 만들어 놓은 문양 위를 혼자 걸을 수도 있습니다. 가지런히 그려진 비질 문양 위를 걷는 느낌은 신기하고 감사한 마음입니다. 비 오는 날에도 빗방울이 우산에 닿는 낮은 소리를 들으며 강가를 걷는 분위기는 운치 있습니다.

잠시 걷다 보면 기념비가 있습니다. 전서체로 새겨진 글씨는 추로지향鄒魯之鄕[34] 입니다. 공자와 맹자가 살았던 노나라와 추나라처럼, 이황 선생이 생활하고 제자를 가르쳤던 이곳이 예절을 숭상하고 유학이 융성했던 곳으로 표현한 것입니다. 이 비는 공자의 77세 손자인 공덕성이 1980년 서원을 방문하여 이황 선생 위패에 인사하고 강당인 전교당에 걸린 원규院規[35]

▲ 추로지향 비 뒤에 있는 긴 의자에 앉아 낙동강을 감상해 볼까요.

34) 맹자는 추鄒나라 사람이고 공자는 노魯나라 사람이라는 뜻입니다. 공자와 맹자의 고향을 의미하는데, 예절을 숭상하고 유학이 융성한 지역을 의미합니다.

35) 서원 원생이 지켜야 할 행동 지침과 공부 방법, 학문 목표 등을 담은 규칙을 말합니다.

▲ 천광운영대에서 내려다본 풍경입니다. 이황 선생이 보시면 격세지감을 느끼겠지요. 당시에는 시사단도 없었고 강폭도 지금보다 훨씬 좁았을 테니까요.

를 읽고 흠모하는 마음을 담아 새겼다고 합니다. 2019년에도 공덕성의 손자 공수장이 방문하였습니다.

공자의 자손은 지금도 대만에서 존경받는 집안으로 노블레스 오블리주를 실천하는 유학계의 상징입니다. 현재 안동시에서 별칭으로 사용하는 '정신문화의 수도'란 표현이 이 기념비에서 착안했다고 하니 재미있습니다.

솔개는 날고 물고기는 뛰는 곳, 천광운영대

시원하게 열린 낙동강을 내려다보며 걷습니다. 도산서원 광장이 보입니다. 앞에 천광운영대天光雲影臺가 있고 광장 건너에 천연대天然臺가 있습니다. 두 장소는 이황 선생이 이곳에 서당을 짓고 후학을 양성하면서, 주변의 경치와 더불어 자연의 이치를 벗 삼아 본인의 학문을 완성하려는 뜻을 담고 있습니다. 천광운영대는 주자의 〈관서유감觀書有感〉의 한 구절에서 따온 말로 '하늘과 빛과 구름의 그림자가 함께 감돈다.'는 의미입니다.

천연대는 〈시경〉의 한 구절로 '솔개는 하늘 높이 날고 물고기는 연못에서 뛰네'란 뜻입니다. 천광운영대가 자연을 대표하는 무생물을 감상하는 곳이라면, 천연대는 자연을 대표하는 생물을 감상하는 곳일까요? 필자는 지금 이황 선생이 되어 봅니다. 강 건너 시사단을 바라보는데 사진처럼 하늘과 구름이 감돌다 강으로 내려

▲ 천연대에서 잠시 감상하고 있을 즈음 한 마리 학이 힘차게 비상합니다.

비칩니다. 감동입니다. 천연대로 발길을 옮기는데 솔개는 아니지만 한 마리 학이 힘차게 발길질하더니 하늘로 치솟아 오릅니다. 선생은 이런 모습을 보고 두 곳의 이름을 짓지 않았을까요?

사실 서원 앞 광장은 예전엔 서원으로 올라가는 골짜기였습니다. 1970년대 안동댐 공사 때에 이곳이 물에 잠기는 것을 방지하기 위해 흙을 쌓아 만든 것입니다. 아래 사진을 보면, 좌우에 천광운영대와 천연대가 보입니다. 서당과 서원이 계곡 안으로 있었는데, 그 앞을 흙으로 메워 광장을 조성한 것입니다.

▲ 서원이 계곡 안쪽에 있고 왼쪽이 천광운영대, 오른쪽이 천연대입니다. 안동댐의 수위에 따라 시사단 주변이 뭍이 되기도 호수가 되기도 합니다.

선생은 도산서당에서 공부하다 절우사를 들러 친구인 소나무, 매화와 잠시 대화하며 안부를 묻습니다. 열정에서 한 모금 물로 목을 적십니다. 그리고 천광운영대로 산책합니다. 자연을 감상하며 오늘 읽은 내용을 철학적 논리로 정리합니다. 그때 저 아래 강가 따라 난 길을 보니 집에 다녀오는 류성룡이 스승을 보고 손짓하며 인사합니다. 스승은 미소로 응하며 류성룡을 처음 보고 한 말을 기억합니다. "하늘이 내린 인재이니 반드시 큰 인물이 될 것이다." 오늘은 성룡에게 어떤 가르침을 줄지 생각에 잠깁니다.

강 건너 높은 단 위에 세워진 것은 시사단試士壇입니다. 평소 퇴계를 흠모하던 정조가 퇴계의 학덕을 기리고 지방 선비의 사기를 높이려, 1792년 특별 과거인 〈도산별과陶山別科〉를 시행했던 곳입니다. 당시 모였던 선비가 7천 명이 넘었습니다. 이를 기념하기 위해 단을 조성하고 비를 세웠는데, 비문은 당시 영의정이었던 번암 채제공이 썼습니다. 이곳에서 별과를 시행한 한 정조의 생각은 무엇이었을까요?

할아버지 영조 대에 신하들과 탕평채를 나눠 먹으면서 탕평에 힘썼으나, 당파와 인물 간 정쟁은 계속되었습니다. 정조는 평소에 평생 스스로 낮추고 상대를 배려했던 이황 선생을 존경하였습니다. 당연히 도산서원을 중심으로 주변에 이러한 인물이 많을 것으로 생각한 정조는, 이곳 선비를 등용하여 탕평 효과를 얻으려 한 것으로 보입니다. 인재를 골고루 등용하여 정치를 안정시키고 수원화성을 지어 양위讓位[36]를 꿈꾸던 정조는, 안타깝게도 갑작스러운 건강 악화로 그 꿈을 접어야 하였습니다. 지금 보이는 시사단은 안동댐이 지어지면서 침수되는 것을 방지하기 위해 10여 미터 높인 것입니다.

36) 양위는 앞의 왕先王이 살아있음에도 왕의 자리를 물려주는 것을 말합니다. 앞의 왕이 사망하고 왕위에 오르는 것은 사위嗣位, 무력으로 왕의 자리를 빼앗는 것을 반정反正 즉, 쿠데타라고 합니다.

▲ 왕버들 사이로 서원을 담았습니다. 봄기운이 초록을 통해 전해집니다.

광장에는 긴 세월을 함께한 왕버들 두 그루와 느티나무 한 그루가 있습니다. 버드나무를 액자 삼아 서원 전경을 촬영합니다. 꽤 괜찮은 풍경입니다. 그런데 바닥에서 나뭇가지가 나눠지는 곳까지가 유난히 짧아 보입니다. 광장을 조성할 때 두 그루 왕버들을 그대로 두고 흙을 채웠기 때문입니다. 지하고[37] 5미터 정도가 땅에 묻혔습니다. 정문 앞 느티나무 역시 지하고 대부분이 흙에 잠겨, 한 그루 나무가 4그루처럼 보입니다. 광장 왼쪽에는 새로 옮겨온 듯한 나무가 있습니다. 2018년 심은 금송입니다. 1970년 박정희 전 대통령이 도산서당에 기념 식수한 나무가 죽자 새로 심었다가 주변과 어울리지 않아 서원 밖 광장으로 옮긴 것입니다.

▲ 선생은 열정 물을 마시며 학문에 대한 갈증을 조금씩 풀었을까요?

느티나무 옆에 돌로 된 우물이 있습니다. 열정洌井입니다. 이황 선생이 지은 이름으로 정열한천식井洌寒

37) 지하고枝下高는 가지 아래의 높이를 말합니다. 즉, 지표면을 기준으로 곧게 뻗은 줄기에서 나누어 뻗어 나온 첫 가지까지의 높이입니다.

泉食[38]에서 따왔습니다. 우물에서 맑고 시원한 물을 마신다는 의미인데, 도산서당 때부터 사용한 우물입니다. 샘물은 퍼내어도 새로운 물이 차오르는 것처럼, 선생은 지식의 샘을 부단하게 퍼내고 스스로 몸과 마음을 닦으면서 후학을 가르쳤습니다.

광장에서 서원을 바라보며 감상하는 '경의 정신'

광장의 긴 의자에 잠시 앉았다가 서당으로 가겠습니다. 의자에 앉아 쉬면서 이황 선생을 생각합니다. 선생은 이곳에서 가까운 온혜리 노송정老松亭에서 태어났습니다. 지금도 선생이 태어난 방을 '퇴계선생 태실'로 보존하고 있습니다. 아버지 없이 자란 선생은, 어머니 춘천 박씨로부터 "학문에만 힘쓰지 말고 몸가짐과 행실을 더욱 바르게 하고, 과부 자식이라고 업신여기지 않도록 남보다 백 배 더 힘쓰라."는 말을 항상 듣고 자랐습니다. 몸가짐을 바르게 하여 공부하고 항상 상대를 배려하는 선생의 성품은, 어려운 환경에서도 열심히 일하고 자식에 관심을 둔 어머니의 영향을 받았습니다.

▲ 이황 선생이 태어난 노송정입니다. 선생이 태어난 태실은 왼쪽 안채에 있습니다.

---

38) 《역경》 〈정괘〉에서 따온 말입니다.

선생은 허 씨 부인과 결혼했으나 사별하고, 권질의 딸인 권 씨 부인과 재혼하였습니다. 권 씨 부인이 정신적 장애가 있었지만, 선생은 부인을 이해하고 항상 함께하며 정성을 다해 대하였습니다. 자녀에게도 애정을 가지고 적자든 서자든 구분하지 않고 가르치며 길렀습니다. 선생의 편지 내용에서도 힘들었던 사정을 찾아볼 수 있습니다. 또 선생은 제자에게도 항상 예로 대하였습니다. 제자의 의견이 옳으면 그 자리에서 동의하고 개선하였습니다. 기대승과 8년간 논쟁했던 〈사단칠정〉으로도 잘 알 수 있습니다. 심지어 사물을 대할 때도 공경하는 모습을 보였습니다.

인간이었지만 성인처럼 존경받는 선생에게 어려움은 없었을까요? 선생에게 장애 있는 부인만 있었던 것은 아닙니다. 선생은 젊은 시절부터 건강이 좋지 않아 평생 힘들어하였습니다. 또 을사사화로 친형 이해가 사망하고 둘째 아들은 요절하였습니다. 선생이 마주했던 정치적, 학문적, 가정적 어려움들은 하나씩 슬기롭게 극복하는 과정에서 선생만의 세계를 완성했고, 현재 우리가 존경하는 인물이 될 수 있었다고 필자는 믿습니다. 그럼, 이황 선생의 삶을 긍정적으로 버티게 한 것은 무엇이었을까요?

필자는 선생의 학문과 생활 모두에 그 기본을 경敬에 두었기 때문이라고 생각합니다. 일반적으로 경은 존경, 공경의 표현으로 생각할 수 있으나, 성리학에서는 '생각이나 헤아림을 중단한 상태에서 마음을 고요하게 간직하는 것'으로 보았습니다. 이러한 마음에서 사물을 판단할 때 모든 것이 진실에 가까울 것입니다. 이론에만 밝은 성리학자와 달리 선생은 정신 자체를 경에 바탕을 두고 행동 하나하나를 실천하였습니다. 공부할 때도, 권 씨 부인을 맞을 때도, 자식을 키울 때도, 제자를 대할 때도 그리고 형과 아들이 죽었을 때도 흔들림 없이 행동할 수 있었던 것은 바로 '경의 정신'이 있었기 때문입니다.

▲ 정문을 지나 오른쪽 건물이 이황 선생님 제자를 가르치던 도산서당입니다.

경의 실천은 한두 달 만에 익혀지지 않는다고 선생 스스로 언급하였습니다. 오늘날로 치면 종교적 신념 정도까지 생각해야겠습니다. 선생은 말년에 평생 학문의 결정판으로 평가된 〈성학십도聖學十圖〉를 지어 선조에게 올렸습니다. 이때 선생은 서문에서 '열 개의 그림이 모두 경을 주축으로 하고 있다.'고 묘사하였습니다. 선생이 남긴 값진 유산이 많고 많습니다. 특히 성리학 흐름에서의 완성도는 '동방의 주자'로 표현될 정도입니다. 그러나 필자는 무엇보다 값진 선생의 유산은 평생 마음에 담고 몸으로 실천한 '경의 정신'이라 생각합니다.

도산서원의 큰 특징이 있습니다. 다른 곳은 모셔진 선현의 고향 또는 거주하거나 정치했던 곳의 인근에 서원을 세웠습니다. 그러나 도산서원은 이황 선생이 학문을 깊이 연구하며 제자들을 몸소 가르쳤던 도산서당 바로 뒤에 세워졌습니다. 제자들은 선생의 숨결을 느낄 수 있는 곳에서 선생의 학문과 덕행을 기리며 공부하였습니다. 앞에 보이는 정문과 담장 너머에 도산서당이 있고 중문인 지도문을 지나 도산서원이 있습니다. 이곳에 오면 선생 생전의 공간인 도산서당과 이후 공간인 도산서원으로 구분하여 관람하면 더욱 흥미롭습니다.

이황 선생의 숨결을 고스란히 간직한 도산서당

먼저 선생이 제자들을 양성하며 학문적 완성을 이룬 도산서당陶山書堂으로 이동합니다. 정문을 들어가기 전 왼쪽에 역락서재亦樂書齋[39]가 있습니다. 정사성과 정사신이 선생의 제자로 들어오면서 여러 제자와 힘을 모아 1561년 지었습니다. 기록된 최초의 기여 입학제라고 할 수 있습니다. 역락서재는 제자들이 생활하던 공간으로, 뒤쪽 농운정사와 함께 지어진 건물입니다. 지금은 도산서당과 분리되어 있습니다. 고개 숙여 일각문으로 들어갑니다.

정면 3칸, 측면 1칸 맞배지붕 건물입니다. 건물 양 측면 박공 부재가 자연스레 휘어져 있어 운치를 더합니다. 오른쪽은 마루이고 왼쪽 한 칸 반은 온돌방입니다. 왼쪽 끝 반 칸에 함실아궁이[40]를 넣었습니다. 비를 피할 수 있게 지었는데, 설계한 선생의 배려심을 느낄 수 있습니다. 건물 가운데 걸린 역락서재 현판은 선생의 글씨입니다.

▲ 서원 전체의 정문 역할을 하는 사주문인데, 따로 현판은 없습니다.

역락서재를 나와 정문을 들어섭니다. 정문은 사주문입니다. 뒤에 있는 도산서원의 정문인 진도문의 기둥 단면이 사각기둥인데, 이곳 기둥은 원기둥입니다. 선생이 계셨던 서당이 가까이 있어 문의 격을 높인 걸까요? 맞배

---

39) 역락은 《논어》 〈학이〉에 나오는 말로 '벗이 멀리서 찾아오면 기쁘지 아니 한가'에서 따왔습니다. 서원은 친구들과 모여 즐겁게 공부하는 곳이라는 의미입니다.
40) 아궁이의 한 형태로, 부뚜막 없이 불길이 바로 고래로 들어가도록 간편하게 만든 구조입니다.

지붕에 단청까지 베풀어 단정한 모습입니다. 문 아래 달린 신방목 역시 새롭습니다. 옥산서원의 정문인 역락문에서 보았던 신방목과 같습니다. 도산서원에는 이곳 정문 이외에도 진도문과 상덕사 내삼문에 신방목을 달았습니다.[41)]

정문을 들어서면 왼쪽에 농운정사, 그 뒤에 하고직사가 있습니다. 오른쪽에 정원이 보이고 단 위에 도산서당이 있습니다. 선생의 숨결을 느끼려 먼저 도산서당으로 오릅니다. 선생의 공간에는 따로 담장을 두르고 문을 달았습니다. 유정문幽貞門입니다. 담장이 꽤 높은데, 본래 있었던 것인지 의심이 생깁니다. 이황 선생이 계셨다면 답답해하셨을 듯합니다. 금방 지나온 정문의 담장도 너무 높아, 이곳에서 낙동강을 감상하는데 자유롭지 않습니다. 이 담장은 1970년 조성한 것으로 보안이 목적이라 어쩔 수 없는 모양입니다.

▲ 서당에 올라서면 정겨운 유정문 앞에 계시던 이황 선생이 반겨주실 듯합니다.

열린 유정문을 들어서면 서당 건물과 마주합니다. 건물이 몇 칸인지 헷갈립니다. 언뜻 보기에 3칸짜리 같은데, 왼쪽에 반 칸, 오른쪽에 한 칸이 더 붙어 있습니다. 지붕도 맞배지붕 양 측면에 반쪽 기와가 붙었습니다. 혼란스럽습니다. 그러나 이러한 모습은 이황 선생의 섬세한 성격을 한껏 설계에 반영한 결과입니다. 하나씩 살펴보겠습니다.

41) 신방목은 옥산서원 257쪽 참고 바랍니다.

▲ 선생이 직접 지어 제자를 가르치던 도산서당입니다. 마루에 오르면 선생의 숨결이 느껴집니다.

쓰임새에 따라 꼼꼼하게 구분된 서당의 공간구성

공간 소개는 평면도와 함께 보면 이해가 빠르고 흥미롭습니다. 아래 평면도에서 빨간색 사각형이 본래 기둥이며, 파란색 사각형이 확장하면서 세운 기둥입니다. 빨간색 기둥만 보면 정면 3칸, 측면 1칸 건물입니다. 왼쪽이 부엌인데, 반 칸을 덧대어 공간을 확장하고 지붕엔 눈썹지붕[42]을 올렸습니다. 부엌 안에 정지방[43]을 넣었습니다. 선생의 생활을 도와주는 시종이 거주한 공간입니다. 부엌에서 나와 왼쪽으로 돌면 서당의 정면입니다. 보이는 첫 번째 창은 부엌에 빛이 들도록 한 광창光窓입니다.

기둥 오른쪽 문부터 선생의 공간인 완락재玩樂齋[44]입니다. 선생의 공간을 살짝 들여다보기 위해 기둥 옆문을 조심스레 열어봅니다. 무언

---

42) 건물 측면에 내어 단 지붕을 말합니다. 눈썹처럼 붙인다고 해서 붙여진 이름인데, 재밌습니다. 가적지붕이라 부르기도 합니다.

43) 정지는 부엌의 경상도와 제주도 사투리이며, 정지방은 부엌에 달린 방을 뜻합니다.

44) 완락재는 주희의 〈명당실기〉에 나오는 '즐겨 구경하니 족히 여기서 평생토록 지내도 싫지 않겠다.'에서 따온 말입니다. 학문에 대한 평생의 즐거움을 표현하였습니다.

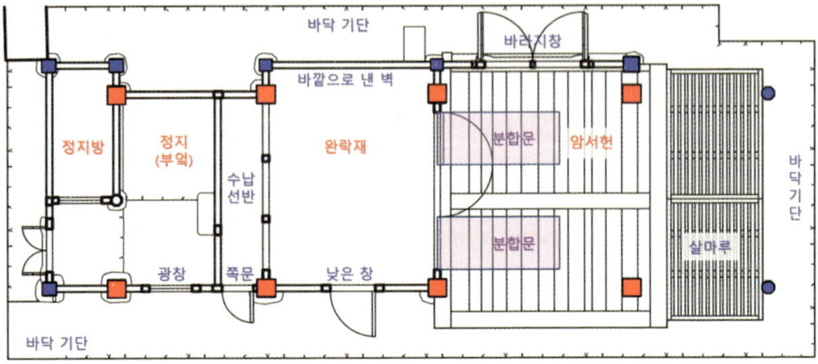

▲ 도산서당 평면도를 구해 독자가 이해하기 쉽도록 편집하였습니다.
원래 도면은 세계유산 '한국의 서원' 건축 도면집(2020년)에서 가져왔습니다.

가를 보관한 공간입니다. 선생은 공간을 효과적으로 사용하기 위해 벽면을 부엌 쪽으로 옮기고 벽이 있어야 할 곳엔 틔웠습니다. 무엇을 보관했을까요? 선생은 벽면에 나무로 판자를 수평으로 설치하고 편지 보관함이나 옷상자를 올렸습니다. 수납 선반입니다. 그리고 환기가 쉽도록 폭이 좁은 쪽문을 달았습니다. 북쪽 벽면을 자세히 보면 벽면을 바깥으로 내어 설치하였습니다. 지금 아파트로 보면 베란다를 없앤 확장형 거실 같습니다. 이곳에는 선생이 귀중하게 여긴 천여 권의 책을 위한 책장이 있었습니다.

선생은 방안에서 남쪽에 자리하였습니다. 낮에는 낮은 창 앞에 앉아 공부하고, 때로는 문을 열어 정우당이나 절우사를 바라보며 사색에 젖었습니다. 창 아래에는 매화 화분, 연상,[45] 혼천의와 침구 등을 두었습니다. 이른 아침 매화 화분에 물 주고, 낮에는 연상에서 벼루를 꺼내 먹 갈아 글을 쓰고, 저녁에는 종이와 나무로 만든 혼천의로 제자들과 천문 토론을 하다가 밤이 늦어져서야 침구를 깔고 잠자리에 드는 선생의 모습이 눈에 선합니다. 요즘 같으면 좁다고 불평할 공간을 치밀하게 쪼개 설계하고 결국 완전한 선생만의 세계를 완성한 듯합니다.

45) 글 쓰기에 필요한 벼루, 먹, 붓, 연적 등을 담는 작은 책상을 말합니다.

▲ 왼쪽 사진은 시종을 배려한 정지방, 중간은 공간을 치밀하게 설계하여 왼쪽엔 수납 선반을 북쪽엔 책장을 넣은 완락재 모습 그리고 오른쪽은 눈썹지붕을 달아 강학 공간을 넓혔습니다.

제자들의 강학 공간인 마루는 암서헌巖棲軒[46]입니다. 바닥은 우물마루인데 옆에 살마루[47]를 설치해 공간을 넓혔습니다. 늘어나는 제자 수에 맞추어 마루를 넓히고 위로는 눈썹지붕을 붙였습니다. 완락재와 함서헌 사이에는 보기 드문 형태의 분합문을 달았습니다. 대개 분합문은 세살문 형태의 사분합문이 일반적입니다. 문이 3짝인 삼분합문입니다. 문짝에는 문종이를 사용하지 않고 골판문을 달았습니다. 완락재 내부가 어두웠을 텐데 선생께는 다른 뜻이 있었을까요? 마루에는 북쪽으로 바라지창을 넣어 봄꽃 피는 후원을 바라볼 수 있게 하였습니다.

제자들이 공부하던 마루에 올라앉아 봅니다. 방에서 선생의 헛기침 소리가 들리는 듯합니다. 완락재를 향해 목례하고 주변을 둘러봅니다. 선생은 자연경관이 수려하고 조용한 이곳을 어떻게 찾았을까요? 과거에 세 번이나 떨어졌던 선생은 27세에 진사시, 34세에 대과에 급제하여 벼슬길에 나갔습니다. 관료로써 책임을 다하던 선생은 심신이 지쳐갔습니다. 46세에 둘째 부인 권 씨가 별세하자 낙향하여 토계兎溪

46) 암서헌은 '자연에 깃들어 오래 열심히 배워야 한다'는 의미입니다.
47) 대나무 가지나 널판 등으로 사이를 띄워 만든 마루입니다. 통풍이 잘되어 주로 여름에 툇마루로 사용합니다.

▲ 이황 선생이 도산서당으로 옮기기 전에 제자들을 가르쳤던 계상서당, 한서암 및 계재 등 세 채를 퇴계 종택 맞은편 언덕에 재현해 두었습니다.

에 양진암養眞庵을 짓고 공부에 집중합니다. 이때 토계를 퇴계退溪로 짓고 자신의 호로 정하였습니다. 여러 차례의 관직 제수에 사양하다가 단양군수와 풍기군수를 지냅니다. 지금의 단양 팔경을 당시 선생이 정했고, 주세붕 선생이 설립한 소수서원을 체계화하고 사액한 것은 잘 알려진 사실입니다.

이후 선생은 관직을 내려주면 사양하거나 잠시 갔다가 도망치듯 고향으로 되돌아왔습니다. 이후 본격적인 학문 연구에 집중합니다. 한서암寒栖菴을 지었는데 제자들이 모여들자 다시 계상서당溪上書堂을 지어 가르쳤습니다. 이 건물들은 현재 토계리 퇴계 종택 맞은편 언덕에 재현해 두었습니다. 선생은 제자들과 방에서 앉아 책 읽기만 하지 않았습니다. 토계를 따라 낙동강 언저리까지 또는 산길을 따라 고개를 넘으며 자연과 호흡하고 사색하고 호연지기를 길렀습니다.

그러던 중 영지산의 한 줄기인 이곳 도산陶山을 발견하였습니다. 도산서원은 지금 걸어도 계상서원에서 30분 정도의 거리입니다. 선생은 이곳에 도산서원을 짓고 그 감회를 시로 지었습니다. 〈도산잡영陶山雜詠〉[48]에 있는데, 선생이 이곳을 선택한 배경이 잘 표현되어 있습니다.

▲ 계상서당 맞은 편에 이황 선생 종택이 있습니다. 대표 건물이 추월한수정인데, 선생의 마음이 성인의 마음과 같다는 기대성의 '如秋月寒水'에서 땄습니다.

"내가 처음 계상에 터를 잡고 시내를 굽어 집 두어 칸을 얽어서 책을 간직하고 양졸養拙[49]하는 곳으로 삼았으나, 벌써 세 번이나 그 자리를 옮겼으나 번번이 비바람에 무너졌다. 그리고 계상은 너무 한적하여 포부를 넓히기 적당하지 않아 다시 옮기길 작정하고 도산 남쪽에서 이 땅을 얻었다. 여기에 조그마한 골이 있어, 앞으로는 강과 들이 내려다보이고 깊숙하고 아늑하면서도 멀리 트였으며, 산기슭과 바위들은 선명하여 돌우물은 물맛이 달고 차서 참으로 수양할 곳으로 적당하였다. 어떤 농부가 그 안에 밭을 일구고 사는 것을 내가 값을 치르고 샀다."[50]

서당 터를 얻은 선생은 이제껏 그랬듯이 정성을 다해 설계도인 〈도산정사도陶山精舍圖〉를 그려 승려 법련에게 의뢰하여 1561년 완성하

48) '도산서당에서 생각나는 대로 시로 읊는다'는 뜻으로, 선생이 도산서당에 거처하면 직접 읊었던 한시를 정리한 것입니다. 시 92수를 모은 시집으로, 한글로 정리한 도서가 있어, 도산서당에 대한 상세한 정보와 선생의 인간적 품성을 이해하는 데 많은 도움이 됩니다.

49) 재능이 부족하여 한가로이 지낸다는 표현입니다만, 은거하는 사람의 겸손한 표현입니다.

50) 《도산잡영》 〈도산기〉에서 따온 내용으로, 이황 선생이 지은 글을 도산서원 선비문화수련원이 제작한 도서입니다. 한 번쯤 읽어보길 추천합니다.

▲ 대청에 앉으면 담장이 조금 높아도 트임이 좋아 멋진 풍광이 눈에 들어옵니다.

였습니다. 이때 앞서 소개한 도산서당 건물의 형식과 구조가 자세히 기록되어 있어 선생의 건축에 대한 안목이 매우 높았음을 알 수 있습니다. 당시 지어진 건물이 도산서당, 농운정사, 역락서재이고 하고직사는 이후 필요하여 지어졌습니다. 둘러보고 있는 공간과 부재 하나하나가 선생이 고민하고 설계하고 지어진 것이니 더욱 살가운 느낌입니다.

선생은 조경 분야에도 탁월한 식견이 있었습니다. 마루 가운데에서 살짝 자리를 옮겨 모서리에 걸터앉아 봅니다. 다소 높은 담장이 둘러 있습니다. 마음속으로 담장을 낮추고 주위를 감상합니다. 담장에는 네 개의 트임이 있습니다. 그런데 그 트임에는 각각 중요한 요소가 보입니다. 선생의 생각과 일치하는지 보겠습니다. 서당 건물 서쪽 끝의 부엌과 담장 사이가 트여있습니다. 선생을 바라지하고 제자들을 도와주는 일꾼의 통로입니다. 필요한 것이 있으면 언제든지 좇아와야 하니 문도 없습니다. 담장을 따라오면 유정문이 있습니다. 명실상부한 서당의 정문입니다. 선생은 유정幽貞의 뜻처럼 이 문을 들어서면 속세를 떠나 바른 뜻을 가질 수 있고 평온함을 느낀 모양입니다. 번듯한 문은 아니어도 사립문을 달아 격식을 맞췄습니다.

담장을 따라 왼쪽으로 눈길을 돌리면 앞에 정사각형 연못인 정우당淨友堂이 있습니다. 정우당은 깨끗한 벗이 있는 연못을 의미하는데, 깨끗한 벗은 주돈이가 찬양한 연꽃을 말합니다. 선생은 이곳을 거닐며 명상에 잠기기도 하였습니다. 정우당 뒤 담장도 트여있습니다. 정우당 너머에는 무엇이 있을까요? 몽매한 제자를 바른길로 이끈다는 몽천蒙泉이한 단 아래 있습니다. 예전에는 그 아래 낙동강으로 이어지는 곡구암이 보였을 겁니다. 트인 담장 사이 개울 건너 언덕에 절우사節友社[51]가 있습니다. 절개가 있는 벗들의 모임을 의미합니다. 도연명이 사랑한 벗인 대나무, 국화, 소나무에 이황 선생은 매화를 더하여 심고 정성을 다해 보살폈습니다. 왼쪽에 있는 마지막 트임은 이 절우사로 가는 작은 다리가 있는 곳입니다. 이렇게 선생은 건물뿐만 아니라 주변 경관까지 조화롭게 꾸몄습니다.

▲ 선생의 철학적 삶을 볼 수 있는 글 모음집입니다.

선생의 마지막 10년을 보낼 도산서당은 이렇게 이루어졌습니다. 그리고 그 환희의 순간을 순화하고 정화하여 지은 시가 〈도산잡영〉이고, 한글로도 표기된 것이 〈도산십이곡〉입니다. 시에는 자연에 대한 노래와 함께 선생의 성리학적 자연관도 꼭꼭 심어놨습니다.

▲ 현판에 선생의 재치가 엿보입니다.

선생의 깊은 자연관은 마루를 벗어나면서 확인합니다. 앙증맞을 만큼 귀여운 도산서원 현판입니다. '산山'자를 산 모양으로 재치 있게 그렸습니다. 글자이되 그림처럼 그렸습니다. 자연과 하나 된 것처럼.

51) 절우는 도연명이 언급한 절개 있는 벗을 말합니다. 소나무는 추울수록 더 푸른 벗이고, 대나무는 모진 바람에도 꺾이지 않고 겨울에도 푸른 벗이며, 국화는 늦가을 찬 서리를 맞아도 깨끗하게 꽃을 피우는 벗입니다. 이황 선생은 여기에 눈과 바람 속에서도 봄을 제일 먼저 알리는 벗, 매화를 포함하여 심었습니다.

맞은 편에 꽤 키가 큰 회양나무가 있습니다. 선생이 심을 것 아니냐는 질문이 잦은데, 아닙니다. 백여 년 된 나무로 460년이 더 된 서당에 비하면 한참 뒤에 심은 것입니다. 나무가 치밀하여 도장이나 낙관을 만들 때 사용해서인지 상징적으로 심은 듯합니다.

방에 들어앉으면 비로소 선생의 배려를 읽을 수 있는 농운정사

제자를 위한 이황 선생의 또 다른 야심작을 만나러 갑니다. 도산서당 화단을 건너 서쪽으로 난 일각문을 들어섭니다. 제자들이 생활하며 공부하던 농운정사隴雲精舍[52]입니다. 드론으로 볼까요? 정면 4칸, 측면 3칸 맞배지붕 건물인데, 위에서 본 모습이 '공工' 자를 닮았습니다. 한옥으로는 조금 낯선 모습입니다. 건물 칸수는 8칸입니다. 가운데 긴 온돌방

▲ 제자들이 머물던 농운정사입니다. 상급생과 하급생의 공간으로 구분되어 있는데, 이후 서원의 동서재와 같은 역할을 하였습니다.

52) 농운은 남조 양나라 도홍경의 글 중에 '고개 위에는 구름이 많다'라는 구절에서 따왔습니다. 이황 선생은 윗글에서 '산봉우리 령嶺'을 '고개 이름 롱隴'으로 바꾸어 건물의 이름으로 지었습니다.

이 제자들의 생활 공간인 지숙료止宿寮[53]인데, 4칸짜리 '一' 자형 공간입니다. 가운데 간이 벽을 두어 각기 다른 2칸 방으로 나누어 사용하였습니다. 다른 서원의 동재와 서재처럼 오른쪽 상급반과 왼쪽 하급반으로 나눈 것입니다.

▲ '云'자가 2개라 구름이 가득한 듯합니다.

오른쪽 온돌방 기둥에 건물의 현판인 농운정사 글씨가 세로로 걸려있습니다. 여기서도 선생의 재치가 숨어있는데요, 찾아보세요. '구름 운雲' 자를 보면 알 수 있습니다. 앞서 도산서당의 산  모양을 보았는데, 여기서는 구름을 의미하는 '운云'을 두 개나 넣었습니다. '云云'을 찾았나요? 구름으로 완전히 둘러싸인 언덕 위에 농운정사가 있는 듯합니다. 상·하급반 똑같이 온돌방 2칸, 앞쪽 마루 1칸 그리고 뒤쪽 봉당[54] 1칸으로 구성되어 있습니다. 온돌방은 생활하고 공부하는 곳이고 마루는 휴식과 사색의 공간입니다.

마루에는 창을 내었습니다. 창을 통해 자연을 바라보며 사색하고 서로 토론하며 학문의 깊이를 더해 나갔습니다. 이렇게 중요한 공간이니 이름이 있어야겠습니다. 그래서 선생은 오른쪽 마루에 시습재時習齋,[55] 왼쪽 마루에 관란헌觀瀾軒[56]을 직접 써 현판으로 붙였습니다.

---

53) 지숙료는 주자의 무이정사에 있는 방의 이름에서 따왔습니다. 공자의 제자 자로의 고사에서 나온 말止子路宿입니다.

54) 봉당은 거주 공간 중 온돌이나 마루 없이 맨 흙바닥으로 된 곳을 말하는데, 토방土房이라고도 합니다.

55) 시습은 《논어》〈학이〉의 '배우고 때때로 익히니 기쁘지 아니한가 學而時習之不亦說乎'에서 나온 말입니다.

56) 관란은 《논어》〈자한〉의 '물을 볼 때 반드시 물결을 봐야 한다'에서 따온 말입니다.

▲ 농운정사 양쪽에 마루를 넣었습니다. 제자들은 마루에 앉아 창을 열어 드넓은 들판과 낙동강을 내려다보며 호연지기를 길렀습니다.

위에서 본 평면은 대칭이었는데, 정면은 어떨까요? 대칭인 듯한데, 자세히 보면 다릅니다. 대칭인 듯 비대칭의 아름다움을 찾아볼까요? 벽면의 창 모양도 다르고, 마루에서 방으로 들어가는 문 모양도 다릅니다. 특히 가운데 보이는 문과 창은 구성 자체가 다릅니다. 선생의 심오한 뜻을 헤아릴 수는 없지만 필자 나름대로 해석해 봅니다. 왼쪽 하급생 공간의 문 하나와 창 하나는 어딘지 균형 잡힌 모습이 아닙니다. 대신 오른쪽 상급생 문과 양쪽 창 두 개는 안정감을 줍니다. 한자로 '중(中)'자 같습니다. 연상되는 말은 중용中庸입니다. 유교의 핵심 사상입니다. 도를 배우고 실천하여 치우침 없는 완벽한 인격을 형성하는 것을 상징합니다.

선생은 농운정사를 짓고 만족해하며, 앞으로 불완전한 인격체로 서당에 들어온 제자들이 선생과 함께 공부하여 완전한 인물로 거듭나는 모습을 그렸을 겁니다. 선생은 이런 열정으로 가장 많은 제자를 길러내었습니다. 선생의 제자는 무려 309명이었습니다.

공부 역시 끊임없이 성찰하고 노력해야 한다는 의미입니다.

▲ 농운정사를 가까이서 보면 문의 모양과 창의 위치가 다른 것을 알 수 있습니다.

▲ 농운정사 방 안입니다. 한지를 통해 들어오는 빛의 밝기가 적당해서 책 읽기도 좋고 가만히 바라만 보아도 평온함을 느낍니다.

농운정사 쪽마루 앞에 신발을 가지런히 벗어두고 문을 살짝 열어 방으로 들어갑니다. 필자는 상급생 방으로 들어갑니다. 의외로 채광이 좋다는 느낌입니다. 낮에 별다른 조명 없이 책을 읽는데 문제없습니다. 선생이 문과 창을 많이 넣은 이유입니다. 창의 높이도 제자가 서안書案[57]을 놓고 책을 보기에 최적입니다. 한지를 붙인 창호는 공기가 통해 환기에도 유리합니다. 밖에서 보기에는 창과 문이 제각각이었는데, 안에서 보니 창호살 문양과 함께 가지런합니다.

57) 서안은 책을 올려두고 읽기 위한 작은 책상을 말합니다.

▲ 방에서 창을 열어 스승이 계신 완락재를 바라본 모습입니다. (차경)

▲ 마루에서 강으로 낸 창을 열었습니다. 담장이 없으면 어떤 모습일까요? (차경)

동쪽으로 난 창을 조심스레 열어봅니다. 스승이 계시는 완락재가 보입니다. 서원은 이른 봄이면 매화에, 완연한 봄이면 목련꽃에 둘러싸입니다. 창 테두리에 보이는 모습이 힐링을 위해 집에 들인 한 폭의 그림 같습니다. 방에서 나오면서 쪽마루에 잠시 서서 낙동강을 바라봅니다. 예전에는 담장이 없었으니, 계곡과 낙동강과 시사단까지 한눈에 들어왔을 겁니다.

쪽마루에서 내려와 오른쪽으로 돌아 뒤로 가면 하고직사下庫直舍와 연결하는 문이 있습니다. 하고직사는 도산서당에 포함된 건물로 1932년 지어졌습니다. 도산서당, 농운정사, 역락서재가 세워져 운영되다가, 필요에 따라 하고직사를 지어 사용하였습니다.

스승의 체취가 느껴지는 바로 옆에 지은 도산서원

동쪽으로 난 문을 통해 하고직사를 나오면 도산서원으로 올라가는 계단이 나옵니다. 여기까지가 도산서당 영역입니다. 매화에 대한 깊은 사랑을 노래하며 시를 쓰던 선생은, 1570년 매화분에 물을 주라는 말을 남기고 영면하였습니다. 선생 사후 3년 상을 마친 제자들은 1574년 선생이 강론하던 이곳에 서원 짓기를 결정하였습니다. 그러나 이황 선생의 삶과 철학이 오롯이 남아 있는 서당을 없앨 수 없었겠지요. 서당 영역을 그대로 보존하고 그 뒤에 서원을 조성하였습니다. 뒤쪽 공간이 그리 넓지 않습니다. 가장 존경할 만한 선현을 모신 서원이면서, 제자들의 노력에 힘입어 전통이 살아있는 세계적인 유산임에도 불구하고, 서원에 들어서면 건물 배치가 좁다는 느낌이 드는 이유입니다. 주변을 둘러보며 진도문으로 들어갑니다.

여기서 잠깐만요! 계단을 오르면서 느끼는 것이 있을까요? 서원에 오면 기단 위나 계단에 난간이 거의 없습니다. 조심해야 합니다. 특히 어린이와 함께 온 경우 어른의 관심이 필요합니다. 예전에는 서원에서

▲ 도산서당 위로 조성한 도산서원입니다. 위치가 제한적이어서 좁긴 하지만 지형이 높아 갑갑한 느낌은 적고 계곡이 옆에 있어 포근한 느낌입니다.

장난치거나 몸을 함부로 하지 않았습니다. 항상 조심하고 움직임을 천천히 했으니 문제가 없었습니다. 세계유산위원회에서도 본래 모습을 유지하도록 강조하다 보니 안전 초치가 미흡한 경우가 종종 있습니다. 세계유산을 조심해서 다룰 필요도 있지만, 서원을 방문할 때는 항상 안전에 유의해야 합니다.

1574년 설립된 도산서원은 다음 해에 사액을 받았습니다. 대학자 이황 선생을 모신 서원이기에 지체될 이유가 없었습니다. 진도문進道門을 들어서면 다른 서원처럼 유식 공간에 해당하는 누각이 없다는 사실을 알게 됩니다. 공간이 좁은 이유도 있겠지만, 이곳에 문루를 세우면 어떤 모습이 될까요? 원생들이 높은 문루에 올라 이황 선생이 계셨던 도산서당을 내려보는 모양새가 됩니다. 스승에 대한 예가 아니라서 이렇게 사주문을 내어 서원의 정문으로 사용하였습니다.

그래도 사주문엔 격식은 차렸습니다. 지형의 경사가 꽤 있어서인지 궁궐 월대처럼 네 벌 대 기단 위에 초석을 놓고 기둥을 세웠습니다. 문을 통과할 때도 경사가 있어 계단을 딛고 들어갑니다. 정문에서 본 신방목이 여기에도 붙어 있습니다. 문얼굴[58] 신방목의 한자 표현을 생

▲ 앞 나뭇가지에 살짝 가려진 문이 진도문입니다. 진도문은 좌우에 동광명실과 서광명실을 거느린 모습으로 당당해 보입니다.

각하니 재미있습니다. 문지방枋에 믿음信을 주는 나무木 받침입니다. 앞서 정문과는 달리, 신방목의 둥근 면에 삼태극 문양이 있고 같은 문양이 문짝에도 베풀어져 있습니다. 그런데 눈길이 멀리 사당인 상덕사 내삼문의 삼태극으로 향하는데, 태극의 회전 방향이 반대입니다. 이유는 상덕사에서 소개하겠습니다. 문 위에 안상문을 넣었고 진도문[59] 현판

▲ 진도문의 신방목을 촬영하려는데, 전교당에서 유사님이 관람객에게 서원을 안내하고 계셔서 함께 담았습니다.

---

58) 창이나 문을 달수 있도록 양옆과 위아래에 두른 테두리를 말합니다.

59) 중국 장재가 말한 것에서 따왔는데, '의지를 굳세게 하면 뜻을 굳게 지켜 잘못되지 않는 것이니 도에 나아가는 데 용감하다'는 의미입니다. 굳센 의지로 올바른 길로 나아가야 함을 강조한 것입니다.

글씨는 힘찹니다. 선생을 따르려는 제자들이 도道를 향해 나아가려進는 의지를 보이는 듯합니다. 단청은 모로단청으로 깔끔합니다. 서원에 들어서면 앞만 감상하지 말고 가끔 뒤돌아 감상하는 것도 좋습니다. 뒤돌아 어떤 경치가 보이는지 확인하길 바랍니다.

정문을 들어서면 서원 영역의 주요 건물 대부분이 보입니다. 서원의 중심축은 진도문과 전교당을 잇는 선이고 사당인 상덕사는 동쪽으로 비끼어 앉았고, 전사청과 상고직사는 왼쪽에 따로 배치되었습니다. 전교당 앞 동서재와 장서각에 해당하는 동서광명당은 대칭입니다. 장판각은 동재 뒤에 있어 보이지 않습니다. 넓지 않은 공간이지만 마당 가운데 두 줄 박석60)을 중심으로 위계에 따라 건물들이 질서 있게 배치되어 있습니다. 건물마다 그 기능에 맞춰 어떤 특징이 있는지 궁금합니다.

가장 많은 활동 자료가 남은 동광명실과 서광명실

도산서원은 따로 유식 공간이 없어 진도문을 들어서면 강학 공간에 해당합니다. 서원 정문의 좌우에는 동광명실東光明室과 서광명실西光明室이 있습니다. 광명실은 오늘날 도서관에 해당하는 장서각藏書閣입니다. 책과 자료를 보관하는 중요한 공간입니다. 동광명실은 예전부터 있던 건물이고, 서광명실은 1939년 추가로 세운 건물입니다. 특히 동광명실은 왕이 하사한 책, 이황 선생의 글이나 편지를 모아 엮은 자료집 그리고 선생이 소장했던 책 등을 소장했던 곳입니다. 임진왜란과 한국전쟁을 겪으면서도 제자들의 노력으로 잘 지켜왔습니다. 도산서원의 자료들은 907종 4,338책인데, 현재 안동 한국국학진흥원 등에 소장 · 관리하고 있습니다.

---

60) 얇고 넓은 돌로 발걸음을 편하게 디딜 수 있도록 놓아 사용합니다.

▲ 왼쪽 사진은 서광명실 품위 있는 골판문입니다. 가운데 사진은 서광명실 옆 쪽문인데 금속 의장이 화려합니다. 오른쪽 사진은 광명실 맞배지붕 아래 지네철입니다.

동서 광명실은 모두 정면 3칸, 측면 1칸의 맞배지붕입니다. 진도문 바로 옆에 위치하여 다소 갑갑한 느낌입니다. 경사지를 이용하여 누각 형태로 조성하고 둘레는 계자난간[61]을 설치하였습니다. 도산서당이 없었다면 유식 공간을 조성했을 텐데, 아쉬움을 난간으로 달랜 모양입니다. 건물 사이로 낙동강이 보여 답답함을 다소 해소해 줍니다.

지금도 경의 정신을 가르치는 박약재와 홍의재

동재인 박약재博約齋[62]와 서재인 홍의재弘毅齋[63]는 각각 정면 3칸, 측면 2칸 맞배지붕인데, 건물에 마루 없이 온돌방만 넣고 앞으로 툇마루를 넣었습니다.

---

61) 조선시대에 널리 쓰이던 난간으로 계자다리로 지지하고 위로 올라갈수록 밖으로 나가는 모양의 아름다운 난간입니다.

62) 박약은 《논어》 〈자한〉에 있는 '학문으로 넓게 해주고, 예로써 따르게 한다'는 구절에서 따왔습니다.

63) 홍의는 《논어》 〈태백〉에 있는 '선비는 넓은 마음과 깊은 생각으로 뜻이 굳세어야 한다'는 구절에서 따왔습니다.

▲ 원생의 기거 공간인 홍의재인데, 보머리에도 태극 문양을 베풀었습니다.

동서재는 농운정사와 같은 원생의 생활 공간이면서 학습 공간이었습니다. 지금도 선생의 가르침을 이어받기 위해 선비문화수련원 등이 주관하여 관련 프로그램을 운영하고 있습니다. 세계유산에 등재된 9개 서원 중에서도 강학 활동을 가장 왕성하게 하는 곳이 도산서원이고, 그 활용 공간이 이곳입니다. 필자가 방문할 때면 어김없이 강학 활동이 있어 좋은 이야기를 들을 수 있습니다.

때로는 눈요기에 가까운 재밋거리도 있습니다. 아래 사진은 홍의재 출입문에 달린 자물쇠입니다. 필자는 처음 보는 자물쇠인지라 여는 방법이 궁금하였습니다. 문짝에 국화 문양의 못인 국화정이 4개 붙어

▲ 홍의재 출입문 자물쇠입니다. 동작 원리가 간단하면서도 재밌습니다.

▲ 동재인 박약재인데, 지금도 강학 활동을 하는 곳입니다.

있습니다. 그 위에 문고리를 달아 걸고, 문고리를 열지 못하도록 잠금 비녀를 건너지른 모습입니다.

문을 열려면 어떻게 해야 할까요? 당연히 건너지른 비녀를 위로 올려야 합니다. 함께 있던 유사님이 영상 촬영할 틈도 없이 두 번째 사진과 같이 열었습니다. 잠깐 사이 비녀가 자물통 위로 올라갈 수 있었던 건 유사님 손에 들려있던 열쇠 덕분이었습니다. 평소에는 무심코 지난 것이, 관심을 두면 즐거움으로 다가옵니다.

동쪽 벽면이 트여있는 전교당의 비밀

전교당典教堂64)은 강학 영역의 핵심 공간인데, 함양 남계서원처럼 정면이 짝수인 4칸입니다. 측면 2칸의 팔작지붕에 홑처마 건물입니다. 기단은 웅장하게 여섯 벌 장대석으로 조성하였습니다. 계단은 좌우 2개입니다.

64) 전교는 유교의 학문인 오륜五倫을 뜻합니다. 인간이 지켜야 할 다섯 가지 기본 실천 윤리로, 한 번쯤은 들어본 부자유친, 군신유의, 부부유별, 장유유서, 붕우유신을 말합니다.

▲ 전교당은 정면 4칸 건물로 온돌방은 왼쪽에 현판은 오른쪽에 두어 균형 잡힌 모습입니다.

계단 왼쪽에는 기단만큼 높은 정료대를 세웠습니다. 계단을 오르기 전에 전교당 전면을 보면, 짝수 칸에 온돌방이 왼쪽에만 있어서인지 균형이 살짝 흐트러진 느낌입니다. 현판도 가운데 달지 못하고 오른쪽으로 비끼어 달았습니다. 이에 대해 두 가지 의견이 있습니다. 하나는 바로 오른쪽 뒤 사당에 상징적 원장인 이황 선생의 위패를 모셨으니, 오른쪽에 온돌방을 둘 필요가 없다는 것입니다. 다른 하나는 서원 전체를 두고 볼 때 무게감이 동쪽으로 좀 더 치우쳐 동쪽을 마루로 비워 둔 것이란 의견입니다. 어떤 이유든 서원을 조성하면서 이황 선생이 도산서당을 짓듯이 치밀하게 준비하고 건축했음을 알 수 있습니다.

오른쪽 계단으로 오릅니다. 기둥 아래 초석은 자연석을 사용했고 기둥은 모두 사각기둥입니다. 기둥 위 공포는 민도리식[65]입니다. 서원의 강당 건물은 대개 익공식인데, 단청까지 칠한 전교당이 가장 간단한 공포 형식이라 의외입니다.

65) 첨차나 익공 등 공포 부재가 없는 기둥 위 조립 방법으로 기둥 위에 보가 직접 조립되어 있습니다. 공포 형식 중 가장 간단한 형식입니다.

▲ 도산서원, 전교당과 한존재를 비롯하여 대청에는 많은 현판이 있습니다. 올바른 가르침을 위한 현판이 몇 개나 되는지 대청에 올라 확인하시길 바랍니다.

대청마루에 오르면 창을 모두 열어 개방된 느낌입니다. 정면에 도산서원 현판이, 뒤에는 전교당 현판이 걸려있습니다. 원장이 거처했던 온돌방 앞에는 한존재閑存齋[66] 현판이 걸려있습니다. 이중 도산서원 현판은 석봉 한호 선생이 선조 앞에서 직접 쓴 글씨입니다. 현판 왼쪽에 왕이 현판을 내렸다는 글이 보입니다.[67] 마루 위 보와 도리 등 가로 부재에는 원규, 백록동규, 사물잠, 경재잠 등 현판이 많이 붙어 있습니다.

전교당에는 평일이라도 관람객이 연이어 옵니다. 그래도 그냥 갈 수 없어 대청마루에 앉아 천장을 올려다보고 장식을 찾습니다. 연등천장[68] 맨 위에는 화려한 대공[69]이 보입니다. 남계서원만큼 화려하지는 않지만 날렵하면서도 듬직한 것이 나름 모양새를 갖추었습니다. 무늬

66) 한존은《주역》〈건괘〉에 '평상시에 믿음직하게 말하고 행동을 근신하면 간사함을 막고, 진실한 마음을 보존한다'에서 따온 말입니다.

67) 만력 3년 6월 일 선사萬曆三年六月日宣賜, 만력은 명나라 신종 왕의 연호입니다. 만력 3년은 1575년에 해당하며, 6월에 임금의 명으로 사액을 내렸다는 내용입니다.

68) 천장을 따로 설치하지 않아 한옥 지붕 아래 서까래가 그대로 보이는 천장을 말합니다. 한옥 마루 위에 주로 조성하는데, 아름다운 부재가 많아 감상하기 좋습니다.

69) 종보 위에 올려져 종도리를 받치는 부재를 대공이라 합니다.

▲ 전교당 천장에는 현판뿐만 아니라 볼 게 많습니다. 왼쪽 사진에서 화려한 대공이 보이고, 오른쪽 사진에서는 서까래가 모이는 곳에 우물형 눈썹반자를 달았습니다.

끝부분을 수염 끝처럼 말아 올린 것이 재미있습니다. 천장의 동쪽 끝에는 눈썹반자[70]가 있습니다. 눈썹반자 안에는 무엇이 숨어있을까요? 추녀 쪽 서까래 끝부분들이 모여 있는데, 그 모습이 복잡해 가린 것입니다. 눈썹반자 청판에도 연화문을 넣었고, 두 귀퉁이 동자[71]에도 연화문을 새겼습니다. 전교당의 단청은 부분적으로 많이 벗겨져 있습니다. 자세히 보면 앞서 다른 서원의 강당보다 색감이 화려합니다. 복잡한 용어는 신경 쓰지 말고 구성하고 있는 부재와 문양이 어떤지 감상만 해도 좋겠습니다. 다양한 문양이 아름다운 색감으로 베풀어져 있는데, 규모가 있고 다채롭습니다. 벗겨진 부분을 빨리 조치하여 화려한 단청을 제대로 감상할 수 있으면 좋겠습니다.

마루에 앉아 진도문을 바라봅니다. 문 너머 낙동강이 보입니다. 두 광명실이 없다면 웬만큼 트인 경치를 볼 수 있을 것 같은 아쉬움이

▲ 1575년 사액 받은 도산서원 현판입니다. 글씨는 석봉 한호의 글씨입니다.

---

70) 천장 한쪽에 올린 천장으로 크기가 작아 붙인 이름입니다.
71) 한옥 부재 중에 주로 작은 것에 붙이는 이름입니다.

▲ 한옥을 감상하다 보면 네모 프레임 안에 풍경이 있고, 풍경 속 프레임에 또 하나의 풍경이 중첩되어 있습니다. 창 가운데 문설주는 오래된 한옥에서 볼 수 있습니다.

있습니다. 진도문에서는 한옥의 풍경 놀이에서 중첩[72]을 감상할 수 있어 좋습니다. 등을 돌리면 기둥 사이에 상덕사 담장에 조성한 화계의 가지런한 오죽이 차경으로 다가옵니다. 전교당에서 하나 더 감상합니다. 마루에서 북쪽과 동쪽으로 창을 내었습니다. 창 둘레의 틀을 문얼굴이라 하는데, 무척 두껍습니다. 조선 초기 건축에서 볼 수 있는 두꺼운 창 얼굴입니다. 여기에 창 가운데 문설주[73]까지 넣은 모습은 쉽게 찾아볼 수 없는 귀한 모습입니다. 경주 양동마을 향단 등 고택에서 볼 수 있는 모습입니다.

필자는 대청을 내려오기 전에 마루판에서 옛사람의 흔적이 있는지 찾아봅니다. 전교당에서 흔적은 찾지 못하였습니다. 하지만 재미있는 문양을 찾았습니다. 마루판에

▲ 한옥 대청 나무판에서 숨어있는 동물 얼굴을 찾아보기 바랍니다.

---

72) 차경이 하나의 프레임 속에 풍경이 들어 있는 것이라면, 중첩은 문 속에 문이 있고 창 속에 창이 있는 모습으로 '액자 속 액자'로 표현하기도 합니다.
전교당에서는 기둥으로 만들어진 프레임 속에 진도문이 보이고 그 속에 도산서당 정문이 들어앉은 재미있는 중첩을 감상할 수 있습니다.

73) 문설주는 문짝을 끼워 달기 위하여 문의 양쪽에 세운 기둥을 말하는데, 가운데 문설주가 있는 형식은 조선 초기에 주로 나타나는 모습입니다.

나무 옹이에 의해 그려진 문양들이 많습니다. 여우나 호랑이 또는 앙증맞은 얼굴 모습도 보입니다. 서원이 진지한 공간이기도 하지만 가족과 함께 문양을 찾다 보면 즐거움과 함께 편안함도 느낄 수 있습니다.

사람은 삶의 여유가 생기면 가끔 뒤 돌아 볼 줄 압니다. 젊은 날 앞만 보고 달리다가 나이가 들면 추억을 찾듯 말입니다. 전교당을 내려와 장판각을 둘러보기 전에 뒤돌아 전교당을 바라봅니다. 전교당 측면의 아름답고 자연스러운 추녀 곡선을 잘 감상할 수 있습니다. 특히 전교당은 공포가 없는 민도리식 공포이고 서까래가 홑처마임에도 추녀의 곡선 덕분인지 전통 건축의 우아한 모습을 감상할 수 있습니다. 보고 있으면 천연대에서 힘차게 날갯짓하던 학을 떠올립니다.

전교당 동쪽에 있는 장판각藏版閣을 둘러봅니다. 건물은 정면 3칸, 측면 3칸의 맞배지붕 건물인데, 꽤 규모 있는 건물입니다. 바닥은 띄워 마루를 깔았고 위로는 살창을 달아 통풍이 잘되게 하였습니다. 벽면 역시 판벽으로 심벽보다 통풍에 유리하게 조성하였습니다. 문에는 양쪽에 판문을 달고 가운데 문은 살문을 달아 예를 지킨 듯합니다. 이곳에는 이황 선생의 문집과 서원에서 필요한 도서를 만들 때 사용한 목판을 보관한 공간인데, 지금은 한국국학진흥원으로 이관하여 내부는 비어 있습니다.

▲ 처마와 추녀를 구분할 수 없을 정도로 우아한 곡선을 연출하는 전교당 처마입니다.

태극 문양이 반대로 그려진 상덕사 내삼문

이제 제향 공간인 상덕사尙德祠[74]로 갑니다. 내삼문은 닫혀있습니다. 문은 정면 3칸, 측면 2칸 맞배지붕입니다. 서원 조성 시기인 1574년 상덕사와 함께 지어졌습니다. 역시 경사지에 조성한 탓에 앞뒤 기둥의 높이 차이를 볼 수 있습니다. 상덕사의 문인 내삼문 앞에 사람이 오르내리는 계단은 양쪽에 있으나 제수를 들고 드나드는 가운데 문 앞에는 계단이 없습니다. 도산서원에서는 사당 옆에 있는 전사청에서 제물을 준비해서 협문을 통해 사당으로 들고 들어가기 때문입니다.

더욱 흥미로운 것이 내삼문에 그려진 삼태극 문양입니다. 태극의 회전 방향을 확인 바랍니다. 시계 방향입니다. 앞서 본 진도문의 태극은 반시계 방향이었습니다. 어떤 의미가 있을까요? 태극에 대해서 아래와 같이 정리된 논문 내용을 보고 태극 문양을 살펴보겠습니다.

▲ 상덕사 내삼문에 그려진 삼태극 회전 방향과 진도문에 그려진 삼태극의 회전 방향이 다른 것을 볼 수 있습니다. 어떤 의미가 담겨 있을까요?

---

74) 상덕은《논어》〈헌문〉에 '군자는 이 같은 사람이며, 덕을 숭상하는 사람도 이 같은 사람이다'에서 따왔습니다. 군자는 덕을 숭상한다는 뜻을 담고 있으니, 이황 선생의 학덕을 공경하고 숭배한다는 뜻이 담겨 있습니다.

이二 태극은 음과 양으로 구성되어 우주 탄생의 근본 이치를 담고 있으며, 삼三태극은 천天, 지地, 인人으로 구성되어 천지인의 조화로운 사상을 담고 있다. 반시계 방향 태극은 양의 기운을 발산하며 활발하고 상승하는 에너지이며, 시계 방향 태극은 조용하고 하강하는 에너지이다. 따라서 일상 생활용품과 사람들의 생활 공간에서는 반시계 방향 태극의 사용이 바람직하고, 조용하고 정적이며 안정적인 기운을 발산하는 시계 방향 태극은 종묘제례악의 악기나 사당으로 들어가는 내삼문에서 사용하는 것이 바람직하다.75)

이제 조금 이해됩니다. 도산서원에는 살아있는 사람이 출입하는 문에는 반시계 방향, 돌아가신 선현이 모셔진 사당 출입문에는 시계 방향의 태극 문양을 그렸습니다. 도산서원의 태극 문양이 좀 더 논리적으로 접근했다는 것을 알 수 있습니다. 그럼 다른 서원의 태극 문양은 잘못된 것일까요? 꼭 그런 건 아닙니다. 사실 논문에 의하면 반시계 방향의 태극 문양이 더 많습니다. 이것은 서원의 남설과 훼철 이후 다시 설립하면서 위의 내용을 고려하지 않았다고 볼 수 있습니다. 하지만 태극의 회전 방향은 본래 반시계 방향만 있다는 의견도 있습니다. 아무튼 이제 서원에 가면 태극 문양의 방향에 눈길이 자주 가겠습니다.

▲ 자물쇠에 새긴 용 문양입니다.

내삼문을 굳게 지키고 있는 자물쇠도 멋스럽습니다. 두 마리 용 머리 문양인데, 역할에 걸맞게 엄한 표정입니다.

전사청은 상덕사 서쪽에 있습니다. 전교당 뒤에는 오죽烏竹을 심은 화계가 있습니다. 화계 옆 일각문을 통해 전사청으로 들어갑니다. 문이 열려있다면 살짝 닫았다가 천천히 열어 삐-익 소리도 들어봅니다. 스스로 운치 있는 분위기도 연출해 보는 것도 재밌습니다.

75) 〈서원 문의 태극 문양 연구〉, 노선희, 2019년 학위논문을 참고 하였습니다. 태극의 회전 방향에 대한 의견은 자료에 따라 다양함을 전제로 합니다.

▲ 드론으로 촬영한 제향 영역입니다. 내삼문 뒤에 상덕사가 있고 서쪽 담장을 두고 전사청 2개 건물이 마주 보고 있습니다. 담장 쪽문을 통해 제수를 옮깁니다.

마주 보는 두 개 건물이 전사청 건물입니다. 전사청은 제사를 지낼 때 제수를 준비하는 공간입니다. 오른쪽 건물은 마루방과 온돌방이 있어 제수를 담당하는 유사가 머무르는 공간으로 보입니다. 왼쪽 건물은 마루방과 흙바닥인 봉당으로 이루어져 있어 편하게 제수를 준비할 수 있습니다. 전사청 아래 고직사에서 재료를 가지고 와서 이곳 전사청에서 제사상에 올릴 수 있도록 준비합니다. 그리고 상덕사 내삼문이 아닌 전사청과 상덕사 사이로 연결된 협문을 통해 제수를 옮깁니다. 제수를 올리는 동선이 이렇게 효율적으로 짜여 있으니, 굳이 내삼문에 계단을 낼 필요도 없고 사다리와 널판이 없어도 가능했던 겁니다. 경사가 있고 좁은 서원 공간을 효과적으로 사용하기 위해 동선을 잘 처리하였습니다.

스승이 흠향할 쌀을 씻을 때 손대지 않는, 상덕사

쪽문 옆 담장 너머로 상덕사 건물을 바라볼 수 있습니다. 잘 정리된 장대석 기단 위에 정면 3칸, 측면 2칸 팔작지붕에 홑처마를 올렸습니다. 사당은 맞배지붕에 겹처마가 일반적인데, 규모가 작은 전교당처럼 팔작지붕에 홑처마를 올린 것이 이채롭습니다. 건물 3면은 심벽에, 정면

▲ 내삼문 안에는 긋기단청으로 꾸며진 상덕사 건물이 단정하게 서 있습니다.

에는 세살문 3개를 넣었습니다.

사당에는 퇴계 이황 선생과 월천 조목 선생의 위패가 모셔져 있습니다. 조목 선생은 이황 선생의 제자가 된 이후 평생 선생을 모셨습니다. 선생 사후에도 문집을 발간하고 도산서원 설립에 힘을 아끼지 않았습니다. 선생의 제자로 유일하게 상덕사에 함께 모셔졌습니다. 서원 내에는 성생단이 보이지 않습니다.

도산서원에는 제례 준비 절차에서 더욱 정성을 쏟는 것이 있습니다. 쌀을 씻는 절차입니다. 유사가 전사청에서 제례에 사용할 쌀을 가지고 나오면 나머지 유사들이 전교당 앞에 줄지어 서 있다가 고개 숙여 공경을 표합니다. 쌀을 씻기 위해 모두 열정 우물로 갑니다. 함부로 쌀에 손을 댈 수 없어, 손으로 씻지 않고 단지에 물을 넣어 흔듭니다. 이때 횟수를 크게 세는데, 첫 번째를 '새로'라고 합니다. 두 번째는 '둘', 세 번째는 '셋', 이렇게 아홉까지 세며 씻습니다. 안동댐 건설 이전에는 배를 타고 강으로 나가 쌀 씻기를 9번 했다고 하니 보통 정성이 아님을 알 수 있습니다.

일하는 이들을 배려한 공간, 상고직사

▲ 상고직사 대청에 앉으면 볼 수 있는 하늘입니다. 네 개 처마가 액자가 되어 시시각각 다른 풍경을 보입니다.

전사청에서 나와 전교당 서쪽에 있는 상고직사로 갑니다. 상고직사는 필자가 좋아하는 공간입니다. 관람객이 적어 조용히 사색하고 배려의 흔적을 찾을 수 있기 때문입니다.

하고직사는 도산서당에 속하고 상고직사는 도산서원에 속했지만, 서원의 규모를 고려하면 두 개 고직사 모두 서원을 관리하기 위한 공간이었습니다. 상고직사는 'ㅁ'자 평면으로 생활 공간과 곳간으로 구성되어 있습니다.

대청마루에 올라 하늘을 봅니다. 처마에 둘러싸인 하늘이 사각형입니다. 날씨에 따라 그림이 달라집니다. 네모난 맑은 가을 하늘도 좋지만, 뭉게구름 그림과 함께 매미 소리 들리는 여름도 좋습니다. 잠시 생각에 잠기다 고개 들면 바뀌어 있는 구름 그림이 더욱 신비롭습니다.

▲ 곳간 문 아래에는 작은 동물을 배려한 구멍을 두었습니다.

이곳은 배려하는 마음을 배우는 공간이기도 합니다. 대청에서 앞을 보면 양쪽이 곳간입니다. 곳간 출입문은 판장문인데, 문 아래에 작은 구멍이 나 있습니다.

내려가 찾아볼까요? 쥐나 작은 짐승이 드나들 수 있도록 구멍을 뚫어두었습니다. 사람만 아니라 함께 있는 짐승에게도 먹이를 공유하는 배려의 흔적입니다. 곳간 문 아래에는 발을 디딜 수 있도록 잘 만든 디딤판을 두었습니다. 무거운 짐을 들고 오르내릴 일꾼을 위한 배려입니다.

남쪽으로 난 중문으로 나가면, 왼쪽 담장에 구멍이 하나 있습니다. 사괴석四塊石[76] 하나를 뺀 크기인데, 주변이 검게 그을려 있어 금방 찾을 수 있습니다. 무엇일까요? 굴뚝입니다. 담장 옆엔 서원에서 가장 중요한 강학 공간이 있습니다. 정상적인 굴뚝을 만들어 아궁이에 불을 때면 전교당에서 연기가 보입니다. 그래서 택한 방법이 연기가 잘 보이지 않도록 굴뚝을 담장에 넣었습니다. 연기가 외부에 잘 노출되지 않고도 일하는 사람들이 따뜻하게 지낼 수 있도록 한 것입니다. 누구의 생각일까요? 존경심이 마구 솟구칩니다.

▲ 상고직사 담장에는 굴뚝이 하나 숨어있습니다. 서원을 위해 일하는 사람을 위한 배려입니다.

76) 사괴석은 한옥 담장 재료로 사용하는 주사위 모양의 돌입니다. 한 사람이 들 수 있는 크기가 네 덩이란 뜻인데, 한 변의 길이가 18cm 정도 됩니다. 그럼, 사괴석이 있으니 이괴석도 있을까요?

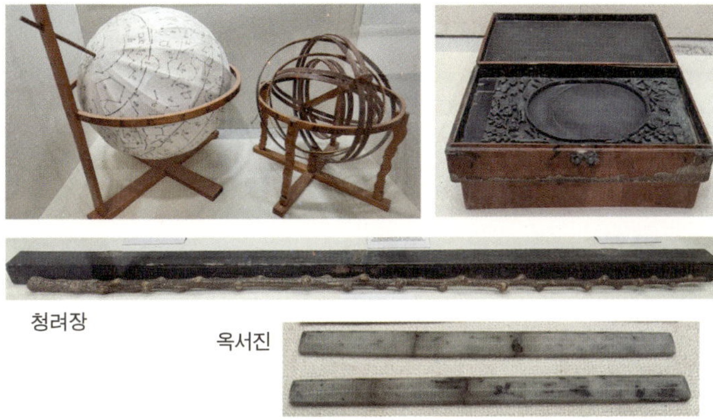

▲ 옥진각에는 이황 선생의 학문을 이해하는 자료 전시와 함께 선생이 사용했던 유품들을 볼 수 있습니다. 오늘날 사용하는 생활용품과 비교하는 것도 재밌습니다.

유물을 통해 선생의 정신을 이해할 수 있는 옥진각

상고직사를 나서면 아래에 유물전시관인 옥진각玉振閣[77]이 보입니다. 이황 선생의 유물과 자료를 전시하고 있습니다. 선생이 사용한 것으로 옥서진,[78] 매화연,[79] 청려장,[80] 청자 결상과 투호 등이 있습니다. 제자인 이덕홍이 만든 혼천의[81]와 혼상[82]이 있는데 교육용으로 만든 것 중 가장 오래된 것입니다. 이 외에도 유교 철학 체계를 10가지 도식으로 그려 선조에게 보냈다고 알려진 《성학십도》, 선생을 존경한 정조가

---

77) 옥진은 맹자가 공자를 '금성옥진金聲玉振'이라고 표현한 데서 유래하였습니다. 음악에 비하면 종을 쳐서 나는 소리로 시작하여 옥으로 만든 경의 소리로 끝을 맺는다는 내용인데, 이는 완전함을 상징합니다.

78) 옥서진玉書鎭은 붓으로 글씨를 쓸 때 종이 양쪽을 누르는 도구로 옥으로 만들었습니다.

79) 매화연梅花硯은 매화 문양이 새겨진 벼루를 뜻합니다.

80) 청려장青藜杖은 1년생 식물인 명아주로 만들어 가볍고 단단한 지팡이로 건강과 장수를 상징합니다.

81) 혼천의渾天儀는 천체를 관측하는 기구입니다. 선기옥형璇璣玉衡이라고 불렀는데, 태양, 달과 주요 행성의 위치를 측정하는 데 사용하였습니다.

82) 혼상渾象은 조선시대 하늘에 있는 천체의 움직임과 모양을 지구면 위에 새긴 것입니다.

▲ 광장 열정 뒤로 난 길을 따라 낮은 언덕을 오르면 볼 수 있는 풍경입니다. 서원을 떠나기 전에 올라 마무리하기 좋은 장소입니다.

《사문수간》을 열람하고 소감으로 지어 보낸 〈어제발문〉 등 문집과 자료들을 전시하고 있습니다. 옥진각은 선생을 이해하는데 무엇보다 좋은 장소입니다.

도산서원 방문을 마무리하기 좋은 곳을 소개합니다. 옥진각을 나와 처음에 본 열정을 지나고 낮은 언덕을 오르면 도산서당 옆 절우사가 보입니다. 매트가 깔린 길을 따라 조금 더 올라가면 도산서원 전체를 조망할 수 있습니다. 낙동강, 광장 그리고 도산서원이 한눈에 들어옵니다. 이곳엔 꽃들이 자태를 뽐내는 봄에 오면 좋겠습니다. 여름엔 나뭇잎에 가려 감상이 쉽지 않습니다. 잠시 긴 호흡을 하며 주변을 둘러봅니다.

오늘 도산서원 여행은 이황 선생의 손길이 유난히 많이 닿아, 선생의 숨결조차 느낄 수 있었던 도산서당을 중심으로 돌아보았습니다. 도산서당은 지나칠 만큼 검소하고 실용적인 건물이지만 선생의 철학을 오롯이 녹여 만든 건물입니다. 이런 이유로 서당을 먼저 돌아보면 도산서원 전체를 이해하기가 한결 수월합니다.

선생의 든든했던 후원자 이현보 시를 감상하며 답사 마무리

언덕을 내려오는데 사당에서 선생의 책 읽는 소리가 들리는 듯합니다. 〈퇴계선생언행록〉에 따르면, 선생은 항상 조용히 삶을 관조하며 부드러우면서도 장중한 태도를 지녔다고 하였습니다. 완락재에 새벽닭 홰치는 소리가 들리면 선생은 잠에서 깨어나 향불을 피우고 고요히 앉아 책을 읽었습니다. 책을 읽다가 생각에 잠기기도 하고 때로는 시를 읊기도 하였습니다. 때로는 창을 열어 정우당의 연꽃과 절우사의 친구들과 자연을 노래하였습니다.

이황 선생과 함께 이곳에서 자연을 노래한 인물이 있습니다. 농암 이현보 선생입니다. 선생은 중앙 요직을 거부하고 지방에서 목민관으로 30여 년 백성을 위해 일하였습니다. 안동부사 시절에는 신분과 남녀를 가리지 않고 관내 80세 이상의 어른을 초청해 잔치를 베풀었습니다. 또 사또의 신분임에도 어른들을 위해 색동옷을 입고 춤을 췄다는 이야기가 전하는 인물입니다. 이런 이현보 선생을 이황 선생은 동네 아저씨처럼, 때로는 선생님처럼 모셨고, 이현보 선생은 이황 선생의 후원자를 자처하기도 하였습니다.

그래서인지 35번 국도에서 도산서원으로 향하는 길가에 자연을 노래한 농암가비聾巖歌碑가 있습니다. 길이 좁아 조심스레 차를 잠시 세우고 비 뒷면에 새겨진 시를 감상합니다. 이현보 선생이 고향에서 자연을 즐기며, 세상을 잊은 듯 귀머거리[83] 바위인 농암聾巖에 올라 읊은 노래입니다.

83) 현재 이 표현은 청각 장애인을 낮잡아 이르는 말로 사용에 조심스러우나, 옛글에 표현되어 있어 따랐습니다.

▲ 도산서원 입구 농암가 비가 있습니다. 뒷면에는 시를 새겼습니다.

물가에 우뚝 솟은 농암 바위에 올라 사방을 보니
늙은이의 눈이 오히려 밝게 보이는구나.
사람이 하는 일에는 변화가 있지만
자연의 경치야 변함이 있겠는가?
농암 바위 앞에 있는 이름 모를 강과 언덕은
어제 본 듯 변함이 없구나.84)

오늘도 휴가 내고 도산서원에 오길 잘하였습니다.

---

84) 《천년의 선비를 찾아서》 이성원, 2008년을 참고하였습니다.

▲ 세상의 중심에 있는 도산서원을 드론으로 표현했습니다.

다. 병산서원

안동부安東府

❶ 하회마을 입구이면서 낙동강 옆에 자리잡은 병산서원
❷ 한강 이남 대표 누각으로 많은 묵객의 글이 남아 있는 영호루映湖樓
❸ 선생의 위패를 모시면서 위패 배치 문제가 있었던 호계서원虎溪書院
※ 출처 : 《광여도》 서울대학교 규장각한국학연구원

병산서원屛山書院

⊙ 모신 인물	서애西厓 류성룡柳成龍 1542년~1607년 수암修巖 류진柳袗 1582년~1635년
⊙ 창건/사액	1613년/1863년
⊙ 제 향 일	음력 3, 9월 상정일
⊙ 지정문화재[85]	병산서원 사적 제260호 징비록 국보 류성룡 종손가 문서류 보물

85) 세계유산 '한국의 서원' 학술연구 자료집 I, 한국의 서원 통합보존관리단, 2021년, 82쪽 참고하였습니다.

신도비 없이 단출한 서애 류성룡 선생 묘소

오늘 답사할 서원은 병산서원입니다. 서원에 모셔져 있는 서애 류성룡 선생의 묘소를 먼저 들러 참배하고 가볼 생각입니다. 선생의 묘소는 안동시 풍산읍 수리에 있는데, 고속도로에서 내려 멀지 않습니다. 묘소 근처 주차장을 찾아 주차하고 올라갑니다. 선생의 묘소는 고향인 하회마을과 병산서원을 바라보고 있습니다. 풍수에서는 하회마을 마늘산을 향하고 있다고 했는데, 찾아보니 방향이 맞습니다.

묘소는 깨끗하게 관리되고 있어 마음이 편합니다만, 당대 영의정을 지낸 분의 묘소로 보기에는 단출합니다. 봉분 앞 비석은 다른 신도비보다 크기가 작습니다. 상석床石[86]과 향안석香案石[87]이 보이고 양쪽으로 망주석望柱石[88]과 문인석文人石[89]이 전부입니다.

▲ 신도비는 없지만 단정하게 관리되고 있는 류성룡 선생의 묘소입니다.

---

86) 무덤 앞에 제물을 차려 놓기 위하여 돌로 넓게 만든 상을 말합니다.
87) 무덤 앞에 향로를 올려놓기 위해 네모반듯하게 만든 돌을 말합니다.
88) 멀리서 보아도 무덤의 위치를 쉽게 확인할 수 있도록 기둥 형태로 만들어 세운 돌로, 보통 쌍으로 설치합니다.
89) 죽은 이의 권위를 나타내기 위해 무덤 앞에 문인 모양으로 세운 돌입니다.

▲ 낙동강이 휘감아 도는 풍산평야에 푸른 봄기운이 감돌기 시작합니다.

망주석에 도동서원 중정당 기단에서 보았던 세호 문양이 있는지 확인했으나 아쉽게도 보이질 않습니다. 이황 선생 스스로 묘소를 화려하게 하지 말라는 유언을 남겼듯이, 류성룡 선생 역시 임진왜란을 회고하며 오직 이 나라에 환란이 다시 일어나지 않기를 위해 징비록을 쓰면서 검소한 생활을 했기 때문 아닐까요? 나중에 알았지만 선생의 신도비도 없었습니다. 선생께 인사하고 발걸음을 병산서원으로 옮깁니다.

가는 길에 안동의 대표 음식 중 하나인 간고등어 구이를 맛있게 먹었습니다. 서원은 하회마을 입구 갈림길에서 왼쪽 길로 3.5킬로미터 정도를 더 가면 주차장이 나옵니다. 지금도 일부 비포장도로가 있긴 하지만 고즈넉하고 경치가 좋아 힐링하는 길입니다. 특히 길 중간쯤에서는 넓은 평야와 낙동강을 한눈에 내려다볼 수 있습니다. 길가에 차를 세우고 한참을 바라봅니다. 정면에 보이는 평야는 풍산면의 풍산평야입니다. 왼쪽은 하회마을과 병산서원이 포함된 풍천면입니다. 풍산과 풍천. 지명에 풍요로울 '풍豊'자가 이리 많이 들어있는 것은, 앞에 보이는 것처럼 드넓은 평야와 굽이 도는 낙동강이 넉넉해 보이는 이유가 아닐까요? 물길을 따라가면 금방 병산서원 주차장이 나옵니다.

병산서원 입구에서 감상하는 병산 10경

주차하고 마을을 지날 때쯤 강 건너에 병풍처럼 둘러선 병산屛山이 눈앞에 나타납니다. 강원도가 아닌데도 저런 깎아지른 듯한 절벽산이 있나 싶습니다. 봄이면 강, 산 그리고 벚꽃을 모둠으로 사진기에 담을 수 있습니다. 그리고 넓고 하얀 모래벌판에 매료되어 강가로 내려갑니다. 모래를 머금은 강물은 병산에 막혀 모래를 한 번 뱉고, 휘돌아 하회마을에서 또 한 번 뱉어 지금의 형상을 만들었나 봅니다. 수천 년 동안 반복해서 만들어진 넓은 모래벌판에 서 있는 필자가 오늘은 왠지 작아지는 느낌입니다.

서원에서도 병산을 볼 수 있지만, 서원의 원생은 동무들과 가끔 이곳에 나와 병산 10경[90]을 바라보며 자연을 경외하고 호연지기를 길렀을 것입니다. 문文과 무武에 대한 차별이 있었지만, 학업에 몰두하기 위해서는 체력이 필수였으니 때로는 단체 운동도 하지 않았을까요? 저

▲ 병풍을 두른 듯 아름다운 병산이 서원에 마주 섰습니다. 사진 속에 병산 10경 중 6경이 숨어 있습니다.

---

90) 제1경 덕암, 제2경 열일봉, 제3경 한수동, 제4경 초초진, 제5경 표은굴, 제6경 제공천, 제7경 월은담, 제8경 영귀정, 제9경 낙하잠, 제10경 인곡 등으로 밑줄 친 곳이 병산에 있습니다.

▲ 서원 왼쪽 뒤로 주산인 화산이 보이고 화산에서 왼쪽으로 하회마을이 있습니다.

넓은 모래벌판 위를 말 타고 하는 격구擊毬는 아닐지라도, 축구와 비슷한 축국蹴鞠을 하느라 열심히 달리는 모습을 잠시 상상합니다.

서원 왼쪽 뒤로 주산主山인 화산花山이 있고, 능선을 타고 내려와 병산서원을 품고 있습니다. 화산에서 왼쪽 능선을 타고 내려가면 하회마을로 연결됩니다. 병산서원은 류성룡 선생이 터를 잡은 곳입니다. 오는 길에 본 풍산읍에 풍산 류씨 집안의 후손을 교육하기 위한 풍악서원이 있었습니다. 근처 지방관으로 근무했던 류성룡 선생은 서당이 번잡한 길가에 있어 학업에 방해가 된다고 판단하여, 조용한 곳으로 옮긴 것이 이곳입니다.

하지만 임진왜란의 화를 서당이라고 피하지 못하였습니다. 서당은 선생이 돌아가신 해인 1607년 다시 세워졌습니다. 그리고 7년 후 선생을 흠모한 제자들에 의해 선생의 위패를 모신 존덕사가 세워지면서 서원으로 자리하였습니다. 멀리서 보는 서원은 복례문, 만대루와 입교당까지는 동일 축 상에 있는 듯한데, 사당인 존덕사는 약간 비껴 있습니다.

▲ 방문 시기를 잘 맞추면 더욱 붉은 배롱나무와 조화로운 서원을 감상할 수 있습니다.

예禮를 갖추고 인仁을 찾아 들어가는 복례문

고운 모래를 밟으며 서원으로 향합니다. 서원 입구에는 배롱나무와 모과나무 등을 심어 화원으로 잘 정돈되어 있습니다. 특히 선비를 상징한다는 배롱나무는 담장 앞으로 열 그루 넘게 줄지어 있어 한여름 아름다운 서원 모습을 상상하게 합니다. 서원의 정문인 복례문復禮門[91]을 멀리서 보면 규모가 큰 만대루에 묻혀 언뜻 작은 건물처럼 보입니다. 복례문은 정면 3칸, 측면 1칸 솟을삼문의 맞배지붕입니다. 가운데 높은 문 하나로만 출입하고 양쪽은 문이 아닌 심벽을 넣었습니다. 앞으로 방문할 돈암서원의 정문인 입덕문과 비슷합니다. 또 정문까지는 앞서 방문했던 도동서원의 좁은 길과 달리 넓은 길을 조성하였습니다. 복례문 현판을 보며 개인적인 욕심을 버려야겠다고 생각하면서도 만대루를 빨리 볼 욕심으로 복례문을 얼른 들어섭니다. 복례문 문짝 아래에 문지방[92]이 없습니다. 위아래에 문둔테를 붙여 문짝을 잡고 있고 가운데쯤

91) 복례는 《논어》 〈안연顔淵〉에서 제자 안연이 공자에게 인에 관해 묻자, 공자는 '자신의 사사로운 욕심을 이겨 예로 돌아가는 것이 인이다. 극기복례위인克己復禮爲仁'라고 한 것에서 나왔습니다. 현판 글씨는 선생의 제자인 이호가 썼습니다.
92) 문 아래 2개의 문설주를 연결하기 위해 가로로 댄 나무를 말합니다.

에도 문짝에 홈을 내어 문둔테로 잡고 있는데, 아주 실한 모습입니다.

심벽心壁[93] 안쪽 공간이 궁금해서 확인합니다. 나지막한 가자架子[94]가 몇 개가 있습니다. 정성을 다해 제수를 옮길 때 사용하는 가마입니다. 전사청이나 고직사에서 준비한 제수를 그릇에 담고 가자에 실어 사당으로 옮겨 제례 상에 올립니다. 정성을 다하는 겁입니다. 복례문 표현대로 서원은 항상 예를 다하는 곳이니까요?

▲ 배롱나무 꽃잎이 떨어질 때면 광영지는 더욱 아름답습니다.

만대루를 보기 전에 하나 더 보고 가겠습니다. 왼쪽의 작은 연못입니다. 광영지光影池입니다. 사각형 연못에 가운데 둥글고 작은 섬 하나가 있습니다. 천원지방天圓地方의 우주관을 생각나게 합니다. 서원이 경사진 곳 있어 배수가 수월하도록 물길을 내고, 이 물길을 연못으로 연결하였습니다. 일정한 수위가 되면 연못 반대쪽으로 물이 나가도록 하고 옆에 돌을 세워 연못 이름을 새겼습니다. 일제강점기 이전에는 만대루 동쪽에 복례문이 있었으니, 지금처럼 만대루 앞 담장은 없었을 겁니다. 그러면 원생들은 서원을 드나들거나 만대루에 앉아 광영지를 보면서 여유를 가져 학문 정진에 도움이 되었겠지요. 광영지 옆에 꽤 큰 배롱나무가 있습니다. 봄여름 꽃이 필 때면 광영지, 만대루와 함께 멋진 사진을 촬영할 수 있습니다.

---

93) 전통 벽의 구성 방법으로 내부에 버팀대를 넣고 흙을 바른 것입니다.
94) 음식을 나르는 데 쓰는 들것을 말합니다. 두 사람이 가마를 메듯이 하여 나릅니다.

다양한 방법으로 즐기는 만대루 감상법

앞에는 정면 7칸, 측면 2칸의 2층 누마루 형태의 만대루晩對樓[95]와 그 현판이 보입니다. 만대루는 꽤 높은 기단 위에 조성하여 아래에서 올려다보면 다소 위압적일 수 있는데, 막상 올라가 보면 검박합니다. 경주 옥산서원 무변루가 같은 7칸 건물이지만 갑옷을 두르듯 아래위층 모두 꽁꽁 둘렀다면, 만대루는 한 곳의 막힘없이 사방이 뚫려 있습니다. 이렇게 검박한 만대루가 어떻게 건축가뿐만 아니라 일반인에게도 큰 사랑을 받고 있으며, 만대루를 빼고는 병산서원을 이야기하기 어렵다고까지 말할까요? 만대루 전체를 먼저 감상해야겠습니다.

만대루를 지나서 뒤쪽 마당으로 오릅니다. 마당은 만대루의 아래층과 위층의 중간층 높이입니다. 마당 가운데쯤 서서 만대루를 바라봅니다. 이때 만대루뿐만 아니라 그 앞쪽 낙동강과 병산을 함께 시야에

▲ 만대루를 정면 아래에서 촬영하면 제 모습을 감상할 수 없어 드론으로 같은 높이에서 촬영하고 현판은 따로 넣었습니다.

---

95) 만대루는 당나리 시인 두보의 오언율시 〈백제성루〉에 나오는 '취병의만대翠屛宜晩對'에서 따온 표현입니다. '푸른 절벽은 해 질 때 마주하기 딱 좋다'란 뜻입니다.

▲ 기둥이 액자 프레임 같아 차경 장면 하나하나를 파노라마로 가져옵니다.

넣고 바라봅니다. 기둥만 있고 벽이나 창 없으니, 만대루의 처마, 누마루와 기둥을 액자 틀로 생각할 수 있습니다. 그러면 멋진 차경이 연속으로 나타납니다. 액자 속 풍경은 병풍 같은 산과 흐르는 강물이 이어져 보이는데, 전체를 연결하면 만대루와 함께 멋진 작품을 감상하는 듯합니다.

천천히 앞으로 이동해서 만대루로 다가갑니다. 그런데 아쉽게도 현재 만대루에는 오를 수 없습니다. 그러니 통나무를 깎아 만든 두 계단 중 원하는 계단에 바싹 다가갑니다. 또다시 만대루 기둥 사이 더욱 선명한 자연을 감상할 수 있습니다. 만대루에 올라 차경을 감상할 수 있으면 좋으련만, 아쉽게도 누각에 오를 수 없습니다. 오르지 못하게 하는 이유는 문화재 관리 문제일 겁니다. 최근에 드라마 촬영을 위해 사전 협의 없이 만대루 기둥에 못질하면서 문제가 되었습니다. 만대루에 올라 더욱 가까이서 만대루와 자연이 하나가 됨을 감상할 수 있으면 좋겠습니다만, 더욱 멀어지는 느낌입니다.

여유가 있으면 해 질 녘까지 서원에 있거나 늦은 오후에 방문할 것도 추천합니다. 만대루의 출처인 두보의 시 백제성루白帝城樓[96]를 읽어보면 그 느낌을 이해할 수 있습니다. 백제성은 《삼국지》에서 유비가

▲ 서원 앞 병산은 취병을 연상케 합니다.

관우와 장비의 복수를 위해 전쟁을 일으켰다가 패하고 돌아와 제갈량에게 후사를 부탁하고 숨진 곳입니다. 우뚝 솟은 산 위에 성이 있고 주변에는 이곳 병산과 같은 산들이 둘러싸고 그 사이로 계곡이 있는 곳[97]입니다. 이미 몸은 쇠하여 걸음걸이도 부자연스러웠지만 이곳을 방문한 두보는 주변의 자연을 시로 노래하였습니다.

시에서 나온 '취병의만대翠屛宜晩對'의 취병翠屛은 본래 마당 등의 바깥에 설치한 산울타리를 말합니다. 겨울에도 변하지 않는 대나무, 향나무 등을 심고 사이에 패랭이꽃 등을 심어 꽃이 피면 예쁜 병풍과 같은 모습이 됩니다. 이런 이유로 옛사람들은 담장으로 취병을 만들고 창을 통해 사시사철 변하는 차경을 즐기며 자연과 하나가 되었습니다. 지금도 볼 수 있는 곳이 있습니다. 19세기 초 창덕궁과 창경궁을 그린 〈동궐도〉에 주합루 담장으로 취병이 그려져 있습니다.

---

96) 백제성루 출처는 병산서원 홈페이지입니다.
江度寒山閣 강은 차가운 산 전각을 지나고,
城高絕塞樓 성은 아득한 변방 누각에 높다.
翠屛宜晩對 푸른 절벽은 늦을 녘에 마주 대할 만하고
白谷會深遊 흰 바위 골짜기는 여럿 모여 그윽이 즐기기 좋구나.
急急能鳴雁 울 줄 아는 기러기 빠르디 빠르고,
輕輕不下鷗 내려오지 않는 갈매기 가볍디가볍다.
彝陵春色起 이릉에 봄빛이 일어나니,
漸擬放扁舟 작은 배를 점점 띄우려 한다.

97) 지금은 싼샤댐이 건설되어 백제성 지역은 섬이 되었습니다.

▲창덕궁 후원 주합루 앞 취병은 동궐도를 근거하여 대나무와 신우대로 조성하였습니다.

일제강점기를 거치면서 없어졌던 취병을, 동궐도를 근거로 복원하였습니다. 창덕궁 후원은 왕실 사람들이 휴식하는 곳이었습니다. 시간 내어 후원의 아름다운 풍광도 감상하고, 영화루 위에서 취병을 차경에 넣는 여유를 부려 보길 바랍니다.

두보가 노래한 백제성의 취병은 무엇일까요? 필자가 언급한 산울타리라기보다 백제성 누각에서 바라본 맞은편 절벽일 겁니다. 늦은 오후 붉게 물든 절벽은 늦은 오후에 보아도 절경이라는 뜻입니다. 해 질녘 노을이 반대편 병산을 비추면, 붉게 물든 병산은 그 장대함과 아름다움을 여지없이 표현했을 겁니다. 누군가 두보의 시가 생각나 이곳 누각의 이름을 '만대루'로 지은 것이겠죠? 그런 병산의 모습을 사진기에 담지 못했는데요, 다음 방문 땐 시에서와 같이 병산의 붉은 모습을 촬영해야 하겠습니다.

▲ 서원 역사를 고스란히 간직한 열여덟 개 기둥이 굳건하게 만대루를 떠받고 있습니다.

이제 만대루 아래층으로 다시 가보겠습니다. 만대루의 경사진 기단에도 3~4미터 높이의 배롱나무 다섯 그루가 서 있습니다. 사당과 전사청 앞의 오래된 배롱나무를 포함하면, 서원에 있는 배롱나무가 모두 백여 그루가 넘습니다. 껍질이 얇아 나무의 속을 보여주는 듯한 배롱나무는, 청렴한 선비의 숨김없는 속마음을 비유하기도 합니다. 그래서인지 배롱나무를 청렴한 학자를 상징으로 서원에 많이 심었습니다. 병산서원에는 유독 배롱나무가 많은데요, 더위가 한풀 꺾일 무렵이면 뚝뚝 꽃잎까지 떨어져 서원이 온통 붉은빛으로 물듭니다. 병산서원이 가장 아름다울 때가 아닐까 싶습니다.

누마루 아래에는 자연스레 굽은 기둥樓下柱 18개가 만대루를 떠받치고 있습니다. 저렇게 굽고 오래된 기둥이 얼마나 더 지탱할 수 있을까 의심이 갈 정도입니다. 하지만 걱정하지 않아도 됩니다. 기둥은 자연 주초 위에 그렝이질하여 정확하게 세워져 있고, 소나무 속 송진은 시간이 지나면 쇠처럼 굳어져 누각을 지탱하는데 문제없습니다. 안심하고 누마루 아래에서도 자연스레 굽은 기둥을 액자 삼아 주변을 감상하길 바랍니다.

이곳에 사용된 나무는 대부분 소나무입니다. 그중 기둥 2개는 느티나무라는 보고서를 본듯합니다. 표면이 다른 것이 있기는 하나 필자는 제대로 찾지 못하였습니다. 건축 재료로 사용하기에 느티나무와 소나무 중 어느 것이 나을까요? 의아하게도 느티나무입니다. 활엽수인 느티나무가 침엽수인 소나무에 비해 강도와 내구성이 훨씬 우수합니다.[98] 부석사 무량수전이나 수덕사 대웅전이 오래 잘 견디고 있는 이유입니다. 이런 이유로 고려시대 건축 자재로 느티나무가 많이 사용되었는데, 고려 말과 조선 초를 거치면서 느티나무를 구하기 어려워 조선시대부터 소나무가 많이 사용되었습니다. 이제는 그나마 소나무도 구하기 어려워 수입에 의존하고 있는 것이 현실입니다.

누마루 아래 돌계단을 통해 마당으로 다시 오릅니다. 누마루에 오르는 계단은 옥산서원 무변루 계단처럼 통나무를 깎아 만들었습니다.

▲ 난간의 안상문을 통해 만대루 위를 감상합니다.

마루는 전통 우물마루이고 둘레에는 계자난간을 멋스럽게 세웠습니다. 고급스럽지는 않아도 세월의 흔적을 읽을 수 있고 깔끔하게 뚫은 안상문 구멍을 통해 시원한 바람이 불어올 듯합니다. 우물마루 가운데쯤에는 몇 명 원생이 배운 내용을 토론하거나 스승에게 질문하고 그 답변에 고개를 끄덕이며 진지하게 이야기를 이어가는 모습이 그려집니다.

누마루 위의 기둥은 아래의 기둥과 사뭇 다른 모습입니다. 매끈하면서 흘림을 약간 넣고 반듯하게 세운 기둥들입니다. 서원에서 만대루

98) 《한옥 짓는 법》, 김종남, 돌베개, 2011년, 140쪽 참고하였습니다.

▲ 매끈한 누상주에 검박한 초익공이 있어 만대루의 단순미와 더욱 어울립니다.

가 차지하는 비중을 생각하면 기둥 위 공포는 화려할 거 같습니다. 실제 어떨까요? 최소한으로 깎아 빗은 초익공을 생각했지만, 민도리식에 가까운 문양 없는 초익공입니다. 만대루를 지은 대목수는 자신의 역량을 한껏 발휘하고 싶었지만, 자신의 기교가 오히려 만대루에서는 걸림돌이라고 생각하고 단순미 가득한 만대루를 탄생시켰습니다. 필자도 기둥 위에 화려한 익공을 넣었다면 지금의 만대루와 어울리지 않는다는 생각이 듭니다. 그래도 뭔가 아쉬웠던지, 아니면 구조적인 안정감을 도모하기 위해서인지 대목수는 도리 아래에 창방을 넣고 소로를 끼웠습니다.

만대루 위에는 왼쪽에 북이 하나 걸려있습니다. 서원에 따라 용도가 조금씩 다르긴 합니다만, 병산서원에서는 학습에 방해가 된다고 생각한 '술, 여자, 사당패'가 서원에 들어오면 북을 쳐서 알렸다고 합니다. 옥산서원에서는 부정을 저지른 원생이 자기반성을 할 때 사용했다고도 했었습니다. 아무튼 서원 누마루에 매달린 북은 학습에 방해되는 것을 경계하는 데 사용하였습니다. 그러데, 북을 매달아 놓은 부재가 대들보처럼 크고 두껍습니다. 한옥 부재로 충량衝樑입니다. 대개 건물의 양쪽 끝에만 설치한 것을 볼 수 있는데요, 이것은 만대루 지붕 형태가 팔작지붕이기 때문입니다. 팔작지붕은 끝부분을 들어올리기 위해 추녀가 들어가고 선자서까래가 들어가면서 구조가 복잡하고 무겁습니다. 이를 보강하기 위해 굵은 부재를 대들보 밖으로 연결하였습니다.

어떤 건축가는 한옥에 다양한 재료를 쓰지 않아 '건축물의 특이성'이 없다고 말합니다. 잘 살펴보면 주변에서 쉽게 구할 수 있는 돌, 흙과 나무로 한옥만큼 다양한 형태로 표현하고, 수많은 부재가 적재적소에 그 기능을 발휘하는 건축을 보기 쉽지 않습니다. 궁궐과 사찰 건축 같은 화려한 건물은 그것에 맞게, 서원 건물처럼 단순한 건물은 그것에 맞춰 부재를 깎고 다듬어 짓는데 같은 것이 하나도 없습니다. 앞서 다녀온 도산서당의 농운정사에서 보았듯이 같은 제자의 방에도 제자들에 맞춰 문과 창의 위치와 크기를 달리하였습니다. '한옥에 특이성이 없다'는 표현에 동의할 수 없는 이유입니다. 만대루 역시 건물의 기능에 맞게 불필요한 것은 모두 걷어내어 자연과 완전하게 하나가 되도록 만든 특별한 건물입니다.

류성룡 선생을 회상하며 사색하는 공간 동직재와 정허재

만대루가 유식 공간이면, 되돌아 보이는 건물들은 강학 공간입니다. 정면에 강당인 입교당이 있고 동서재에 해당하는 동직재動直齋[99]와 정허재靜虛齋[100]가 마주 보고 있습니다. 서원 마당에는 의외로 세 그루 나무가 있습니다. 확인해 보니 입교당 앞 나무는 무궁화로 1920년대 심은 두 그루 중 살아남은 한 그루입니다. 동재 앞에는 홍매화, 서재 앞에는 청매화로 1983년 심었습니다. 왜 마당에 나무를 심었는지 기록은 없습니다만 전통적으로 한옥 마당에는 나무를 잘 심지 않습니다. 혹자는 마당에 나무를 심으면 한자어 '괴로운 곤困'처럼, 사는 사람이 피곤

99) 동직은 주돈이가 쓴《통서通書》의 '사욕이 없어지면 마음이 고요할 때 텅 비게 되고, 움직일 땐 올곧게 된다'에서 가져왔습니다. 현판은 이호의 글씨입니다.

100) 정허 역시 주돈이의 글 '홀로 마음을 비우면 사물을 꿰뚫어 보아 통달한다'에서 가져왔습니다. 역시 현판은 이호의 글씨입니다.

▲ 마당은 간접조명 역할, 시원한 바람을 만들고 행사의 중심 공간이 되기도 합니다.

해져서 심지 않는다고 합니다. 사실 거리가 있는 이야깁니다. 한옥에서 마당을 비워 두는 이유는 몇 가지 있습니다.

첫째, 한옥은 직사광선을 사용하지 않고 간접광선을 이용하는데, 마당이 그 역할을 합니다. 처마를 비낀 햇볕은 마당에 반사되어 적절한 조도로 처마 밑과 방을 밝힙니다. 둘째, 대청마루에 더위를 식힐 바람을 일으킵니다. 비워진 마당에 햇볕이 들면 공기가 데워져서 위로 올라갑니다. 대신 집 뒤 작은 숲에 있던 시원한 바람이 마당으로 이동하게 되는데, 이때 대청마루에 있는 우리가 시원함을 느끼게 됩니다. 셋째, 마당의 공간 활용입니다. 마당은 추수 때가 되면 농사일하는 공간이 되고, 혼례나 제사 때는 음식을 준비하거나 행사 진행 공간이 됩니다. 명절 때는 가족이나 동네 사람들이 모여 신나는 놀이마당이 되기도 합니다. 이렇게 한옥 마당은 다양하게 활용되는 공간이므로 나무를 심지 않습니다.

주차장부터 휴식 없이 너무 많이 걸었나요? 잠시 동직재 툇마루에 걸터앉아 쉬면서 병산서원과 관련 있는 서애 류성룡 선생에 대해 조금 더 알아봅니다. 류성룡 선생은 역사와 관련된 곳이면 어디든 언급되는 인물입니다. 선생은 어린 시절 강직한 성품의 아버지로부터 글을 배우기 시작하였습니다. 어린 시절부터 천재로 알려졌으며, 이황 선생의 문하로 들어갔을 때 이미 "마치 빠른 수레가 길을 나선 듯하다."는 칭찬을 들을 정도로 뛰어났습니다. 25세에 대과에 급제했으니 보통 사람보다 10여 년 빠르게 관직을 시작하였습니다. 주요 관직을 두루 거치면서 정치적 경험을 많이 한 선생은 임진왜란이 발발하자 51세 나이로

▲ 왼쪽부터 징비록, 서애 류성룡, 충무공 이순신, 충무공 정충신
정충신은 임진왜란에서 공을 세워 면천하고 무관 급제하여 크게 활약한 인물입니다.

병조판서를 겸한 영의정에 올랐습니다.

사화와 당파싸움으로 혼란한 정국에 더해 임진왜란까지 발생하자, 선생은 오직 나라를 구하는 데에 모든 힘을 쏟았습니다. 선생은 이순신의 인물됨을 알고 전라도 좌수사로 천거하여 전쟁에 큰 도움이 되게 하였습니다. 선조를 호위하여 피란하고 전란 속에서도 훈련도감을 설치하여 운영하였습니다. 노비들이 왜군의 수급을 베어오면 노비 신분을 면하도록 하고, 작미법[101]을 시행하여 백성들의 부담을 줄이고 양반들에게도 세금을 징수하도록 조치하였습니다. 관료로서의 기상과 학자로서의 도덕성을 겸비한 선생의 노력으로 기나긴 전쟁이 끝나가고 있었습니다. 그러나 당쟁은 선생을 가만두지 않았습니다. 면천법과 작미법이 빌미가 되어 선생은 삭탈관직당합니다. 설상가상 같은 해에 이순신 장군 역시 노량해전에서 전사하는 비운을 맞았습니다.

이후 다시 관직에 나갔으나 다시 당쟁으로 파직되어 고향 하회에서 은거합니다. 다행히 누명이 벗겨지고 관직은 회복되었으나, 선생은 선조의 부름을 거절합니다. 대신 선생은 하회마을 맞은편 옥연정사에서 《징비록懲毖錄》을 저술하였습니다. 선생의 호 서애西厓는 옥연정사

101) 지방의 세금을 현물로 내는 폐단을 줄이기 위해 현물 대신 구하기 쉬운 쌀로 내게 하고, 그 양도 땅의 소유주에게 부과하는 제도였습니다. 광해군 때 대동법의 기초가 되었습니다.

서쪽西에 있는 부용대 절벽厓에서 따온 것입니다. 선생은 임진왜란에 대한 책임은 살아남은 자들의 몫이라고 생각하였습니다. 그래서 임진왜란 이전 일본의 상황에서 전란 상황, 명나라 구원병 파견 그리고 제해권의 장악까지. 전쟁의 모든 것을 기록으로 남겨 후대가 임진왜란을 반면교사로 삼기를 원하였습니다. 그래서 시경에서 '지난 일을 경계懲하여 앞으로 후환이 생기지 않도록 대비毖한다.'는 의미로 '징비懲毖'란 글자를 따서 책의 이름으로 붙였습니다.

그러나 징비록을 저술하고 몇 년 지나지 않은 1607년 선생은 세상을 떠났습니다. 선조는 선생의 죽음을 애도하여 3일 동안 업무를 중단하고 사람을 보내 조문하였습니다. 대개 사람의 인물됨은 그 사람이 죽은 후 백성을 통해 알 수 있다고 합니다. 선생의 죽음이 알려지자, 숭례문 인근의 상인들조차 철시하여 애도를 표했다고 합니다. 개인의 이익보다 국가를 먼저 생각하고 백성을 위해 노력한 인물임을 알 수 있는 대목입니다. 선생은 관직 생활이 길어 제자가 많지 않았습니다만, 정경세를 비롯한 제자들과 후손들의 노력으로 병산서당에 사당을 지어 병산서원을 건립하였습니다.

하지만 병산서원이 사액 받는 데는 250년이 걸렸습니다. 퇴계 선생을 모신 도산서원의 경우 1년 만에 사액 받은 것에 비교하면 이해가 안 됩니다. 선생의 국난 극복 노력과 성품을 생각하면 우여곡절이 있었음에 틀림없습니다. 선생은 관료로 일할 때 동인으로 활동하다가 강경파인 북인과 결별하고 남인을 조성하였습니다. 당연히 정치적 견제를 피할 수 없었겠지요. 광해군 대에는 정인홍에 의해, 이후에는 서인과 노론 등에 의해 견제받았습니다. 선생 사후에도 여강서원사액 후 호계서원에 이황 선생, 류성룡 선생 그리고 김성일 선생을 모시면서 위패 배치에 대한 서열 문제로 다툼이 생겼습니다. 결국 선생의 위패는 병산서원으로 되돌아왔습니다. 이후에도 병산서원은 지방 유림의 공론을 수렴하여 상소를 올리면서 여론을 형성하고 지방 인재를 양성하는 등 교육

기관으로서 본연의 업에 충실하였습니다. 그러나 당쟁의 주도권을 가지지 못해서인지 사액은 늦어져 1863년에야 철종으로부터 사액 받을 수 있었습니다. 그나마 철종의 갑작스러운 승하로 현판 역시 조정에서 받지 못하였습니다.

잠시 쉬었으면 동재인 동직재부터 볼까요? 정면 4칸, 측면 2칸 맞배지붕 건물인데, 전면에 툇마루를 넣어 원생들이 생활하기 편하게 하였습니다. 가운데 마루를 두고 왼쪽에 온돌방 1칸, 오른쪽에 온돌방 2칸을 두었습니다. 마루에서 2칸 방 쪽으로 동직재 현판이 보입니다. 마루에 올라 뒤쪽으로 난 바라지창을 열어봅니다. 병산이 보입니다. 원생들이 방에서 학습하다가 잠시 나와 사색하기에 딱 좋습니다.

서재는 하급생의 공간인 정허재입니다. 동직재와 대칭 구조이며 역시 툇마루를 넣었습니다. 2칸 방에 정허재 현판이 있고 1칸 방에는 장서실藏書室 현판이 붙었습니다. 대개 장판각이 장서실의 역할을 하는데, 병산서원에서는 공간을 분리하여 관련 도서와 자료를 장서실에 보관하였습니다. 그만큼 서원의 규모가 컸다는 것입니다. 정허재 마루에도 올라 바라지창을 열면 멀리 마늘봉이 보입니다. 하회마을의 안산에 해당하는 봉우리인데, 그 형상이 뾰족해 문필봉文筆峰[102]이라고 부릅니다.

서원의 원생 규모는 정해진 것이 있었을까요? 있었습니다. 서원에 적을 두면 세금과 병역 등이 면제되었기 때문에 많은 사람이 들어오기를 원하였습니다. 앞서 일반적인 규모를 언급했지만, 병산서원의 경우 20명 전후의 원생이 생활하였습니다. 기록에 적게는 7명, 많게는 92명까지 다녔습니다. 원생인 많았던 것은 능력별 학습을 진행하면서 졸업을 미룬 원생이 증가했던 것으로 보입니다. 물론 생활은 서원에서 모두

102) 문필봉은 산봉우리가 붓끝처럼 뾰족하여 붙여진 이름으로, 집의 방향이 문필봉 쪽이면 집안에 문인이 난다는 이야기가 있는데, 전국에 여러 곳 있습니다.

▲ 서재인 정허재입니다. 병산서원의 동서재 모두 정면에 5개 원기둥을 세웠습니다.

수용 불가하여 마을에서 지내기도 하였을 겁니다.

서원에는 동재와 서재의 위계에 따라 건물의 시각적 차이가 있는데, 병산서원에서도 찾아보겠습니다. 여러분도 매의 눈으로 가족이나 연인과 함께 찾아보기 바랍니다. 찾아보는 과정에서 관찰력도 좋아지겠지만 전통 문양과 문화에 관한 관심도 깊어질 수 있습니다. 비교 방법은 도동서원과 동일합니다. 여기에는 결과만 표로 남깁니다.

병산서원 동서재 관찰

구 분	동재 동직재	서재 정허재
원기둥 개수	전면 5개	전면 5개
툇마루 북쪽 칸막이	있음	없음
창호 가로 살대	가로 4칸	가로 2칸
아궁이와 굴뚝	아궁이 2개, 굴뚝 2개 (기단 굴뚝과 낮은 굴뚝)	아궁이 1개, 낮은 굴뚝 2개 (장서실은 불필요 및 환기창 설치)
벼락닫이 창	3개	2개

※ 동재와 서재는 같은 듯 다른 곳이 꽤 있습니다. 찾아보는 즐거움을 느껴보세요.

▲ 동직재 앞의 홍매화가 건물을 크게 가려 드론으로 촬영하였습니다.

앞서 동서재가 대칭이라고 했는데 정확하게 대칭으로 배치하지는 않았습니다. 입교당과 동직재 사이가 약간 벌려 배치되어 있습니다. 만대루에서 입교당을 향해 바라보면 확인할 수 있습니다. 이것은 사당인 존덕사로 가는 동선이 동직재로 연결되어 공간 확보 차원에서 동재의 모서리를 뒤로 약간 물렸다고 보면 이해하기 쉽습니다. 서원 건물을 이렇게 관찰하다 보면 건물의 규모나 장식뿐만 아니라 건물의 배치까지 섬세하게 배려했음을 알 수 있습니다.

만대루의 단순미에 조화를 맞춘 입교당

이제 서원의 핵심 공간인 입교당立教堂[103]에 오릅니다. 높은 기단 위에 정면 5칸, 측면 2칸 겹처마에 팔작지붕입니다. 육간대청이 가운데 있고 좌우에 온돌방이 하나씩 있습니다. 오른쪽 공간은 원장 공간인 명성재明誠齋[104]이며 오른쪽은 유사 공간인 경의재敬義齋[105]입니다.

---

103) 입교는《소학》〈내편〉의 첫 번째 장입니다. '유생들이 배워야 할 성현의 가르침인 오륜을 바르게 세운다'는 의미인데, 실천적 성리학을 중시한 조선 선비들은 도덕적이고 실천적인 학문을 위해《소학》을 매우 중요하게 생각하였습니다.

104) 명성은《중용》21장 '성誠으로 밝아짐을 성性이라 이르고, 명明으로 말미암아 성해짐을 교教라 하니, 성하면 밝아지고 밝아지면 성하게 된다'에서 나왔습니다.

▲ 병산서원은 검박하면서도 거침없는 류성룡 선생을 닮은 듯합니다. 열려있는 만대루도 그렇고, 입교당의 아궁이도 보란 듯이 열린 느낌입니다.

입교당 전면에 둔 온돌방의 함실아궁이 크기가 여느 서원과 달리 궁궐 전각의 아궁이처럼 큽니다. 또 아궁이가 깊기도 해서 불 때기가 쉽지 않았을 듯한데, 강당 전면에 아예 아궁이를 두지 않았던 옥산서원 구인당과 비교됩니다. 병산서원에서는 워낙 만대루에 관한 관심이 많다 보니 다른 건축에 관한 자료가 적은 편입니다. 그래도 필자의 눈에 들어온 특징 중 하나는 계단의 폭이 유난히 넓다는 것입니다. 복례문, 만대루와 여기 입교당의 계단 모두 넓습니다. 사당의 내삼문 앞 계단도 넓은데, 도동서원의 수월루에서 환주문, 중정당, 사당까지 이어졌던 좁은 계단과 비교되어 자못 궁금합니다.

야간 행사 때 불을 피워 밝히는 정료대가 입교당으로 오르는 두 계간 사이에 있고, 그 앞에 무궁화나무 한 그루가 있습니다. 오른쪽 계단으로 천천히 입교당에 오릅니다. 처마 아래에 병산서원 현판이 걸렸습니다. 갑자기 궁금해집니다. 병산서원은 사액 받았으나 철종이 갑자기 승하하는 바람에 현판을 내려받지 못하였습니다. 어떻게 저 현판이

---

105) 경의는《주역》에서 나온 표현으로 '스스로 수양하며, 의로써 행동의 판단 기준을 삼는다'는 뜻입니다.

▲ 입교당의 공포는 민도리에 가깝습니다.

만들어졌을까? 대개 사액 받으면 현판을 국가에서 직접 만들어 보내주기보다는, 종이에 서원 이름을 크게 써서 보내줍니다. 서원에서는 그 글씨로 현판을 제작합니다. 경주 옥산서원에는 아직 조정에서 보낸 글씨를 보관하고 있습니다. 병산서원에는 그런 과정에 관한 기록은 없으나 찾아보니 경평군 이호[106]가 쓴 것으로 알려져 있습니다. 현판의 글씨에 힘이 넘칩니다.

입교당 기둥 아래 주초는 자연석을 가져와 사용했지만, 일부는 폐사지에서 가져온 듯 가공되어 있습니다. 기둥 위 공포는 만대루의 공포보다 단순합니다. 거의 민도리식 구조에 가깝습니다. 만대루는 창방이라도 넣어 누마루의 격을 높여 주었지만, 입교당은 그나마도 생략한 구조입니다. 대신 입교당에는 서까래와 부연을 올린 겹처마가 유일한 사치로 보입니다. 병산서원 전체를 보면 한옥의 단순미를 지붕보다 건물의 공포로 표현하였습니다. 모든 건물에 화려한 공포는 보이지 않습니다. 단지 익공형의 포가 사당인 존덕사만 유일하게 보입니다. 임진왜란 이후 오직 전쟁에 대한 책임감으로 검소하게 생활했던 류성룡 선생

106) 이세보李世輔(1832~1895)로 알려진 인물이며, 철종과 고종 때 문신이며 시인이었습니다. 안동 김씨가 득세하자 "이 나라가 김 씨의 나라인가! 이 씨의 나라인가!"라고 비난했다고 전해지는 인물입니다.

의 마음을 따라간 듯합니다. 검박한 두 건물을 비교하며 스스로 돌아봅니다.

대청마루에 오르며 양쪽 온돌방 출입문을 살펴봅니다. 혹시 분합문일까 궁금해서입니다. 분합문이 아닙니다. 이황 선생조차 도산서당 암서헌에 아주 조그맣게 달아 사용했던 분합문을, 여기서는 사치라고 생각했을까요? 많은 전문가는 만대루를 보고 단순미의 결정체라고 치켜세웁니다. 그러나 만대루 뒤에 있는 건물들이 화려한 모습을 하고 있다면 어울리지 않았을 겁니다. 류성룡 선생의 정신을 존중하고 지키는 것을 서원 곳곳에서 볼 수 있습니다.

옛 스승의 자리에 앉아 다시 풍광을 감상합니다. '풍경놀이'[107]를 해볼까요? 앞서 마당에서 만대루 기둥을 액자 삼아 본 것이 차경이었다면, 여기서는 다양한 중첩重疊[108]을 감상할 수 있습니다. 입교당 기둥과 기둥으로 만들어진 사각형 액자 안에 만대루 기둥에 의해 여러 개의

▲ 뒤편 바라지창을 열고 마루 가운데 앉으면 차경을 감상하기 좋습니다.

107) 《나는 한옥에서 풍경놀이를 즐긴다》, 임석재, 2009년을 참고하였습니다.

108) 한옥에서 볼 수 있는 장면으로, 창이나 문 속에 창이나 문이 있으면서 그 안에 풍경이 있는 경우입니다. 액자 속 액자 또는 풍경 속 풍경으로 표현합니다. 위 도서 내용입니다.

▲ 입교당에서의 만대루와 병산 감상은 만대루에 오를 수 없음을 보상해 줍니다.

사각형 액자가 또 만들어지고 그 안에 멋진 풍경이 들어 있습니다. 병산과 낙동강이 풍경 안에 또 다른 풍경으로 다가옵니다. 만대루에 벽이 있었다면 언감생심 생각할 수 없는 풍경입니다. 병산서원은 건물로 싸여 외부에서 안을 보기는 어려워도, 안에서는 어디서든 밖의 풍광을 볼 수 있습니다. 그래서 병산서원은 '안에서 밖으로 열려있는 곳'이란 평가를 받나 봅니다.

강당 바라지창 위에 입교당 현판이 굵고 안정감 있는 글씨로 쓰여 걸려있습니다. 현판 아래 사당으로 난 바라지창을 천천히 열어봅니다. 왼쪽으로 장판각이 보이고 오른쪽에 사당인 존덕사가 보입니다. 만대루 쪽이 테두리가 가는 액자 속 풍경이었다면 사당 쪽은 테두리가 굵은 액자를 보는 듯합니다. 액자 속에는 아름드리 배롱나무에 두 건물이 둘러싸여 있습니다. 해마다 늦여름에 병산서원을 방문할 때면 배롱나무 꽃이 만발하길 기도하며 방문합니다.

앞서 소개한 도동서원은 주요 건물이 중심축을 중심으로 일 열로 배치되었는데, 병산서원은 그렇지 않습니다. 아마 앞서 언급한 것처럼 병산서원은 서당을 먼저 조성하고, 류성룡 선생 사후 사당을 지었

▲ 다른 서원보다 큰 규모의 장판각 전면은 골판으로 벽면과 문을 조성했습니다.

는데 당시에 공간적 제한이 있었던 모양입니다. 풍수를 모르는 필자가 보아도 중심축을 맞추기 위해 억지로 장판각을 없애고 입교당의 뒤에 사당을 두는 것보다, 지금처럼 살짝 비끼어 산에서 내려오는 능선 위에 두는 것이 바람직해 보입니다. 어떻게 보면 기존 질서를 최대한 살리면서 새로운 질서를 만들었다고 볼 수 있습니다. 현명한 방법입니다.

입교당 대청마루에서 내려와 오른쪽으로 돌아 뒤쪽 장판각藏板閣으로 향합니다. 정면 3칸, 측면 1칸 맞배지붕 건물인데, 형태는 여느 장판각과 같으나 규모가 더 큽니다. 중요한 책판이 많아서인지 전면만 골판으로 문과 벽을 조성하고 나머지 삼면은 심벽으로 처리하였습니다. 심벽이라 앞뒤로 환기 구멍은 넣었습니다. 보관하던 목판과 유물은 한국국학진흥원으로 이관하여 현재 장판각 내부에는 아무것도 없습니다.

사당으로 가는 길에 입교당의 뒤쪽을 확인하길 바랍니다. 더욱이 바라지창이 열려있으면 놓칠 수 없는 사진 촬영 장소입니다. 풍경놀이로 바라지창이 액자 1, 입교당 기둥이 액자 2 그리고 만대루 기둥이 액자 3이 되는 3중첩의 멋진 풍경입니다. 입교당 대청마루에 가족이 걸터앉고 뒷모습을 촬영해도 기억에 남을 멋진 사진이 됩니다.

▲ 붉디붉은 배롱나무와 팔괘 문양 새긴 기둥의 호위를 받는 존덕사는 장엄합니다.

배롱나무 노거수의 호위를 받으며 장엄한 모습 존덕사

제향 영역인 사당으로 향합니다. 좌우에 400년 된 배롱나무를 거느린 존덕사尊德祠 내삼문이 인상적입니다. 내삼문은 정면 3칸, 측면 1칸 맞배지붕까지는 일반적입니다. 정면 4개 원기둥을 장주석 위에 올렸는데, 장주석마다 팔괘 문양 중 두 개 문양씩 새겼습니다.

팔괘는 역학易學에서 자연계와 인간계의 본질을 인식하고 설명하는 기호입니다. 8개 괘는 음과 양으로 구분합니다. 음을 상징하는 것은 하늘, 물, 번개, 구름이며, 양을 상징하는 것은 땅, 불, 산, 바람입니다. 주초에는 각각 양과 음을 상징하는 대칭적인 요소를 문양으로 새겼습니다. 류성룡 선생은 역경에 관한 학식이 깊어 제자들에게 가르치기도 하였습니다. 후일 제자들이 주역을 활용하기도 하면서 이렇게 주초에 새긴 모양입니다.

존덕사 담장도 특이합니다. 아래는 자연석을 이용하여 토석담으로 조성하고 층을 구분하듯 담장 기와를 올렸습니다. 그 위에 다시 와편담을 올리고 담장 기와로 마무리하였습니다. 도동서원의 담장과 또 다른 느낌입니다.

▲ 사당에 들어갈 수 없어 외부에서 촬영하였습니다. 위에서 촬영해 지붕이 크게 보이기도 하지만 한옥에서 지붕은 중요한 요소입니다.

존덕사 안으로 들어갈 수 없어 담장 너머로 확인합니다. 정면 3칸, 측면 2칸의 겹처마 맞배지붕입니다. 기단은 장대석으로 올리고 위에 전돌로 덮었습니다. 기단 양쪽으로 계단을 두었고 계단 앞쪽에 정료대 두 개를 두어 제례 때 불을 밝힐 수 있게 하였습니다. 동쪽 계단 옆에는 관세대가 보입니다. 사당 건물의 특이한 점은 측면의 두꺼운 화방벽과 창입니다. 사당 벽면을 두껍게 벽돌로 쌓은 것도 그렇고, 측면에 빗살창을 넣은 것이 다른 곳의 사당과 다릅니다. 사당 출입문은 골판문으로 조성하였습니다. 존덕사 내부에는 류성룡 선생의 위패를 가운데 모시고 있습니다. 하나의 위패가 더 모셔져 있는데, 선생의 셋째 아들이자 제자였던 류진柳袗1582~1635 선생입니다.

다음은 배롱나무꽃이 만개할 때면 사진 동호회에서 가장 많이 찾는다는 전사청典祀廳으로 갑니다. 전사청은 사당 영역 내에 있는 것이 일반적인데, 이곳에는 담장을 둘러 별도의 공간으로 조성하였습니다. 이런 이유로 앞쪽 고직사와 전사청에서 준비한 제수를 사당으로 옮기기 위한 가자가 여러 대 필요했을 겁니다. 복례문 뒤에서 보았던 여러 대의 가자가 생각납니다. 건물은 단출하게 정면 3칸에 측면 1칸 맞배지붕입

▲ 전사청 부엌 앞의 배롱나무입니다. 올해엔 활짝 핀 배롱나무꽃을 보길 기원합니다.

니다. 가운데 온돌방을 중심으로 왼쪽은 마루, 오른쪽은 부엌입니다.

전사청 부엌 앞에 4백여 년 된 배롱나무가 분위기를 압도합니다. 8월 말 꽃잎이 피고 지고를 반복하면 어느새 전사청 전체가 붉은빛으로 물이 듭니다. 이곳 배롱나무는 오래되기도 했지만 가지가 여럿이고 넓게 퍼져 있어 만개하면 아름다움이 극에 달합니다. 그 한 장면을 위해 수많은 사진작가가 모입니다.

해마다 이곳을 방문할 때면 희비가 엇갈립니다. 재작년 8월엔 잔뜩 기대하며 왔다가 크게 실망하였습니다. 기후 변화에 의한 변덕스러운 날씨 영향인지, 관리를 잘못한 영향인지 꽃잎을 제대로 피우지 못하고 있었습니다. 기후 변화 영향이면 내가 무심코 한 행동이 지구환경에 영향을 준다고 반성하며 돌아간 기억이 있습니다. 작년엔 필자가 개화 시기를 놓쳤습니다. 아쉽지만 위 사진을 얻는 것으로 위로받고 왔습니다.

전사청 앞에 'ㅁ'자 형태 건물인 고직사庫直舍가 있습니다. 원생들의 식사를 준비하고 서원을 관리하는 사람들의 거주 공간입니다. 내부에는 온돌방, 곳간, 부엌 등으로 구성되어 있는데 규모가 꽤 큽니다. 사진 촬영을 못 했지만, 예전 제례 때 고직사 내부에 디딜방아가 있는 것을 본 적이 있습니다. 다른 공간은 이해가 되는데, 디딜방아가 고직사에 왜 있을까요?

예전에는 자급자족의 생활방식이었습니다. 곡물을 저장하고 필요한 만큼 조금씩 껍질을 벗기거나 분쇄하여 음식을 만들어 먹었습니다. 일반인의 경우 공동 방앗간을 사용했으나 사대부나 서원의 경우 방앗간을 하나씩 두고 디딜방아나 맷돌을 이용하여 음식 준비를 할 수 있었습니다. 서원에 제례와 같은 행사가 있을 때 사용했을 겁니다. 지금도 고직사 내부에 디딜방아가 있으면 관람객, 특히 젊은 세대가 볼 수 있도록 개방하면 좋겠다는 생각이 듭니다. 벽을 조금 트고 살창을 넣어도 디딜방아를 볼 수 있습니다.

고직사는 다른 건물에 비해 중요도가 그리 높지 않아서인지, 수리하면서 옛 부재를 그대로 사용한 곳이 많습니다. 오히려 세월의 흔적을 찾기 좋습니다. 중문 널판의 닳고 닳은 모습이 정겹고, 입교당 쪽 중문의 국화 문양 문고리도 인상적입니다.

▲ 고직사 중문의 닳은 모습이 정겹습니다.

▲ 왼쪽부터 고직사 토수, 입교당 토수, 만대루 토수 흔적, 창경궁 통명전 토수
추녀 끝 보호를 위해 사찰, 궁궐에서는 따로 만들어 붙이고 민가에는 암키와를 붙였습니다.

고직사를 둘러보고 돌아서려는데 하늘 색깔이 너무 좋아 올려 봅니다. 함께 눈에 들어오는 것은 추녀 끝에 매달린 암키와입니다. 사진과 같은 모습인데 기와를 왜 저기에 붙여놨을까요? 그러고 보니 팔작지붕인 입교당에도 붙어 있고 만대루에도 붙어 있던 흔적이 보입니다. 이것을 토수吐首라고 합니다. 추녀 또는 사래 끝부분이 외부에 노출되어 비바람에 쉽게 훼손되는 것을 방지하기 위해 창경궁 통명전 토수처럼 이무기 형태로 만들어 끼웠습니다. 민가에서는 간단하게 암키와를 붙여 같은 역할을 하도록 한 것입니다.

고직사를 내려오면 특이한 화장실을 볼 수 있습니다. 달팽이 모양 화장실입니다. 고직사에서 나오면 볼 수 있어서인지 관람객들이 잔뜩 호기심을 가지고 들르는 곳입니다. 필자는 이런 생각도 해봅니다. '비 오면 불편하겠지만 맑은 날엔 어찌 보면 이곳에 앉아 호사를 누릴 수도 있겠네. 곧 봄이 오면 이곳에 앉아 들꽃 향기를 맡을 수 있고 은하수도 볼 수 있을 테니까.' 여러분의 생각은 어떤가요?

류성룡 선생을 칭송한 정조의 장쾌한 기록을 되새기며

병산서원 답사를 마무리하려는데, 약간 아쉬우면 나오는 길에 있는 긴 의자에 앉아 병산을 바라봅니다. 대개 이 시간이면 맞은 편 병산은 밝은색을 띠고 있어 선명하게 볼 수 있습니다. 그리고 카메라 보기 창[109]을 통해 화면을 옮기듯 천천히 서원 입구, 만대루와 입교당 쪽으로 시선을 옮깁니다. 특히 관람객이 적을 때면 그 모습이 그렇게 평화로울 수 없습니다.

풍전등화와 같은 국가 위기 속에서 오로지 국가의 안위를 위해 헌신한 류성룡 선생입니다. 하지만 당쟁의 틀 속에 헤어 나오지 못한 사람들은 선생의 공적을 깎아 내기 급급하였습니다. 선생이 사망하고 250년이 지나서야 병산서원이 사액을 받은 이유였습니다. 인물은 인물이 알아봤을까요? 정조는 선생의 정신을 기려 제문을 올렸을 뿐만 아니라 긴 글로 선생의 행적을 정리하였습니다.

> 서애 유성룡은 젊어서 퇴계 이황에게서 수학하였다. 임진왜란을 만나 전장의 급보가 빈번히 날아들고 공문서가 산처럼 쌓였지만, 서애가 한 조치는 모두 타당하였다. (생략) 나는 이렇게 생각한다. 그의 흠을 찾아내려는 사람들은 잘못된 생각을 한 것이다. 서애를 헐뜯는 사람들을 그가 처한 시대에 처하게 하고 그가 맡았던 일을 행하게 한다면, 그런 무리는 백 명이 있다고 하더라도 서애의 만분의 일이라도 감당하지 못했을 것이다. 옛날 당 태종이 이필을 두고 말하기를, "이 사람의 정신은 몸보다 크다."라고 하였는데, 나도 서애에 대해서 또한 그렇게 말하고 싶다. 그는 젊었을 때부터 이미 거인巨人의 뜻이 있었다. (생략) 서애가 수립한 정책에 대해 왈가왈부하는 사람들은 서애를 이해하지 못하고 남의 선善을 가려서 자

---

109) 사진기에서 촬영 구도나 초점 상태 따위를 보기 위하여 눈으로 들여다보는 부분을 한글로 다듬은 표현입니다.

▲ 저녁노을 등지고 병산과 낙동강을 바라보는 만대루만큼 운치 있는 곳이 있을까요?

기의 기분만 후련하게 하려고 한 사람들이니, 참으로 제 분수를 헤아리지 못한 어리석은 사람들이다.

류성룡 선생을 험담하던 이들에게 정조는 한 방 멋지게 날리기 위해 준비했을 겁니다. 몇 날 밤을 새워 류성룡 선생에 관해 공부하고 마침내 새벽닭이 울 때쯤 류성룡 선생의 행적을 정리한 정조의 글입니다. 조선 후기 가장 총명했던 임금이며 이 시대 누구나 존경하는 정조의 글이, 지는 해를 보며 병산서원을 나서는 필자의 마음을 편하게 합니다.

02

두 번째, 남부 지역 여행

남계서원/도동서원/옥산서원

가. 남계서원

함양부咸陽府

❶ 유유히 흐르는 남계천을 따라 자리잡은 남계서원
❷ 무오사화 발생의 한 배경이 된 함양 읍내 학사루學士樓
❸ 조선 초 무덤 양식을 간직한 일두 선생 묘소 소재 승안산昇安山
※ 출처 : 《광여도》 서울대학교 규장각한국학연구원

남계서원藍溪書院

⊙ 모신 인물 일두一蠹 정여창鄭汝昌 1450년~1504년
동계桐溪 정온鄭蘊 1569년~1641년
개암介庵 강익姜翼 1523년~1567년

⊙ 창건/사액 1552년/1566년

⊙ 제 향 일 음력 2, 8월 중정일

⊙ 지정문화재[1] 남계서원 사적 제499호
일두선생문집책판 경남 유형문화재 제166호

---

1) 《세계유산 '한국의 서원' 학술연구 자료집 I 》 한국의 서원 통합보존관리단, 2021년, 82쪽 참고하였습니다.

해 뜰 녘에 찾아간 남계서원

아직 공기가 꽤 쌀쌀한 삼월의 이른 아침에 남계서원으로 갔습니다. 서향인 남계서원의 해맞이는 어떤 모습일지 궁금해서입니다. 풍수 자료를 보면 대상에서 이삼백 미터 떨어진 곳에서 바라보아야 제대로 풍수를 알 수 있다고 합니다.[2] 그래서 거리를 맞추어 서원 앞 들판의 논두렁에 섰습니다. 남계서원 오른쪽에 어슴푸레 보이는 연화산을 바라보며 일출을 기다립니다.

기다리는 동안 남계서원 사당에 모셔진 일두 정여창 선생을 그려봅니다. 일두 선생의 후손이기도 한 필자는 어린 시절에 선생에 관해 이야기를 들으며 궁금한 것이 있었습니다. 선생은 '왜 자신의 호를 일두一蠹, 즉 한 마리 좀 벌레로 붙였을까?' 그리고 '역사적으로 많이 알려진 인물이 아닌데도 김굉필, 조광조, 이언적, 이황 선생과 함께 동방오현

▲ 남계천 너머 개평마을에 있는 일두고택은 한옥의 기품이 느껴지는 곳입니다.

2) 《조선시대의 명문사학 서원을 가다》, 장영훈, 2005년을 참고하였습니다.

▲ 남계서원을 둘러싼 소나무 사이로 아침 해가 솟아오릅니다.

東方五賢으로 추앙받는 인물이 되었을까?' 하는 것이었습니다. 물론 공부하면서 자연스레 알게 되었습니다. 당시 성리학 경서[3]인 사서오경 등을 익히는 것도 중요하지만, 선생은 이를 모두 익히고 그 내용을 몸소 실천하여 덕행을 쌓은 인물이었습니다. 그 결과 도학자로서 스스로 낮추어 호를 한 마리 좀 벌레라 했고, 특히 충과 효를 기본으로 하는 《소학》 내용을 철저히 따름으로써 후학의 길잡이가 되었습니다.

선생의 절친이며 동방오현에 함께 모셔진 한훤당 김굉필 선생의 별명이 소학동자小學童子였던 것을 보면, 성리학적 실천이 얼마나 중요했는지 알 수 있습니다. 또 자신의 생활 철학을 가장 철저하게 지켰던 영조까지도 "나는 한훤당과 같다"고 말할 정도로 소학을 중요시한 것을 보면, 도학자 정여창 선생이 동방오현에 포함되는 것은 당연하다 하겠습니다.

오른쪽 연화산에서 능선을 따라 시선을 내리면 서원 뒤로 떠오르는 해가 보입니다. 주변 소나무에 둘러싸인 남계서원이 차츰 밝아집니다. 앞에는 남계천藍溪川 현재 남강이 흐르고, 4백여 미터 높이의 연화산 끝자락에 놓여 있는 남계서원은 전형적인 전저후고前低後高[4]의 지형에 안긴 모습입니다. 이런 모습을 풍수에서는 연화부수형蓮花浮水形[5]이라고

3) 옛 성현들이 유교의 사상과 교리를 써 놓은 책인 사서오경, 즉 《역경》, 《서경》, 《시경》, 《예기》, 《춘추》, 《대학》, 《논어》, 《맹자》, 《중용》 등을 말합니다.

4) 앞쪽은 낮고 뒤쪽은 높은 형태의 지형을 말합니다.

▲ 드론으로 맑디맑은 남계천과 남계서원을 함께 촬영해 봅니다.

합니다. 왼쪽으로 보이는 낮은 언덕 뒤의 승안산에 선생의 묘소가 있고, 뒤쪽 멀리 고속도로 교각이 보이는 곳에 선생이 태어나고 자란 개평마을이 있습니다. 산과 물에 둘러싸인 남계서원이 멀리 닭의 홰치는 소리와 함께 눈앞으로 선명하게 다가옵니다. 아름다운 모습을 카메라에 담습니다.

조금 이른 시간인데 서원에 들어갈 수 있을까요? 남계서원 출입은 다소 자유롭습니다. 곳곳에 설치된 보안용 폐쇄회로로 원격 감시하고 있어 이른 아침에도 서원 출입은 가능합니다. 하지만 문제가 생기면 옆 안내소 관리자의 통제를 받아야 하므로 주의해야 합니다.

이름에 담긴 공자의 철학, 남계천

필자는 일단 읍내로 들어가 따뜻한 해장국 한 그릇을 먹고, 본격적인 남계서원 답사를 시작합니다. 주차장에 차를 세우고 바로 정문인 풍영루로 가지 말고, 수고스럽더라도 큰길로 나와 남계서원 표석에서 답사

5) 풍수에서 터를 잡을 때 위치에 대한 표현입니다. 연꽃이 물 위에 떠 있는 모습으로, 서원 앞으로 남계천이 흐르고 연화산이 원형을 이루듯 둘러싼 모습을 말합니다.

를 시작하길 추천합니다. 이유가 있습니다. 표석에는 남계서원濫溪書院 글씨가 한자로 꽉 차게 쓰여 있습니다.

▲ 표석 전면에는 서원 이름이, 뒷면에는 이황 선생의 글이 새겨져 있습니다.

남계藍溪란 덕유산에서 발원해서 서원 앞을 흐르는 내의 이름으로 '맑은 물이 흐르는 계곡'을 의미합니다. 공자의 학문인 유학을 수사학洙泗學이라 부르는데, 그것은 공자와 그 제자들이 수수洙水와 사수泗水[6]의 강변을 거닐며 학문을 논한 것에서 나온 말입니다. 《순자荀子》〈유좌宥坐〉에 재미있는 일화가 있습니다. 강을 바라보며 공자와 제자 자공이 대화를 나누는 장면입니다. 공자는 덕과 학식이 있는 사람이 큰 강을 바라보는 이유를 이렇게 말합니다. "강물은 여러 생명에게 큰 혜택을 주지만, 억지로 얻으려 하지 않는 것이 덕德과 같고, 그 흐름은 항상 낮은 곳으로 향하며 흐름의 도리를 따르니 의義와 같다. 호탕하고 끊임없이 흘러 끝이 없는 것이 도道와 같고, 백 길 낭떠러지에서 떨어져도 두려워하지 않는 것이 용勇과 같다. 또 그릇에 가득 채우고 깎아낼 필요 없는 것은 정正과 같다. 군자인 그가 강물을 만나면 반드시 그 흐르는 것을 바라보는 이유이다." 표현이 너무 멋져 옮겼습니다. 남계천 이름에는 이렇게 심오한 철학적 의미가 담겼는데, 과연 이름을 누가 지었는지 궁금합니다.

6) 중국 산둥성에 있는 두 개의 강물 이름입니다. 수수는 북쪽으로 사수는 남쪽으로 흘렀는데, 춘추시대에는 공자가 있던 노나라 땅이었습니다.

▲ 드론으로 확인한 남계서원 건물 배치에서 한국 서원의 정형을 봅니다.

표석 뒷면을 유심히 보면 퇴계 이황 선생의 글임을 알 수 있습니다. 소수서원에서 잠시 언급한 것처럼, 이황 선생은 소수서원을 사액받고 남계서원을 비롯하여 여러 서원의 설립과 사액에 노력하였습니다. 표석 뒷면의 글 역시 이황 선생이 정여창 선생을 존경하여 서원 설립에 큰 도움을 준 흔적으로 볼 수 있습니다. 선생의 글은 행서체로 다음과 같습니다.

堂堂天嶺鄭公鄉	당당한 천령 고을은 정 선생 고향이라
百世風傳永慕芳	백세토록 유풍 전해져 길이 흠모한다네.
廟院尊崇眞不忝	사당에서 추숭은 진정 더할 나위 없으니
豈無豪傑應文王	어찌 문왕에 호응하는 호걸이 없으리오.

표석 왼쪽에는 최근에 세워 정여창 선생의 선행을 기록한 추모비가 있습니다.

서원 배치 형식의 표준 모델, 전학후묘

추모비 뒤로 세계유산 표석이 있는데, 이쯤에서 서원 전경을 드론으로 확인합니다. 서원 건물의 배치가 소수서원과는 다릅니다. 앞의 하마비와 홍살문, 그 뒤로 서원 외삼문인 풍영루를 전면에 두고 전체 건물이 줄지어 섰습니다. 정연합니다. 조금 수고스럽더라도 이렇게 앞에서 서원으로 접근해야 남계서원이 설계할 때부터 정형화된 공간임을 알 수 있습니다. 남계서원이 세계유산 한국의 서원에 포함될 때 큰 특징이 '한국 서원의 정형화된 배치 형식을 보여준다'였습니다. 소수서원의 경우 숙수사 옛터에 안향 선생을 모시기 위한 사당을 짓고 강학 공간을 지으면서, 배치 형식이 따로 없었습니다. 반면 현존하는 한국의 두 번째 서원인 남계서원은 앞쪽 강학 공간을 먼저 조성하고 뒤쪽 언덕에 제향 공간을 만들었습니다. 그래서 남계서원은 서원 건축 형식인 전학후묘前學後廟의 본보기와 같습니다. 이후 건립한 서원은 남계서원의 건물 배치 형상을 따랐습니다.

이제 남계서원의 건물 배치 순서대로 하마비와 홍살문을 거쳐 풍영루, 연당, 양정재, 보인재, 명성당, 사당과 부속 건물을 둘러보겠습니다. 하마비 뒤에 홍살문을 두었는데, 근래에 세운 것으로 보입니다. 서원을 방문할 때면 하마비와 하마석을 혼동하기도 합니다. 이곳에 성현이나 높은 인물이 계시니 탈것에서 내려 공경을 표하라는 의미로 세운 돌기둥이 하마비입니다. 옛 돌기둥에는 '대소인원개하마大小人員皆下馬'로 표시되어 있습니다. 대신 하마석은 탈것에서 내릴 때 발을 편하게 디딜 수 있는 디딤돌입니다. 노둣돌이라고 합니다. 홍살문은 왕릉, 향교나 서원 앞에 두 개 기둥에 문짝 없이 상부를 가로지르고 살을 올려 붉은 칠을 한 지붕 없는 문입니다. 나쁜 기운이 안으로 들어오는 것을 막는다는 벽사의 의미입니다. 가운데 삼태극이 그려져 있습니다.

누각의 장엄함과 고색창연함을 품은 풍영루

남계서원 정문인 풍영루風咏樓는 멀리서 보아도 고색창연古色蒼然한 모습으로 눈에 띕니다. 풍영루 아래는 세 개의 문으로 구성된 외삼문이 있습니다. 바깥에서 들어오는 3개로 구성된 문이란 뜻입니다. 가운데 문은 신문神門으로 제례 시 위패나 제수가 드나드는 문입니다. 일반인은 오른쪽 문으로 들어가서 왼쪽 문으로 나옵니다. 외삼문 위는 누각 형태로 원생의 휴식 공간입니다.

풍영루의 구조는 정면 3칸, 측면 2칸의 겹처마 팔작지붕입니다. 서원이 처음 지어질 때 있던 문의 이름은 준도문遵道門[7]이었는데, 지금처럼 누각이 아닌 외삼문의 형태였던 것으로 추정하고 있습니다. 풍영루는 1841년 준도문을 헐고 그 자리에 지은 문루입니다. 풍영루 현판은 정면에 운치 있게 붙어있고, 옛 이름인 준도문 현판은 누각 뒤에 붙어있습니다.

▲ 팔작지붕은 가진 풍영루는 표현 그대로 고색창연한 모습입니다.

7) 《중용》에 있는 글로 준도이행遵道而行, 즉 '도를 좇아 행한다'는 데서 따왔습니다. 현판 글씨는 매암 조식 선생이 썼습니다.

▲ 십장생 중 하나인 학은 민화나 전통 문양에서 자주 볼 수 있습니다. ⓒ민화 권경아

풍영루로 들어가기 전에 풍영루 전경을 촬영합니다. 풍영루에는 멀리서 보기와 달리 다양한 단청 문양이 베풀어져 있는데, 먼저 처마 끝을 봅니다. 학 문양이 보입니다. 전통 문양에서 학은 장수를 상징합니다. 유교에서는 학식과 덕을 갖춘 군자를 상징합니다. 여기서는 학이 특이하게 처마 개판蓋板[8] 하나에 한 마리씩 그려져 있습니다. 혹시 하는 마음으로 자세히 봅니다. 하지만 아쉽습니다. 강당인 명성당 처마에도 학 문양인 것 같아 쫓아가 봅니다. 다행히 명성당 처마의 학 문양은 필자가 원하는 모습입니다.

왜 이렇게 필자는 처마의 학 문양에 일비일희一悲一喜할 까요? 필자가 원하는 문양은 힘차게 하늘로 날아오르는 학 문양과 땅으로 꽂힐 듯 내려오는 학 문양이 하나씩 교대로 그려졌기를 기대하였습니다. 저렇게 수많은 학 문양을 그리기도 힘든데, 왜 단청공이 학 문양을 번갈아가며 그려야 했을까요? 이유가 있습니다.

8) 서까래와 서까래 사이에 까는 판재를 말합니다.

▲ 학이 있는 청자상감 구름학무늬매병입니다. ⓒ간송미술관

한국이 자랑하는 세계적인 국보 청자상감운학문매병 青瓷象嵌雲鶴文梅瓶[9]에 그려진 학 문양을 기억할까요? 원 안에 그려진 학은 하늘로 힘차게 날고 있고, 원 밖에 있는 학은 땅을 향해 날갯짓하고 있습니다. 명성당 개판에 그려진 학 모양과 흡사합니다. 하늘로 나는 것은 양+을 상징합니다. 땅으로 내려오는 것은 음-을 의미합니다. 한국 건축에는 음과 양의 조화를 생각하며 만들어진 것이 이렇듯 요소요소에 많습니다. 매병을 빚은 도공이나 단청을 입힌 단청공이나 모두 조화의 원리를 알고 있었다는 사실이 흥미롭습니다.

외삼문의 오른쪽 문으로 들어가 왼쪽에 있는 풍영루의 계단을 오릅니다. 남계서원에는 다른 서원과 달리 열린 공간이 많습니다. 신발을 계단 아래 가지런히 벗어 놓고 조심스레 계단을 오릅니다. 문루에 올라서는 순간 사방이 열려 있어 가슴이 활짝 열린 느낌입니다. 불과 2~3미터 높이 차이인데, 시야가 다릅니다. 앞쪽으로 남계천과 넓은 들이 보이고, 왼쪽 멀리 지리산 봉우리들과 정면 백암산이 당당한 모습으로 필자를 마주합니다.

원생들이 삼삼오오 이곳에 앉아 휴식하고 호연지기를 기르던 모습이 그려집니다. 누마루에 앉기 전에 뒤를 돌아봅니다. 단아하고 잘 정돈된 서원 내부를 볼 수 있습니다. 본래 한옥 특징 중 하나가 자연을 거스르지 않고 동화하도록 건물을 배치하고 건축하는 것입니다. 풍영루에서 연못을 지나 양정재와 보인재까지는 약간의 경사를 보입니다. 서원을 대표하는 명성당은 기단을 올려 조성하고, 뒤쪽은 가파른 지형

---

9) '문양을 넣을 곳을 구름과 학 문양으로 파내고, 색깔이 있는 흙으로 메꾸어 유약을 발라 구운, 목이 좁은 청자'입니다. 도자기 목 부분이 좁은 병을 매병이라고 합니다.

▲ 자연에 건물이 조화롭게 배치되고 건물의 단아한 모습이 아름답습니다.

을 그대로 유지한 채 계단을 만들어 사당을 지었습니다. 뒤에는 잘 자란 소나무가 군락을 이루고 있어 사당을 보호하는 형상입니다. 이보다 더 자연과 조화로운 건축 배치가 있을까 싶습니다.

공자와 증점의 고사에서 나온 표현, 풍영과 영귀

이곳 누마루에 앉아 공자와 제자 증점曾點의 대화를 상상해 봅니다. 공자가 묻습니다. "사람은 세상이 자신을 알아주지 않는다고 불평하는데, 알아준다면 어찌하겠느냐?" 비파[10]를 연주하던 증점은 마지막 비파 줄을 '띵'하고 뜯고는 비파를 조용히 놓으며 이렇게 답합니다. "어른 몇몇과 아이들과 함께 기수沂水[11]에서 목욕하고 무우舞雩[12]에서 바람 쐬고 노래하면서 돌아오고 싶습니다." 공자는 이 말을 듣고는 무릎을 치며, "나는 너와 함께하겠다."라고 하였습니다. 언뜻 이해되지 않는데, 어떤 의미일까요? 증점은 욕심 따위는 훌훌 벗어 버리고, 자신이 있

---

10) 동양의 악기로 중국을 거쳐 한국에 들어온 현악기입니다.
11) 중국 노나라 도성 남쪽에 있는 강 이름입니다.
12) 중국 노나라 군주가 하늘에 제사 지내던 곳입니다.

는 자리에서 일상을 즐기며 자신과 뜻이 같은 사람과 함께 하겠다고 한 것입니다. 이 이야기는 풍영루 현판과 관련 있습니다. 증점이 얘기한 내용이 《논어》 〈선진〉에 나옵니다. 원문은 '욕호기浴乎沂 풍호무우風乎舞雩 영이귀詠而歸'입니다. 여기서 '풍風'과 '영詠'13)을 따왔습니다. 고사의 의미가 어려울 때가 있는데, 이때는 고민하지 말고 지나가는 것이 좋습니다. 아무튼 이같이 증점의 이야기에서 온 건물 이름이 전국에 꽤 있습니다. 이제 정자 이름으로 풍영루, 풍영정, 영귀루와 영귀정 등이 나오면, '아! 공자와 증점 좋은 이야기에서 이름을 땄구나' 하고 생각하면 됩니다.

▲ 재미있는 게 그림이 하나 더 있으니 찾아보세요.

이왕 누마루에 앉은 김에 재미있는 단청 하나 감상하고 가겠습니다. 기둥과 기둥 사이를 가로질러 구조물을 안정적으로 잡아주는 역할을 하는 창방에는 다양한 동식물이 그려져 있습니다. 그중에서 서원 분위기에 걸맞지 않은 듯한 그림이 보입니다. 갈대를 꼭 쥐고 있는 '게' 그림입니다. 두 곳에 그려져 있는데 찾아보세요. 옛 그림에서 게를 가끔 볼 수 있습니다. 게와 갈대가 함께 있는 그림으로 김홍도의 〈해탐노화도蟹貪蘆花圖〉14)가 유명합니다. 과거 시험에 급제하기를, 그것도 소과와 대과 모두 장원으로 급제하기를 소원한다는 내용입니다.

---

13) 풍영루의 '영咏'자가 다름을 발견했나요? '영咏'은 '영詠'과 같은 '읊는다'는 뜻입니다.

14) '게한자는 해蟹가 갈대꽃노화蘆花을 탐한다.'는 뜻입니다. 게가 갈댓잎에 매달린 것은 선비가 과거 시험에 급제하기를 기원하는 의미입니다. 게가 갑각류이며 두 마리니 갑甲 등급인 장원으로 소과와 대과에 모두 급제하는 것입니다. 그리하여 왕이 내리는 고기인 려臚가 노蘆와 발음이 비슷해 빌려 사용 받기를 희망한다는 내용입니다.

▲ 한옥 부재인 충량에 용 몸통 모습을 재현하였습니다.

예나 지금이나 머릿속에선 진정한 도학자로 살기를 원하지만, 현실에서는 너나없이 출세욕에서 벗어나기는 어려웠나 봅니다.

일어서려는데 천장 가운데 있는 대들보에 걸쳐진 청룡 몸통이 보입니다. 그런데 머리가 없습니다. 순간 당황스러워 반대쪽 황룡을 보니 역시 머리가 없습니다. 한옥은 여러 부재를 조립하여 전체를 이루는데, 이곳 용의 몸통에 해당하는 부재를 충량衝樑[15]이라고 합니다.

그러고 보니 장성 필암서원의 확연루에도 네 마리 용 형상의 머리가 없었음을 기억합니다. 용의 머리가 없는 것과 관련하여 《서애집》[16]에 언급된 내용이 있습니다. 서애 선생은 용의 머리가 본래 있었는데, 사람들이 그 머리를 보지 못해서 표현하지 않은 것이라 하였습니다. 그래서 머리가 없는 용의 형태도 길吉한 것이라고 여겼습니다. 다른 이야기는 대원군의 서원철폐와 관련 있습니다. 대원군이 서원을 철폐하면서 서원에 임금을 상징하는 용 모양 조형물이 있으면 혹여 엉뚱한 생각을 할 수 있다고 판단하여 용머리를 자르게 했다는 것입니다. 근거는 약해 보입니다. 선현의 덕을 좇고 우주의 이치를 찾으며 호연지

---

15) 팔작지붕의 양쪽 끝부분은 구조가 복잡하고 무거워 보강할 필요가 있습니다. 이때 대들보와 직각 방향으로 충량을 올려 보강합니다.

16) 《조선동물기》 김홍식, 서해문집, 2014년, 414쪽을 참고 하였습니다.

기를 길렀던 원생들 머리 위에, 왜 머리가 없는 용 형상을 만들어 올렸는지 배경이 자못 궁금합니다.

선생의 덕과 연꽃 향기는 멀수록 맑아짐을 느끼는 곳, 연못

누마루에서 조심스레 내려오면 두 개의 연못蓮塘이 좌우에 있습니다. 두 개의 연못을 대칭으로 두고 원생들이 사색을 즐길 수 있도록 만든 것이 특이합니다. 여기에는 정여창 선생이 연꽃을 좋아하여 제자들이 이렇게 연못을 조성했다는 이야기도 있지만, 풍수 자료를 보면 앞서 소개한 연화부수 형상과 관련이 있습니다. 연화산에서 내려온 능선은 남계서원을 둘러싸고 있는 형상입니다. 현재 서원과 서원안내소 사이에 우물이 있는데, 그쯤에 서면 서원의 전체 모습을 볼 수 있습니다. 능선에 폭 감싸졌다고 하기에는 약간 모자람이 있습니다. 그래서일까요, 서원 안에 연못을 조성하고 연꽃을 심어 풍수적으로 완성도를 높인 것을 아닐까요?

▲ 영매헌에 앉아 창을 열고 바라본 연지입니다.

주돈이의 〈애련설愛蓮說〉[17]에서 '연꽃은 멀수록 향기가 맑아지고 깨끗하고 반듯하게 서 있어서 감히 다가갈 수 없다'고 하였습니다. 원생은 두 연못을 거닐며, 사당에 모셔진 선생 역시 연꽃과 같아 감히 다가갈 수 없지만, 그 정신만은 본받아 학문에 힘쓸 것을 다짐했을 것입니다.

하늘이 맑은 여름날 연못 위에 비친 파란 하늘이 바탕이 되고, 아름다운 연꽃이 그 위를 수놓으면 더 이상 아름다울 수 없겠다는 상상을 해봅니다. 그런데 연못 위를 수놓은 건 수련입니다. 서원에서는 한때 연꽃이 사라진 이후 연꽃을 피우려 노력하고 있으나 쉽지 않다고 합니다. 한번 사라진 연꽃을 다시 피우기가 어렵나 봅니다. 창덕궁 후원의 애련지에도 비슷한 이야기를 들은 듯합니다. 어떤 이유인지 연꽃을 모조리 뽑아냈다고 하는데, 이후에 연꽃을 심고 피우려 노력해도 예전 같지 않다고 하였습니다. 그사이 환경이 바뀌었을까요? 아니면 인간의 변덕에 연꽃들이 시위하는 걸까요? 공자도 '근자열近者說 해야 원자래遠者來[18] 하다', 즉 가까이 있는 사람에게 잘해야 멀리 있는 사람도 찾아온다고 하였습니다. 지금 곁에 있는 사람을 즐겁게 하고 주변에 있는 것을 소중하게 생각해야겠습니다. 한 번 잃으면 회복하기 쉽지 않으니 말입니다.

당쟁의 논란 속에 세워진 비, 묘정비

연못 뒤에는 맞배지붕을 얹은 작은 건물이 있습니다. 묘정비각廟庭碑閣입니다. 서원이나 향교의 뜰에 세워 그 역사를 기록한 비석이 묘정비이고, 비석을 보호하려 외부를 집처럼 꾸민 것을 비각이라고 합니다. 글을 써넣은 비석 아래에 귀부[19]가 없고 받침돌만 있습니다. 위로는 옥개석[20]이 있는데 과도하게 네 모서리를 올렸습니다. 약간 불안정한 느낌

---

17) 주돈이는 〈애련설愛蓮說〉에서 '국화는 꽃 중의 숨은 선비요, 모란은 꽃 중의 부귀한 꽃이며, 연은 꽃 중의 군자니라'라고 찬양하였습니다.

18) 《오십에 읽는 논어》 최종엽, 유노북스, 2021년 28쪽을 참고하였습니다.

19) 비석을 받치기 위한 거북 모양의 받침돌을 말합니다.

▲ 묘정비에는 정여창 선생의 학덕과 서원의 역사가 기록되어 있습니다.

인데, 의외로 비석에서 자주 보는 모습입니다.

이곳에선 옥개석인 돌에 단청을 입힌 것과 천장에 용 문양을 넣은 것이 특이합니다. 옥개석 문양을 언뜻 보면 떠오르는 해처럼 보입니다. 자세히 보니 수면에 올라온 연꽃이 줄지어 피어 있는 모습입니다. 이곳에도 여지없이 연꽃을 그려 넣었습니다. 단청으로는 드물게 하늘색을 넣었습니다. 비각 천장에는 입을 크게 벌려 불을 뿜는 청룡과 황룡이 구름 위를 힘차게 날고 있습니다. 묘정비에 나쁜 기운이 다가올 엄두도 못 내겠습니다.

묘정비는 서원을 건립한 지 200년이 지난 18세기에 세워졌습니다. 비문 내용은 정여창, 강익 그리고 정온 선생의 학덕과 서원의 역사를 담고 있습니다. 이 묘정비는 세워질 때 붕당 정치의 이해관계로 수모를 겪었다는 기록도 보입니다. 정여창 선생의 후손 정덕제는 당시 노론 계열인 김종후에게 비문 내용을 부탁하였습니다. 김종후는 정여창 선생을 성리학의 이치를 깨달은 인물로 추켜세우고 조광조 · 이황 · 이이

---

20) 비석 위에 건물 지붕 모양으로 덮는 것을 말합니다.

선생 등의 이름을 함께 넣었습니다. 그런데 막상 회재 이언적 선생을 언급하지 않았습니다. 이미 광해군 때 이언적 선생은 정여창 선생과 더불어 동방오현으로 모셔진 인물이었습니다. 왜 그랬을까요? 18세기 사림의 붕당화가 진행되어 그 후손이나 유림의 정치적 결이 다르다는 이유로 이언적 선생을 배제한 것입니다.

당연히 지방 유림이 수정을 요구하여 고치기는 했으나, 김정후는 완전하게 고치지 않았습니다. 이에 노선국이란 인물이 김종후의 이름을 묘비에서 도끼로 파내는 사건까지 발생하고, 급기야 송사 사건으로 비화하였습니다. 당시 당평을 강조했던 정조가 몰랐을까요? 필자가 조선왕조실록이나 승정원일기 등 자료를 찾았으나 더 이상 기록을 발견하지 못하였습니다. 손상된 비석을 이후 교체하여 현재는 흔적이 보이지 않습니다.

익히고 사색하는 공간이 함께 있는, 양정재와 보인재

묘정비에서 돌아서면 정면에는 강당인 명성당이 보이고, 좌우에는 원생들의 생활 공간인 동재와 서재가 서로 마주하고 있습니다. 동재와 서재 중 위계가 높은 곳은 어딜까요? 강당인 명성당 위치에서 보면 왼쪽인 동재가 앞섭니다. 궁궐에서도 좌의정과 우의정 중에 임금의 왼쪽에 있는 좌의정의 위계가 우의정보다 높은 것과 같은 이치입니다. 또 남향하고 있는 임금을 중심으로 동쪽에 서는 신하를 문반, 서쪽에 서는 신하는 무반이라 했으며, 조선시대에는 문반을 높혔습니다. 그러니 서원에서도 강당을 바라보고 오른쪽에 있는 건물을 동재라 하고 서재보다 높여 불렀습니다. 동서재가 있는 나머지 서원에서도 마찬가지입니다.

현판을 보면 동재에는 양정재와 애련헌 현판이, 서재에는 보인재와 영매헌 현판이 붙어있습니다. 건물 이름에 대한 의미는 강익이 지은 〈남계서원기〉를 보면 잘 알 수 있습니다.

▲ 보인재는 하급생을 위한 서재로 누마루인 영매헌을 갖추었습니다.

동쪽 방은 '양정養正'[21]이라 하였으니, 어려서 바른 도리로 기른다는 것에서 뜻을 취하였고, 서쪽 방을 '보인輔仁'[22]이라고 하였으니, 벗으로서 인을 돕는다는 것에서 뜻을 취하였다. 각 방의 두 마루를 '애련愛蓮[23]'과 '영매詠梅'[24]라고 하였으니, 명명한 것이 각각 의의가 있다.

동서재 모습이 나머지 서원과 다릅니다. 동서재의 방은 대개 온돌방과 일반 마루로 구성되는데, 이곳은 온돌방과 누마루로 구성되어 있습니다. 온돌방에는 '재'란 이름이, 누마루에는 '헌'이란 이름이 붙어있습니다. 앞서 올랐던 풍영루는 유식 공간으로 19세기 건축물이었으니,

---

21) 양정은 《주역》 〈몽괘〉에 있는 내용으로 '어리석어 바름을 기르니 성인의 공덕이다.'에서 따왔는데, 교육을 통해 사람을 바르게 하는 것이 성인이 할 일이란 의미입니다.

22) 보인은 《논어》 〈안연〉에 있는 내용으로 '군자는 글로 벗을 사귀고, 벗으로서 인을 돕는다.'에서 따왔는데, 우리는 친구를 통해 인격적으로 성장할 수 있고 서로 도와가며 성장해야 한다는 의미입니다.

23) '연꽃을 사랑하고 감상한다.'는 의미입니다.

24) '매화를 노래하다'는 의미입니다.

▲ 양정재는 상급생을 위한 동재로 누마루인 애련헌을 갖추었습니다.

그 이전에는 이곳 작은 누마루가 유식 공간으로 추정됩니다. 방에서 공부하던 원생은 동무와 누마루에 나와 휴식도 취하고 사색에 잠겼겠지요. 공자는 '학이불사즉망學而不思則罔'이라 하였습니다. 즉 배우기만 하고 사색하지 않으면 의미가 없다는 뜻입니다. 예전에는 선현의 글은 읽어 의미를 살피고 사색을 통하여 내 것으로 만든 다음, 행동으로 몸에 익히는 것이 진정한 선비의 공부 방법이라고 생각하였습니다. 사색이 그만큼 중요하다는 애기겠지요.

그러고 보니 동재와 서재의 모습이, 이황 선생이 제자를 가르치기 위해 설계하고 지은, 안동 도산서당의 농운정사濃雲精舍[25]를 연상하게 합니다. 그곳에도 누마루는 아니지만 여느 서원과 달리 방 앞쪽에 마루를 두고 창을 내어 사색하는 공간을 만들었습니다. 농운정사가 1561년 지어졌고, 이곳이 1564년에 지어졌으니 그 시기가 비슷합니다. 또 이황

25) 퇴계 이황이 후학 양성을 위해 도산서당을 세울 때 제자들이 생활할 수 있도록 '공工'자 형태로 지은 건물로, 각각 시습재時習齋와 관란헌觀瀾軒 현판을 달고 출입문을 내었습니다. 각 방 앞에 마루를 두고 바라지창을 달아 휴식과 사색을 할 수 있게 하였습니다.

▲ 애련헌에 앉아 창을 열면, 연지부터 지리산 자락까지 보입니다.

선생이 남계서원 설립에 관여했으니 아무래도 연관이 있는 듯합니다.

실제 사색의 공간에 한 번 올라 볼까요? 애련헌도 좋고 영매헌도 좋습니다. 신발을 벗고 조심스레 누마루에 오릅니다. 앞쪽 연못으로 난 바라지창[26]을 천천히 열고 마루에 앉습니다.

그리고 창 너머 풍경을 감상합니다. 애련헌에서는 연못과 함께 소나무와 매실나무가 보이고, 영매헌에서는 연못과 소나무 두 그루가 보입니다. 자리를 조금씩 비끼어 앉으면 또 다른 풍경이 눈앞에 펼쳐집니다. 고색창연한 풍영루가 창에 들어오기도 하고, 멀리 두류산 지리산의 다른 말 자락이 들어오기도 합니다. 차경입니다. 원생은 여기 앉아 배운 것을 사색하며 복기했는데, 필자는 창을 통해 차경을 감상합니다.

누마루에서 내려와 동재의 양정재 아궁이를 찾아볼까요? 누마루 아래에 있습니다. 아궁이가 있으니, 굴뚝도 찾아보기 바랍니다. 필자의 관심은 건축에 사용된 나무들입니다. 누마루 아래 기둥은 자연스레

26) 대청마루 벽에 밖을 바라보기 좋게 뚫어 놓은 창을 예쁘게 표현하였습니다. (대한건축협회, 건축용어사전, http://dict.aik.or.kr/main)

굽어 있는 것을, 누마루 위 기둥은 곧은 것을, 지붕을 떠받치고 있는 보는 다시 휘어진 것을 사용하였습니다. 대목수는 대충 나무를 가져와 건물을 지었을까요? 그렇지는 않았겠죠. 누마루 아래는 눈길이 잘 가지 않아 휘어진 기둥을 사용했지만, 굵은 나무를 사용해 건물을 받치기에 튼실해 보입니다. 누마루 위 기둥은 대신 곧은 것을 사용하였습니다. 지붕은 규모가 작아 저렇게 휘어진 부재로도 충분합니다. 한옥을 만드는 대목수의 재주는 참으로 다재다능합니다.

최초의 강당 중심 서원의 핵심 공간, 명성당

다음은 남계서원의 핵심 건물인 명성당明誠堂입니다. 필자는 명성당에 오를 때마다, 오늘은 어떤 문양을 찾을 수 있을까 기대합니다. 건물은 정면 4칸, 측면 2칸의 겹처마 팔작지붕입니다. 처마 아래 이익공[27] 형태의 공포를 볼 수 있는데 단청과 함께 건물 장식이 꽤 화려합니다. 건물 가운데 대청마루가 있고 양쪽으로 온돌방이 하나씩 있습니다. 건물 칸수가 짝수여서 현판을 건물 가운데에 달기가 불편합니다. 그래서 현판을 '남계'와 '서원'으로 나누어 달았습니다. 건물 이름인 명성당 현판은 마루 안 오른쪽으로 비끼어 붙어 있습니다.

명성이란 《중용》에서 따온 말로 정성스러우면 결국 밝아져서 세상을 바꿀 수 있다는 의미입니다.[28] 이곳이 강학 공간인 만큼 공부에 지극히 정성을 다해야 한다는 교육적 의미와 가치를 강조하고 있습니다. 오른쪽 방은 원장 공간인 거경재居敬齋,[29] 왼쪽 방은 원임[30]의 공간

---

27) 한옥 기둥에 올라가는 공포의 형식 중 익공형으로 익공이 2개인 경우를 말합니다.

28) 《중용》에서 나온 글로 내용이 다소 어렵습니다. 원문은 '曲能有誠 誠則形 形則著 著則明 明則動 動則變 變則化 唯天下 至誠 爲能化'인데, 해석하면 다음과 같습니다. '굽은 곳에 정성스러움이 있을 수 있다. 정성스러우면 모양을 갖추고, 모양을 갖추면 뚜렷해지고, 뚜렷해지면 밝아지고, 밝아지면 움직이고, 움직이면 변하니, 변하면 바뀐다. 오직 천하에 지극한 정성만이 바꿀化 수 있다.' 결국 성誠을 다해야 원하는 것을 얻을 수 있다는 이야기가 아닐까요.

29) 거경은 《논어》 〈옹야雍也〉에서 나온 말로 경을 실천하기 위해 스스로 엄격하고 타인에게 관대하게 행동해야 하는 군자의 덕목을 말합니다.

▲ 건물의 중간 높이에서 드론으로 촬영해서인지 지붕 마루를 제대로 감상합니다.

인 집의재集義齋[31]입니다.

현판을 보기 위해 오른쪽 계단으로 기단에 올라섭니다. 현판의 글을 쓴 인물은 기록에 없으나 글씨가 힘차고 위엄있어 보입니다. 현판 왼쪽 끝에는 가정嘉靖 45년(1566년)[32] 사액 받았다고 기록되어 있습니다. 그리고 대청에 오릅니다. 앞을 보면 동서재와 연못, 풍영루까지 품 안에 안기는 모습입니다. 당시 원생들은 여기 대청마루에 오르면 어떤 느낌이었을까? 선현의 글을 읽고 공부하느라, 스승의 말씀을 놓칠세라 집중하고 또 집중했겠죠. 대신 필자는 여유를 부리며 하나씩 둘러봅니다.

우선 명성당 현판 아래 바라지창을 천천히 열어봅니다. 어떤 장면이 나타날까요? 오페라 극장에서 막이 오를 때처럼 기대감과 궁금함이 함께 다가옵니다. 높다란 계단이 눈앞에 펼쳐집니다.

30) 서원의 임원을 말합니다.

31) 집의集義란 말은《맹자》〈공손추公孫丑〉에서 나온 말로 내 안에 있는 의義로부터 호연지기가 길러지므로 항상 호연지기를 지향하며 생활하라는 의미입니다.

32) 명나라 가정嘉靖 45년은 조선 명종 21년인 1566년입니다.

오페라 《아이다》에 나올 법한 신전에 오르는 계단이나, 고대 아즈텍문명의 신전에 오르는 높다란 계단 같다고 하면 과장이 클까요? 아무튼 장엄함이 배어있습니다. 더욱 흥미로운 것은, 계단이 사당의 중심과 명성당 현판 그리고 명성당 오른쪽 계단까지 하나의 축 위에 있다는 사실입니다. 풍영루에서 시작한 축은 명성당까지 오고, 이 축은 살짝 비끼어 사당으로 이어진 셈입니다.

이제 본격적으로 대청마루에 앉아 내부를 감상해 볼까요? 문양과 그림만 보면 민화 박물관에 온 듯합니다. 서원은 성리학을 공부하는 공간으로 누추하지는 않을 정도의 검소한 공간으로 알고 있습니다만, 명성당은 다소 화려합니다. 이 정도면 공부하던 원생도 현혹되지 않았을까요? 아마 풍영루와 함께 근래에 장식하면서 상징성 있는 다양한 그림과 문양을 베푼 것 같습니다. 이왕 앉았으니 감상하겠습니다.

▲ 명성당 건축 이후 사당을 건립하여 계단 경사가 급하지만 장엄함은 더합니다.

▲ 명성당의 얼금단청은 모로단청을 기본으로 가운데 다양한 그림으로 채웠습니다.

단청은 크게 네 종류로 나눌 수 있습니다. 무늬 없이 단색으로 칠하는 가칠단청, 그 위에 먹이나 흰색으로 선을 그은 긋기단청이 있습니다. 다음은 긴 부재에 양쪽으로 머리초 문양을 넣은 모로단청입니다. 위 사진에서 ①~③을 합친 부분이 모로단청의 머리초인데, 양쪽이 대칭입니다. 가운데 부분을 그림이나 문양으로 화려하게 장식하여 금단청이라 하는데, 사찰에 가면 쉽게 볼 수 있습니다. 서원에서는 긋기단청과 모로단청을 주로 사용합니다. 위 사진은 모로단청에 금단청처럼 문양이 치밀하지는 않지만, 약간 얼기설기한 모습으로 그려 얼금단청이라 부르기도 합니다.[33)]

머리초에는 왼쪽에 직선의 문양들과①, 다음 중심 문양으로 연꽃, 석류, 여의두[34)] 등 꽃문양②이 보입니다. 마지막으로 비단으로 감싼 듯 다양한 색깔의 패턴③을 그렸습니다. 전문가가 아니어도 머리초 문양과 색감이 곱다는 느낌이 듭니다. 머리초 연꽃 문양에는 석류가 살짝 나와 있습니다. 석류 문양은 유·불교 모두 생명 잉태, 다산과 자손 번영을 상징합니다. 가운데 부분④에는 산수인물도, 화조도花鳥圖와 초충

33) 《한국의 서원 건축, 단청》 한국의 서원 통합보존관리단, 2015년, 19~20쪽을 참고하였습니다.

34) 여의如意는 설법할 때 법사가 손에 들고 있는 것으로, 그 머리 모양이 고사리입니다. 불교에서는 자유자재로 깨달음의 경지를 이르는 표현으로 사용됩니다.

도草蟲圖까지 유려한 솜씨로 그려 넣었습니다. 마치 민화 박물관에 온 듯합니다. 풍영루처럼 명성당 개판에도 날개를 활짝 펼친 학 문양도 있고, 서까래 단면에는 감꼭지 문양을 형상화해 만사형통을 상징하는 주화 문양도 넣었습니다.

명성당 문양을 감상하면서 빠뜨리면 아쉬운 것이 있습니다. 대들보 위에 그려진 맹호도입니다. 찾았나요? 숲에서 포효하는 호랑이의 모습이 볼만 하지만, 자세히 보면 그림이 여러 개의 판지에 그려져 있습니다. 대들보 위는 대개 비어 있는데, 여기는 판지로 막아 자연스레 수납공간으로 사용하고 있습니다. 뜻밖의 공간을 발견한 필자는 궁금하였습니다. 확인 결과 지금은 서류 등을 보관하고 있는데, 일제강점기에는 제사에 사용하는 놋그릇을 숨겨놓았다고 합니다. 태평양 전쟁 때 부족한 물자를 확보하기 위해 일제는 우리나라에서 쇠붙이란 쇠붙이는 모두 빼앗아 갔습니다. 이를 피해 제례용 놋그릇을 보관한 것이라면, 일제의 만행에 직접 항거할 수는 없어도 지혜롭게 어려움을 극복했다고 생각합니다.

맹호도 위에 상부 부재를 받치고 있는 것은 대공[35]입니다. 대개 단순한 사다리꼴 모양의 판대공인데, 이곳에는 코발트블루[36] 계열 색

▲ 맹호도가 그려진 수납 공간은 지혜로 귀한 것을 지켜낸 공간입니다.

35) 한옥 지붕 부재 중 횡 방향의 용마루를 구성하는 종도리란 부재를 받치는 것으로 건물의 격이 높을수록 화려한 모습으로 꾸밉니다.

36) 태양에 노출되어도 잘 변하지 않는 푸른색을 띠는 안료입니다.

으로 한층 고급스럽게 만든 화반대공입니다. 단순히 위 부재를 받치는 기능을 넘어 적극적으로 장식을 베풀었습니다. 명성당은 임진왜란으로 소실되고 이후에 건축했지만, 이후 화려하게 변신한 모습입니다.

한옥에서 꼭 넘어야 할 대상, 공포

한옥을 감상하다 보면 피하고 싶지만, 피할 수 없는 것이 공포栱包입니다. 피할 수 없으면 즐기라고 했으니, 서원의 공포를 보고 가겠습니다. 한옥은 목재로 만들어지는 건축물이지만 기둥 위에 생각보다 훨씬 무거운 지붕을 올리기 위해 보와 도리 같은 부재가 올라갑니다. 이때 보와 도리를 안정적으로 받치기 위해 기둥 위에 올려 조립하는 부재들의 덩어리를 말합니다. 레고보다 더 기능적으로 조립되는 형태인데 결구結構라고 합니다. 공포의 역할을 이해하면 훨씬 편해집니다.

다음 그림 중 왼쪽은 공포가 없는 민도리식 조립결구 모습이고, 오른쪽이 노란색의 공포가 있는 조립결구 모습입니다. 민도리식은 기둥 위에 보, 도리, 서까래 순으로 올라갑니다. 공포가 있는 경우에는 기둥

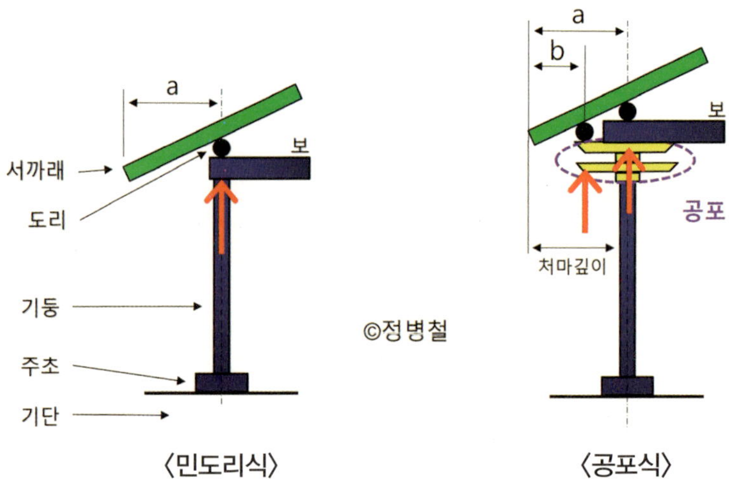

▲ 공포로 인하여 건물의 안정성이 좋아지고 처마도 길어지고 장엄한 느낌이 듭니다.

과 보 사이에 조립합니다. 지붕에서 누르는 힘을 빨간색 화살표처럼 기둥이 받칩니다. 이때 민도리식에서는 받치는 면적이 매우 작습니다. 반면, 공포식에서는 공포 부재들이 전후좌우 비교적 넓은 면적으로 받치게 되어 안정적인 장점이 있습니다.

특히 공포식에서 동그란 검은색 도리가 기둥 바깥으로 나가 받치는 경우 더 안정적이어서, 서까래를 밖으로 길게 내밀어 설치할 수 있습니다. 이 경우 처마 깊이를 길게 할 수 있는데, 이런 형태를 외출목이라 표현합니다. 궁궐이나 사찰의 큰 건물에 적용합니다. 서원의 경우 뒤에 나올 논산 돈암서원의 응도당이나 도동서원 중정당에 적용되어 있습니다.

건물의 안정성과 처마 깊이가 증가하는 장점과 함께 공포로 인해 건물의 높이가 그만큼 높아지고 장엄하게 됩니다. 여기에 단청까지 칠하면 우리가 감상하면서 감탄을 연발하는 멋지고 장엄한 건물이 됩니다.

공포를 왜 설치하는지 이해가 되었다면 한옥에서 자주 보는 공포의 종류를 알아보겠습니다. 공포가 없는 민도리식은 서원에서도 볼 수 있습니다. 앞서 둘러보았던 병산서원 입교당의 조립 방식입니다. 아래 왼쪽 사진입니다. 공포 형식 중에 주심포와 다포주간포를 들어보셨나요?

▲ 왼쪽은 병산서원 입교당 민도리식, 가운데는 봉정사 극락전 주심포, 오른쪽은 봉정사 대웅전 다포 형식입니다.

주로 오래된 한옥에서 볼 수 있는데, 주심포는 기둥 위에만 공포가 있는 모습인데, 사진은 안동 봉정사 극락전입니다. 극락전은 현존하는 가장 오래된 목조건물로, 작지만 격이 있는 건물에 주심포를 올렸습니다. 다음 사진은 공포가 많다고 해서 다포 또는 기둥 사이에 공포가 있다고 해서 주간포라고 부릅니다. 공포가 많으니 안정적이고 그만큼 규모를 크게 지을 수 있습니다. 극락전 옆에 있는 대웅전의 규모를 현장에서 비교할 수 있습니다.

▲ 왼쪽은 소수서원 강당 초익공, 다음은 옥산서원 구인당 이익공 그리고 필암서원 우동사 이익공 모습입니다. (구인당의 경우 이익공이나 실제 기능으로는 초익공이며, 우동사 이익공 위의 봉황 머리는 보 끝에 붙어 있는 장식입니다.)

마지막으로 익공식익공형입니다. 앞서 주심포와 다포 형식은 고려시대 중·후기를 중심으로 발전한 형식이라면 익공식은 조선시대 건물부터 나타나는 우리 고유의 공포 형식입니다. 앞으로 튀어나온 부분의 모습이 새의 날개처럼 보여 붙인 이름입니다. 물론 형태에 따라 다양한 이름이 붙기도 합니다. 요즘 우리가 볼 수 있는 격이 있는 건물에는 이 형식을 적용합니다. 세계유산 서원에서는 위 사진과 같이 중요한 건축물에 주로 적용하였습니다.

궁궐의 공포는 더 복잡한 구조를 보이는데 여기서는 생략하겠습니다. 그럼, 지금 우리가 앉아 있는 명성당을 살펴보고 가겠습니다. 보이는 공포는 현판 오른쪽 기둥 위에 있는 익공형 모습입니다. 기둥에 올려진 공포는 주두, 첨자, 초익공 및 소로까지입니다. 그 위에 대들보,

▲ 명성당에는 구름을 닮은 물익공이 보머리를 안정적으로 떠받치고 있습니다.

도리와 서까래가 올라갑니다. 익공이 구름처럼 생겼는데 운공형型雲栱형 또는 물익공勿翼栱이라고 합니다. 이제 공포에 대해 어렴풋하게나마 이해가 되는지요? 서원 방문 때마다 몇 번 보면 쉽게 이해됩니다.

경판각 처마 아래 그려진 그림, 호작도

명성당에서 내려와 왼쪽으로 돌면 우진각지붕을 가진 경판각經板閣이 있습니다. 책이 귀한 시절 책을 인쇄하기 위한 책판을 보관하던 곳이기도 하고, 장서각藏書閣이 없던 곳에는 도서를 함께 보관하기도 하였습니다. 나무와 책은 습기에 약하기 때문에 바닥을 땅에서 띄워 마루를 깔았고, 벽은 심벽心壁 대신 판을 이어 만든 판벽을 사용하였습니다.

장판각에서는 예쁜 그림이 숨어있습니다. 여유를 가지고 보면 요즘 인기 있는 애니메이션 케데헌[37]의 호랑이와 까치가 보입니다. 작호도

37) 미국 애니메이션 영화 케이팝 데몬 헌터스의 줄임말로 한국의 문화를 가득 담아 세계인의 관심을 모았습니다. 더피란 이름으로 등장하는 호랑이와 까치 덕분에

▲ 경판각 처마 아래에는 옛 부재를 그대로 사용한 듯합니다.

▲ 경판각 처마 아래에는 옛 부재를 그대로 사용한 듯 그림이 남아있습니다.

鵲虎圖[38] 또는 호작도라고 합니다. 까치와 호랑이 그림은 임진왜란 이후 명나라로부터 전래되었습니다.[39] 남계서원이 임진왜란 때 불타고 다시 지어진 건축물이니, 이후에 그려진 그림일까요? 아무튼 까치는 봄을 상징하고 호랑이는 나쁜 기운을 막는 것을 상징하는데, 장판각에 그림이 그려져 있는 것이 이채롭습니다.

명성당에서 나와 오른쪽으로 돌아가면 돌로 만든 단이 보입니다. 희생단犧牲壇입니다. 제사를 지낼 때 사용할 가축에 흠결이 있는지 검사하는 곳입니다. 제사를 지내기 전에 가축의 흠결을 검사하는 것은,

---

호작도 관련 전통 문양 역시 많이 알려졌습니다.

38) 한자어는 까치 작鵲자와 호랑이 또는 범 호虎자를 사용합니다.

39) 《한국학중앙연구원》 홈페이지, 〈한국민족문화대백과사전〉 내용을 참고하였습니다.

▲ 호작도에 까치는 어딨을까요?
ⓒ민화 권경아

제사도 예를 행하는 과정으로 생각한 유생들의 정성이었습니다.

높은 계단과 선생의 소학 실천을 기리는 현판 없는 사당

남계서원에서 가장 안쪽이며 가장 높은 곳에 사당이 있습니다. 명성당 바라지창을 통해 본 가파른 계단을 오릅니다. 올라가며 세어 보니 참[40]을 포함하여 계단이 마흔 개나 되고 폭도 좁습니다. 남계서원의 강학 공간과 제향 공간은 따로 분리되어 있었습니다. 정여창 선생의 신주는 여기서 멀지 않은 개평마을 종갓집에 모시고 관청에서 주관하여 제사를 지내고 있었습니다.[41] 제향 공간이 종갓집에 있었던 겁니다. 이곳에는 강학 공간을 중심으로 조성되어 있다가 이후 제향 공간을 조성

40) 참站은 계단 중간에 넓게 되어 있는 부분을 말하는데, 방향을 바꾸거나 잠시 쉬는 용도로 설치합니다.

41) 정인상 《함양 남계서원》 일두기념사업회 자료를 참고하였습니다.

▲ 사당에서 엄숙하게 춘계 제향을 치르고 있습니다.

하면서 자연스레 가파른 언덕 위에 사당을 짓게 되었습니다. 두 공간의 높이 차이가 꽤 있지만, 전체 건물 배치에 있어 오히려 위계가 있어 보입니다.

사당으로 천천히 오르며 이곳에 모셔진 정여창 선생을 생각합니다. 당시 성리학을 공부한 사람은 사서오경四書五經보다 소학小學의 실천에 더 노력하였습니다. 소학을 인간의 바른길을 공부한다고 하여 도학道學이라고도 불렀습니다. 선생은 김종직 선생 문하에서 김굉필 선생과 함께 공부하였습니다. 두 사람은 친구이면서 훌륭한 도학자로 성장하였습니다. 소학에 관한 재미있는 이야기가 있습니다. 김굉필 선생이 김종직 선생을 스승으로 처음 만났을 때 글공부 좀 했다고 자랑스레 얘기한 모양입니다. 그러나 김종직 선생은 소학도 제대로 알지 못하는 주제에 공부 좀 한 것에 대해 자랑한다고 김굉필 선생을 혼냈습니다. 그 부끄러움에 김굉필 선생은 소학을 열심히 익히고 평생 실천하며 스스로 '소학 동자'라 불렀습니다.

제향 공간의 핵심인 사당으로 가기 위해 내삼문 오른쪽으로 들어갑니다. 정면 3칸 측면 2칸 맞배지붕입니다. 사당에도 파란색 계열의

▲ 현판은 없지만 저녁노을 질 때면 사당이 황금 옷을 입습니다.

다소 화려한 단청이 베풀어져 있습니다. 그런데 현판은 보이질 않습니다. 9개 서원 중 이곳과 도동서원 사당에 현판이 없습니다. 도동서원은 앞서 언급한 선생의 막역지교 김굉필 선생을 모신 사당입니다. 두 인물 모두 사화에 희생되었고 귀양살이에서 사망한 공통점이 있습니다. 조선 최고의 두 도학자를 모신 사당에 현판이 없는 것이 우연일까요?

사당에는 정여창 선생의 위패를 가운데 모시고 서쪽엔 동계 정온 선생, 동쪽엔 개암 강익 선생을 모셨습니다. 제향은 봄가을에 치릅니다. 사당 출입문이 열려 있으면 들어가 참배합니다. 사당에서 선현에게 절하는 것은 명절에 어른께 인사하는 것과 같다고 생각하면 좋습니다. 종교적 숭배보다 어른께 예를 표하는 것입니다. 원생들은 사당을 참배하며, 선현의 뜻을 되새기며 배움에 열과 성을 다할 것을 다짐했을 겁니다.

사당의 기단 아래에는 관세위, 기단 위에는 2개의 정료대가 있습니다. 사당 오른쪽에 망례위가 있습니다. 사당 동쪽에 부엌과 온돌방으로 구성된 전사청이 있어 제례 때 사용합니다.

▲ 사당을 나오며 놓치면 안 될 장면입니다. 석양이 넘어갈 때면 더욱 좋습니다.

흠 없는 삶을 다짐하며 홍살문을 나서다

남계서원은 서쪽을 바라보고 있어 해 질 녘의 모습도 아름답습니다. 그 아름다운 모습을 잘 볼 수 있는 곳이 사당 내삼문 앞입니다. 문 앞에 서면 발아래 남계서원 전경과 넓은 들판 그리고 멀리 백암산의 해넘이를 감상할 수 있습니다. 맑은 날에는 이 역시 아름다운 한 폭의 그림 같습니다. 감성이 풍부하지 않은 필자도 멀리 지리산을 넘어가는 붉은 태양을 보니 왠지 가슴 뭉클해집니다. 그 옛날 사당에 들렀다 나온 원생은 이 장면을 보고 어떤 느낌을 받았을까요?

계단을 천천히 내려오며 사당에 모셔진 선생의 인간적인 면을 상상합니다. 선생은 학자로서 배운 것을 다른 사람에게 베풀지 않는다면 한 마리 좀 벌레와 다를 게 없다며, 호를 일두로 짓고 평생 배운 것을 실천하고 베풀며 살았습니다. 이런 선생을 남명 조식 선생은 이렇게 평가하였습니다. '동국의 여러 성현 가운데 오직 선생만이 흠이 없다.'[42]

한편으론 이런 생각도 듭니다. 흠이 없는 것이 좋기만 할까? 평생을 근신하고 살아온 선생은 오롯이 마음 편하게 생활한 적이 있었을까? 많지 않은 선생의 기록을 정리한 《정여창 연구》에 보면, 선생은 두

---

42) 원문은 東國諸賢中, 惟此先生, 庶幾無疵累矣입니다.
이 내용은 《남명원보》 〈제26호〉 2002.6.15에 있습니다.

▲ 이징이 상상력을 발휘하여, 일두 선생이 살았던 두류산 옛집을 그린 〈화개현구장도花開縣舊莊圖〉 입니다. ⓒ국립중앙박물관 소장

차례 지리산에 들어가 공부하였습니다. 필자는 이때가 선생에게 있어 가장 편한 시기가 아니었나 생각합니다. 두 번째 지리산에 들어갈 때는, 어머니가 돌아가신 후 재산을 동생들과 나누고, 처와 자식을 데리고 갔습니다. 세상을 잊고 오로지 하고 싶은 공부만 했을 겁니다. 우리에게도 하고 싶은 일만 할 수 있는 이런 날이 올까요?

이 시기에 선생이 지은 시를 읊조리며 홍살문을 나섭니다. 오직 학문에만 전념했던 선생이 남긴 감성적 시로는 유일하지 않을까요? 서사적 시만 몇 수 남긴 선생이, 탁영 김일손 선생과 두류산을 오르고 섬진강을 따라 내려가면서 지은 시입니다. 누구에게나 이런 때가 있는 모양입니다. 필자의 마음도 따라 여유로워집니다.

風蒲泛泛弄輕柔　갯버들 하늘하늘 부드럽게 흔들리고
四月花開麥已秋　사월이라 화개 땅 보리 이미 익었더라.
看盡頭流千萬疊　두류산 천만 봉을 두루 다 구경하고
孤舟又下大江流　조각배에 흔들려 큰 강 따라가네.

나. 도동서원

현풍현玄風縣

❶ 현풍 낙동강 가에 자리잡은 도동서원

❷ 도동서원 남쪽에 위치한 오설마을烏舌面

❸ 홍의장군 곽재우의 충절을 기리기 위해 세운 예연서원禮淵書院

※ 출처 : 《광여도》 서울대학교 규장각한국학연구원

도동서원道東書院

⊙ 모신 인물　　한훤당寒暄堂 김굉필金宏弼 1454년~1504년
　　　　　　　한강寒岡 정구鄭逑 1543년~1620년

⊙ 창건/사액　　1568년/1607년

⊙ 제 향 일　　음력 2, 8월 중정일

⊙ 지정문화재[43]　　도동서원 사적 제488호
　　　　　　　도동서원 강당, 사당 및 담장 보물

---

43) 세계유산 '한국의 서원' 학술연구 자료집 Ⅰ, 한국의 서원 통합보존관리단, 2021년, 82쪽 참고하였습니다.

다람재에서 읽는 김굉필 선생의 시 '길가의 소나무'

도동서원道東書院은 대구광역시에 있지만 대중교통으로 접근하기 쉽지 않습니다. 그래서 도동서원에 갈 때는 승용차를 운전해서 갑니다. 차를 가져가니 서원에 앞서 다람재로 올라갑니다. 도동서원 1.5킬로미터쯤 전에서 왼쪽 다람재길로 들어서면 오를 수 있습니다. 이유가 있습니다. 한훤당 김굉필 선생 묘소도 근처에 있거니와 다른 서원과 달리 다람재의 정자에 올라서면 도동서원을 한눈에 볼 수 있기 때문입니다.

다람재 정자에 올라 자리를 잡고 주변을 둘러봅니다. 핸드폰의 지도를 열어 지형도를 확인합니다. 서원 뒤쪽 주산에 해당하는 대니산과 진등산을 연결한 능선이 까마귀 혀 모양烏舌으로 뾰쪽합니다. 풍수에서 오설 형상은 명당이라고 하는데, 도동서원은 오설 지형의 위쪽에 있습니다. 아니나 다를까, 도동서원 남쪽에 오설마을이 있는데, 군위 방씨와 현풍 곽씨 두 집안이 터를 잡고 오랫동안 살아온 곳입니다.

서원은 북동쪽을 바라보고 배치되어 있습니다. 뒤엔 산이 둘러싸고 앞은 낙동강이 흐르고 있습니다. 유유히 흐르는 저 강물이 어디서

▲ 낙동강을 바라보며 배치된 도동서원을 다람재에서 드론으로 촬영하였습니다.

오는지 궁금해집니다. 그러고 보니 굽이굽이 흘러온 낙동강이 세계유산 아홉 서원 중 네 개 서원을 품고 있습니다. 강원도 태백시 황지에서 시작한 낙동강은 도산서원과 병산서원을 휘돌아 지납니다. 영주 소수서원 옆 죽계천은 물돌이 마을[44]인 무섬마을과 회룡포를 지나 낙동강과 만납니다. 이후 낙동강은 이곳 도동서원을 지나 남쪽으로 나아갑니다. 서원을 답사하면서 우리 땅의 물길을 알아보고 근처에 있는 국가유산을 찾는 재미도 솔솔합니다.

본래 서원은 현재 서원의 반대쪽인 비슬산 아래에 한훤당 김굉필 선생의 도학과 덕행을 기리기 위해 1568년 쌍계서원雙溪書院이란 이름으로 설립되었습니다. 하지만 쌍계서원은 임진왜란을 겪으면서 소실되었습니다. 1605년 현재 위치에 보로동서원甫勞洞書院을 중건하고 1607년 사액 받으면서 도동서원으로 이름을 바꾸었습니다. 이곳 일대가 선생 집안의 묘소가 있던 곳으로 연고가 있을 뿐만 아니라 주위 환경이 아늑하고 조용하여 서원 터로 정한 듯합니다.

도동서원은 경사지에 위치하고 건물이 많지 않아서인지 잠시 앉아 감상할 공간이 여유롭지 않습니다. 그래서 이곳에서 잠시 김굉필 선생을 알아보고 내려가겠습니다. 정자 옆에는 선생이 지은 '길가의 소나무 노방송 路傍松'란 시를 새긴 큰 바위가 있습니다.

▲ 다람재에는 선생의 시 〈노방송〉이 큰 돌에 새겨져 있습니다.

44) 안동 하회마을처럼 강이 마을을 휘돌아 나가는 지역을 말하는데, 낙동강에는 영주 무섬마을, 예천 회룡포마을과 안동 하회마을이 3대 물돌이 마을입니다. 영주 무섬마을 역시 전통 한옥마을로 알려져 있습니다.

一老蒼髯任路塵	한 그루 늙은 소나무가 길의 먼지를 견디며
勞勞迎送往來賓	지쳐 고달픈 오가는 손님을 맞이하고 보내네.
歲寒與汝同心事	겨울 추위에도 너 같이 하나로 섬기는 마음
經過人中見幾人	지나가는 사람 중에 몇 사람이나 보았는가?

선생은 어떤 생각을 하며 이 시를 지었을까요? 길가에서 먼지를 뒤집어쓴 소나무는 선생 자신이 아닐까요? 앞서 소개한 일두 정여창 선생과 한훤당 김굉필 선생은, 점필재 김종직 선생이 경남 함양군수로 있을 때 문하에 들어가 함께 공부하였습니다. 나이 서른이 될 때까지 소학을 손에서 놓지 않아 스스로 소학 동자로 별명을 붙인 선생은, 정여창 선생과 함께 도학자로 많은 사람의 모범이 되었습니다. 하지만 정치에 몸담은 관료로써의 삶은 그리 녹록하지 않았습니다. 본인은 낙락장송 소나무처럼 살고자 노력하는데, 권력 주변에서 남을 헐뜯으며 이권을 탐하는 이가 너무 많다고 생각하였습니다. 심지어 존경했던 스승 김종직 선생의 행동까지 정의롭지 못하다고 직격탄을 날릴 정도였으니, 세상의 정의로움이 보이지 않았던 당시 상황을 안타깝게 생각하여 지은 시가 아닐까요?

선생의 성격은 호방하였습니다. 기록에는 어린 시절 체구도 건장했으며 놀기 좋아했다고 합니다. 18세에 결혼하고 처가 근처에 한훤당이란 서재를 짓고 학문에 열중하였습니다. 김종직 선생과 같은 훌륭한 스승이 있어 따랐고, 정여창 선생과 같은 도반[45]이 있어 함께 성장하였습니다. 선생은 도학자로서 성리학적 진리를 깨우치며 도를 실천하는데, 온 힘을 쏟았습니다. 하지만 스승의 〈조의제문弔義帝文〉이 발단이 되어 일어난 무오사화는 선생을 비껴가지 않았고, 갑자사화는 결국 선생의 목숨을 앗아갔습니다.

선생은 참형당했지만, 죽음의 순간에도 의연한 모습을 보였습니

45) 마땅히 인간으로서 지켜야 할 도리를 함께 공부하며 몸소 실천하는 벗을 의미합니다.

다. 선생의 그런 의연함은 어디서 나왔을까요? 천성이 호방했던 이유도 있었지만, 제자를 믿고 있지는 않았을까요? 평안도 희천에 위리안치[46]되어 있을 때, 가시울타리 밖에 쪼그리고 앉아 배우기를 희망한 소년이 있었습니다. 바로 정암 조광조였습니다. 유배지에서 만나 가르친 제자가 세상을 바꿀 것이란 확신이 있지 않았을까요? 스승은 세상에 없으나 제자는 중종에 의해 발탁되어 도학으로 정치하는 세상을 이루고자 하였습니다. 조광조 선생 역시 기묘사화로 죽임을 당했지만, 그의 정신은 이언적, 이황, 조식 등으로 이어졌습니다.

지나칠 뻔한 신도비각의 두 마리 거북

이야기가 길어졌습니다. 이제 길은 서원까지 내리막입니다. 주차하고 나면 먼저 은행나무가 반깁니다. 종합 안내판의 서원 배치도를 봅니다. 서원 배치에 있어 도동서원은 한국 서원 중에 가장 원칙에 맞게 건축한 곳입니다. 서원 전체를 두고 가운데 계단과 박석으로 중심선을 그리면 그 직선에 맞추어 주요 건물이 줄이어 있습니다. 심지어 은행나무까지 포함됩니다. 중심에서 벗어난 건물은 대칭을 이루고 있습니다. 드론으로 촬영한 사진을 보면 알 수 있습니다. 정면부터 수월루, 환주문, 동서재, 중정당, 내삼문, 사당으로 이어집니다. 기타 공간인 전사청과 고직사는 따로 배치하였습니다.

서원 앞 은행나무는 규모가 어마어마합니다. 도동서원 건립에 힘쓴 인물은 선생의 외증손인 한강 정구 선생입니다. 그가 도동서원 이름으로 사액 받은 것을 기념하여 1607년 학자수로 불리는 은행나무를 심었다고 하니 400여 년이 훌쩍 지났습니다. 둘레가 9미터에 가깝기도 하거니와 여느 은행나무와 달리 가지가 넓게 퍼진 모습이 선생의 호방한 인품을 닮았습니다. 그래서 나무 이름이 김굉필 나무일까요? 많은

46) 위리안치圍籬安置는 귀양 간 죄인이 달아나지 못하도록 가시로 울타리를 치고 그 안에 가두는 것을 말합니다.

▲〈김굉필나무〉라고 불리는 서원 앞 은행나무는 가을이면 시민의 사랑을 독차지합니다.

관람객이 은행나무와 수월루를 배경으로 여유롭게 카메라에 담는 모습이 보기 좋습니다.

서원으로 발걸음은 옮기기 전에 들를 곳이 있습니다. 입구 왼쪽에 있는 신도비각입니다. 비에는 김굉필 선생의 행적이 잘 정리되어 있는데, 비문 내용은 수월루 앞 오른쪽에 한글로 만든 국역 신도비를 참고하면 됩니다. 이곳 비각에는 흔히 볼 수 없는 귀부가 있습니다. 쌍귀부雙龜趺입니다. 귀부는 비신을 받치는 거북 모양 돌을 말합니다. 쌍귀부이니 두 마리 거북이 힘을 합쳐 비신을 등에 지고 있습니다. 이 같은 귀부가 국내에 몇 개 남아 있기는 하나, 조선시대 것으로 비신과 쌍귀부가 완전한 것으로는 유일합니다.

두 거북의 모습은 똑같지 않습니다. 오른쪽 것은 근엄하게 비신을 잘 지키고 있는 듯한데, 왼쪽 것은 아들 거북인지 엄마 거북에 장난을 거는 모습입니다. 앞으로 들어가 볼 도동서원의 정형화된 모습에 비해 쌍귀부는 정형에서 살짝 비껴 있는 모습입니다. 비신 위의 이수 부분에는 두 마리 용이 새겨져 있습니다. 용의 모습이 역시 근엄하기보다 동글동글 예쁩니다. 관심을 가지고 자세히 보면, 두 마리 용의 얼굴이 약간 다릅니다. 둥근 여의주는 왼쪽 용의 발톱에 쥐어졌는데, 오른쪽 용

▲ 도동서원에는 신도비를 서원 앞에 배치하여 또 하나의 볼거리를 제공합니다.
쌍귀부(신도비 아래)와 이수(신도비 위)의 문양을 감상하면 흥미롭습니다.

이 빼앗으려는 듯 코를 더 벌렁거리며 입을 크게 벌렸습니다. 이빨도 더 많아 보이는데요, 관심을 두고 자세히 감상하지 않으면 찾을 수 없는 이런 모습을 옛 석공은 어떤 생각을 하며 깎고 다듬었을까요?

비문의 제목도 재미있습니다. 대개 신도비의 경우 전서체로 '누구의 신도비'로 표현할 텐데, 이곳은 다릅니다. 증우의정시문경공한贈右議政諡文敬公寒으로 표시하였습니다. 선생을 뜻하는 한자는 맨 끝에 있는 '찰 한寒' 자입니다. 선생의 호 한훤당寒暄堂에서 땄습니다. 뜻은 '한훤당을 우의정에 추증하고 문경공이란 시호를 내린다.'는 뜻이 됩니다. 선생이 세상을 떠날 당시에는 역적이었으나, 역사가 평가하여 다시 영광을 얻었다는 의미를 신도비 제목으로 사용하였습니다. 신도비가 있는 비각은 관람객이 없어 평소에는 문이 잠겨있습니다. 서원이 여유 있는 상황일 때 관리자에게 정중하게 요청하면 볼 수 있습니다.

서원 출입 시 오른쪽 문만 사용하는 수월루 외삼문

귀한 유물도 보았으니 서원 공간으로 들어가 볼까요?. 은행나무를 지나면 정면에 보이는 건물이 수월루水月樓[47]입니다. 좁은 길과 계단을

47) 수월루는 주자의 시 〈재거감흥齋居感興〉의 한 구절인 추월조한수秋月照寒水 즉 '가을 달빛이 차가운 물에 비친다'에서 나온 말입니다. 주자는 성현의 마음이 맑은 물에 비치는 밝은 달빛으로 비유했는데, 이는 사욕에 물들지 않은 깨끗한 마음 상태를 말합니다.

따라 올라갑니다. 정면 3칸, 측면 2칸 팔작지붕입니다. 1849년 서원에 없었던 유식 공간을 갖추기 위해 누각 형태로 수월루를 지었습니다. 지붕은 팔작지붕으로 도동서원 건물 중 유일한 형태입니다. 현재 수월루 모습은 1888년 화재로 소실된 후 1974년 복원한 모습입니다.

도동서원의 정문이며 외삼문 형태인 수월문을 통해 안으로 들어가려니 오른쪽 문 하나만 열려있습니다. 한 번 들어가면, 두문불출杜門不出 공부만 하고 나오지 말라는 뜻일까요? 그렇지는 않습니다. 서원 이름인 도동道東과 관련 있습니다. 도동이란 '공자의 도가 동쪽 즉, 조선으로 와서 이곳에 머물렀다'는 의미입니다. 그 정도로 김굉필 선생의 성리학적 정통성을 높게 평가한 것입니다. 그에 걸맞게 드나들 땐 오른쪽 동쪽 문만 사용합니다.

수월루에 대한 건축학적 평가는 좋은 편이 아닙니다. 구조가 빈약하다거나 디테일이 떨어진다거나, 다른 건물에 비해 지나치게 기교를 부려 도동서원 전체 품격에 맞지 않는다는 등의 평가입니다. 필자는 일부

▲ 수월루에서는 동쪽으로 난 문으로만 드나들고 오르는 계단이 좁습니다.

▲ 환주문 앞에서 촬영한 수월루 뒷모습인데, 너무 가깝고 규모가 커서 앞쪽 전망을 가리는 아쉬움이 있습니다. 지붕 가까운 곳에서 촬영하여 추녀마루가 길어 보입니다.

동의하지만 그렇게 어색하지 않다는 느낌입니다. 시대적 상황에 따라 누각을 지어야 했다면 좀 더 앞쪽에 조금 작은 규모로 세웠으면 좋았겠다는 아쉬움이 있습니다. 수월루가 바짝 붙어 있는 바람에 본래 정문이었던 아담한 환주문과 단아했던 서원 분위기가 매몰된 느낌이 들기 때문입니다. 수월루 위치가 은행나무 쪽이었으면, 환주문에서 낙동강을 볼 수 있었을 것이고 저녁에 유식을 위해 수월루에 올라도 낙동강 물에 비친 달빛을 감상할 수 있었을 겁니다. 또 관리 문제나 예산 부족의 이유가 있겠지만 수월루 누마루에 올라 아름다운 서원 앞을 감상할 수 있으면 좋겠습니다.

도동서원은 9개 서원 중 가장 가파른 지형에 조성되었습니다. 그래서 돌로 단을 여럿 쌓고 그 위에 건물을 세웠습니다. 그러면서 갑작스레 많은 비가 와도 비 피해를 최소화하기 위해 곳곳에 물길을 내었습니다. 건축의 기본이기도 하지만 우리가 지나치기 쉬운 부분도 고려한 것이 눈에 띕니다.

정형화된 서원에서 긴장감을 풀어주는 계단과 환주문

옛날에는 선현의 덕행을 따르고 정숙하게 공부하여 그 덕행을 체화하는 곳이 서원이었다면, 이제 서원에서 또 다른 재미를 찾아볼 수도 있습니다. 도동서원은 외형적으로 서원의 형식을 절대적으로 지키고 내

▲ 환주문 계단부터 볼거리가 많습니다. ① 서수 모양 소맷돌 ② 보물 지정 담장 ③ 닫는 문을 받는 원산석 ④ 옹이구멍을 통한 촬영 등을 확인하길 바랍니다.

적으로 선생의 올곧은 정신을 철저하게 따른 곳으로 유명합니다. 하지만 이런 긴장감이 계속된다면 스트레스가 이만저만이 아니었을 겁니다. 그래서 필자는 이런 긴장을 풀 수 있는 것들을 서원에서 찾아봅니다. 신도비각의 쌍귀부처럼 의외로 곳곳에서 순간의 여유로움을 찾을 수 있었습니다. 함께 찾아보겠습니다.

수월루를 지나 환주문에 들어가기 위해 돌계단을 오릅니다. 지금부터 관찰력이 필요합니다. 계단은 한 사람이 지나갈 정도의 폭인데, 정성스레 돌난간을 세웠습니다. 난간이 워낙 작아 안전을 위해 설치한 것은 아니고, 언뜻 그리 예쁘지도 않습니다. 그 순간 난간의 소매 부분이 눈길을 사로잡습니다. 왼쪽 소매 부분은 어떤 모양인지 알 수 없으나 오른쪽 소매 부분을 위에서 보니 연꽃 문양입니다. 그런데 비껴보니 서수瑞獸[48] 모습으로도 보입니다. 난간과 일체형인데 꽃잎이 서수의 눈코입이라 생각하니 동글동글한 모습에 귀엽습니다. 창덕궁 금천교 동쪽 엄지기둥에 앉아 있는 귀여운 서수가 생각납니다. 수월루가 없던 시절 환

48) 기린 등과 같이 좋은 일이 일어날 조짐을 상징하는 동물을 말합니다.

주문은 도동서원의 정문이었을 텐데, 정문 계단의 소맷돌이 서수로 보이고 그 표정이 익살스러우니 재밌기도 하여 눈길이 한 번 더 갑니다.

계단을 오르며 환주문과 더불어 담장을 볼 수 있습니다. 도동서원의 담장은 서원 건물과 함께 보물로 지정되어 있습니다. 모습이 어느 담장과 다릅니다. 자연석으로 기단을 가지런히 쌓고 위에 토석으로 담장의 아랫부분을 조성하였습니다. 그 위에 와편담[49]을 올렸는데, 암키와로 가지런한 층을 쌓고 지그재그로 수막새를 심어 음양의 조화를 맞췄습니다. 비슷한 모습을 왕릉의 봉분을 보호하기 위해 둘러싼 곡장에서 볼 수 있습니다. 일월심석 또는 일월성신이라 하는데, 해와 달을 포함한 우주의 섭리를 상징합니다. 담장 위에는 기와로 마무리하였습니다. 담장 아래 화계에는 모란을 심었는데 봄에 때맞춰 오면 보기 좋겠습니다.

정면에는 계단 폭 넓이의 자그마한 환주문喚主門입니다. 문이 낮아 머리를 숙이지 않고는 들어갈 수 없습니다. '환주는 주인을 부른다'는 뜻인데, 학문하는 사람은 늘 자신을 돌아보고 스스로 끌고 나가야 한다는 의미입니다. 즉 이 문은 들어서면서 머리를 숙이고 스스로 마음의 주인을 불러 학문에 정진하리라 다짐하며 붙인 이름이 아닐까요? 환주문은 서원 창립부터 있었던 건물로 겉모습을 보면 우여곡절이 많은 듯합니다. 한때 화재도 있었는지 위쪽 부재는 손상되어 있고 다수 부재는 새것으로 교체되었습니다. 방문객이 없을 때면 조용히 판문을 닫아봅니다. 바닥의 원산석[50]은 문짝이 넘어가지 않도록 잘 잡아 줍니다. 모양은 연꽃입니다. 다행히 문짝은 오랜 세월 잘 견디고 있습니다. 두 문짝은 옹이구멍이 비슷한 것으로 보아, 한 나무를 잘 켜서 만들었습니다.

---

49) 진흙에 기와 조각을 넣어 쌓은 담장을 말합니다. 여기서는 암키와의 길이를 일렬로 넣고, 군데군데 수막새를 넣어 음과 양의 조화를 맞추었습니다.

50) 원산석遠山石은 문지방이 따로 없는 쌍여닫이문의 중간 바닥에 설치하여 닫은 문을 받는 돌을 말합니다. 방문과 같이 작은 문에는 쇠붙이를 사용합니다.

▲ 앙증맞은 달동자는 몸을 낮춰야 연꽃 문양을 확인할 수 있고 지붕 위에 있는 절병통은 삼국시대 군사의 투구 모양을 연상하게 합니다.

이 옹이구멍을 액자 틀 삼아 사진을 찍어도 재미있습니다. 가족이 함께 방문한다면 한 번쯤 시도해 보면 어떨까요?

환주문의 지붕도 흥미를 끕니다. 대개 이렇게 작은 일각문의 지붕은 맞배지붕이 많은데, 이곳엔 사각 모임지붕입니다. 지붕 아래 네 모퉁이에 동그란 달동자[51]를 앙증스레 매달았습니다. 밑에서 보아야 연꽃 문양을 볼 수 있습니다. 앞서 계단 소맷돌에서 연꽃을 보았고 환주문 현판을 보고 고개를 들면 연꽃이 보입니다. 그리고 문을 지나려 고개를 숙이면 바닥에 심어진 돌 연꽃을 봅니다. 누가 뭐라 하더라도 깨끗한 마음을 찾으려는 환주문의 의미와 일맥상통합니다.

문을 들어서면 자연스레 뒤돌아보게 되는데, 문 지붕 위 절병통[52] 때문입니다. 여느 절병통처럼 잘록하지 않습니다. 삼국시대 군사의 투구 정도처럼 거칠게 보입니다. 또는 콩나물시루를 거꾸로 덮고 위에 장식하나 올린 듯 소박합니다. 그래도 절병통을 올리고 아래에 찰흙을 잘 발라 다부진 모습입니다. 절병통하면 수원 화성의 방화수류정의 절병통이 생각납니다. 정자의 아름다움에 절병통이 역할을 톡톡히 하고 있

51) 한옥에서 짧은 기둥을 동자라고 부르는데, 달동자는 위쪽에 매달린 짧은 기둥 형상을 말합니다. 아래 끝에는 주로 꽃문양을 새깁니다.

52) 마디가 여럿인 항아리처럼 생긴 특수기와로 모임지붕에서 볼 수 있습니다.

습니다. 이 절병통은 정조가 화성을 조성하면서 만든 《화성성역의궤》에 구체적으로 그려져 있기도 하거니와, 이 의궤의 그림으로 현재 창덕궁 후원 부용정 절병통을 복원하였습니다. 역사적 자료들이 문화재 복원에도 효과적으로 사용되고 있어 마음 훈훈합니다. 그런데 약간 어설퍼 보이는 절병통을 모임지붕에 왜 덮어놨을까요? 빗물이 스며드는 것을 막기 위함입니다. 일반 기와지붕에는 용마루나 내림마루를 조성해 지붕의 두 면이 만나는 곳에 빗물이 유입하는 것을 방지합니다. 모임지붕의 각 면이 만나는 맨 위 꼭지에 절병통 역시 같은 역할로 빗물이 지붕에 유입되지 않도록 방지합니다. 한옥에서 각 부재 설치 이유는 기능이 먼저이고 장식이 다음으로 생각하면 이해하기 쉽습니다.

동재와 서재의 건축 형태로 구분하는 위계질서

환주문을 지나 강학 공간으로 들어갑니다. 높다란 기단 위에 중정당이 올라가 있고 좌우에 동서재가 마주하고 있습니다. 도동서원은 남서쪽에서 북동쪽을 향해 배치되어 있어 일반적으로 언급하는 동서재와 실재 동서재 위치가 방위상 다릅니다. 서원의 동서재는 강당에서 보아

▲ 가운데 중정당을 중심으로 오른쪽이 동재인 거인재, 왼쪽이 서재인 거의재입니다.

▲ 서재인 거의재입니다. 가족과 함께 거인재와 비교 · 관찰하면 재밌습니다.

왼쪽이 동재, 오른쪽이 서재입니다. 그러다 보니 이곳엔 동재가 방위상 서쪽에, 서재가 동쪽에 있습니다. 이것은 아무래도 실제 방위보다 사람이나 중요한 건물이 위치한 곳을 기준으로 보기 때문입니다.

동재인 거인재居仁齋[53] 마루에 앉아 동서재를 살펴보겠습니다. 동재마루에 거인재 현판이 있습니다. 정면 3칸, 측면 1칸 맞배지붕이며, 온돌방 2개와 마루 1개로 구성되어 있습니다. 자연석을 거칠게 다듬어 기단을 조성하였습니다. 아궁이와 굴뚝은 앞에서 보이지 않게 뒤쪽에 두었습니다. 온돌방 전후에 창을 내었고 마루에도 창을 내어 사색할 수 있도록 하였습니다. 마루에 오르는 앞쪽 기둥 두 개는 원기둥을 세워 이곳이 상급생의 공간임을 알 수 있게 하였습니다. 방 앞에는 쪽마루를 두어 드나들기가 수월해 보입니다.

서재 마루에 거의재居義齋 현판이 걸려있습니다. 건물 규모와 구조는 동재와 같으며 대칭으로 마주하고 있습니다. 어찌 된 일인지 서재 기단이 동재보다 높고 지붕도 더 높아 보입니다. 아궁이는 건물 앞쪽에 있는데, 가마솥이 걸려있고 굴뚝은 뒤에 있습니다. 방이나 마루 뒤로 창

53) 거인과 거의는《맹자》에 나오는 '인에 머물고 의를 따른다. 居仁由義'에서 가져온 말입니다. '인은 사람의 편안한 집이요, 의는 사람의 바른길입니다.' 즉, 인과 의를 생활 속에서 실천하며 바른 배움의 길로 나아가야 한다는 의미입니다.

▲ 동재인 거인재입니다. 거인재 뒤편은 고직사 공간과 공유하는 공간입니다.

이 없습니다. 건물에 원기둥은 보이지 않습니다.

아래 표는 두 건물을 관찰 · 정리한 것입니다. 두 공간의 위계 차이를 생각하며, 가족과 함께 확인하면 관찰력도 기르고 재미있을 겁니다.

도동서원 동서재 관찰

구 분	동재 거인재	서재 거의재
앞쪽 원기둥	마루에 2개	없음
건물 뒤 창	있음	없음
쪽마루	있음	없음
아궁이	뒤쪽 배치	앞쪽 배치

▲ 왼쪽 사진은 동재 건물 뒤, 오른쪽은 서재 건물 뒤의 모습입니다.

단순함에 배어있는 중정당 품격

마당 박석薄石을 밟고 강학 영역의 핵심 공간인 중정당에 오를 수 있습니다. 중정당은 단청이 없음에도 장엄해 보입니다. 자연석을 깎아서 두벌대2단 기단을 올리고 다시 몇 발짝 물러서 초벌1단 기단을 조성하였습니다. 그 위에 여섯 벌의 기단을 올렸는데 마치 잘 쌓은 성벽 돌처럼 가지런합니다. 저렇게 아랫돌을 놓고 윗돌을 올릴 때 맞닿는 부분을 가공하여 이가 맞도록 하는 작업을 그렝이질이라 합니다. 주변에서 쉽게 찾아볼 수 있는 곳이 서울한양도성입니다. 숙종 때 쌓은 성城 돌을 보면 아랫돌과 윗돌을 잘 맞추기 위해 가공한 흔적을 볼 수 있습니다. 이곳에는 대부분 돌을 정성 들여 그렝이질 한 모습을 볼 수 있습니다.

관련하여 전해오는 이야기가 있습니다. 도동서원에는 1604년 사당을 먼저 세웠습니다. 도동서원을 세운다는 사실이 전국에 알려지면서 많은 유생이 성금을 보내, 그 돈으로 강당과 동서재의 기단 공사에

▲ 맞배지붕을 가진 중정당은 단청이 없음에도 불구하고 장엄한 분위기를 연출합니다.

▲ 도동서원에는 건축이 단순하다면 이를 보완하려는 듯 장식이 많습니다.
① 서수 머리 모양 ② 용 머리 모양 ③ 다람쥐와 꽃문양

필요한 석물을 구할 수 있었습니다. 또 다른 이야기는 김굉필 선생을 흠모한 많은 유생이 전국에서 직접 돌을 가져와 조성했다고도 합니다. 어느 것이 진실인지 알 수 없지만 여느 서원의 기단과 확실히 다른 모습입니다.

다양한 색과 모양으로 조성된 중정당 기단은, 위치에 따라 맨 아랫돌을 지대석, 중간 돌을 면석, 상부에 덮은 돌을 갑석으로 구분합니다. 특히 면석은 마치 퍼즐을 맞추듯 서로 맞물려 만들어진 면이 볼수록 재미있습니다. 자연석을 이렇게 정교하게 깎아 쌓은 석공의 정성이 존경스럽습니다. 돌 하나를 깎아 올리고 그 형상을 보고 또 깎아 올렸을 텐데, 과연 정으로 쪼아 만든 돌의 단면을 몇 각형까지 깎았을까요? 6~8각형 모양도 많거니와 14각형 돌도 3개나 숨어 있습니다. 가족과 함께 꼭 찾아보길 바랍니다. 비 오는 날이면 물을 머금은 돌의 색감이 더 곱다고 하니 비 오는 날 꼭 와서 보아야겠습니다.

기단 위로 오르기 전에 더 감상할 것이 있습니다. 마당의 박석을 따라 첫 번째 기단에 오르려면 이 얼굴과 만나야 합니다. 비석을 짊어지고 있을 만한 귀부의 당당한 머리 모양이 기단 댓돌[54]에 새겨 있습니다. 언뜻 영화 스파이더맨 얼굴인 줄 착각하였습니다. 옆의 돌들과 다른 모습이라 어디서 가져다 놓은 것 같기도 합니다만, 서원에서 화재를 막거나 나쁜 기운은 막는 벽사의 역할을 할 것 같습니다.

금방 소개한 기단의 면에도 문양들이 있습니다. 먼저 네 개 용 머리가 보입니다. 왼쪽에서 두 번째 옅은 색깔의 용 모양이 원래 것이고, 나머지는 한번 도난당했다가 찾은 후 복제하여 설치한 것입니다. 복제한 것이 조금 허술해 보입니다. 또 양쪽에 꽃문양과 다람쥐 모양의 문양이 있습니다. 꽃문양은 어떤 꽃인지 구분이 쉽지 않으나 다람쥐 문양은 왕릉 등의 망주석에 새겨진 세호細虎[55]와 비슷합니다. 관심 있게 보면 오른쪽 것이 위로 오르는 모습이고 왼쪽 것이 내려오는 모습입니다. 왕릉에서는 대개 방향이 반대이고 나쁜 기운을 막는 벽사의 의미가 있지만, 이곳에서는 오른쪽 계단으로 오르고 왼쪽 계단으로 내려오는 것으로 해석하고 있습니다.

중정당으로 오르는 계단은 두 개입니다. 다람쥐 문양 방향대로 오른쪽 계단으로 올라 봅니다. 중정당은 정면 5칸, 측면 2칸의 겹처마 맞배지붕 형태입니다. 단청이 없음에도 장엄한 느낌이 드는 것은 화려하고 높은 기단 위에 한 치의 흐트러짐도 없는 정 대칭의 건물 부재들 배치와 상대적으로 커 보이는 맞배지붕 건물 때문입니다.

---

54) 기단을 조성하기 위해 올린 돌을 말하는데, 그중 맨 위의 대가리 돌에서 나온 표현입니다.

55) 왕릉 등 무덤 망주석에 양각으로 새긴 동물 모양의 문양으로 주로 왼쪽 망주석에는 올라가는 문양, 오른쪽 망주석에는 내려오는 문양을 새겼습니다. 동물 문양은 다람쥐, 호랑이 등 의견이 다르나 세호細虎 몸통이 가는 호랑이로 표기하고 있습니다.

양쪽 계단과 디딤돌, 온돌방 문과 창의 크기와 위치, 뒤로 난 바라지창까지 무엇하나 어긋남이 없습니다. 더하여 정면 여섯 개 원기둥 위쪽에 흰색 한지를 둘렀습니다. 상지上紙입니다. 동방오현[56] 중에도 김굉필 선생을 으뜸으로 여겨서 '수현首賢'이라 부릅니다. 그 선생을 모신 서원의 표시라고 알려져 있는데요, 전해오는 이야기로 낙동강을 지나는 뱃사람들은 상지가 보이면 돛을 내려 예를 표시하고 상지가 보이지 않을 때쯤 다시 돛을 올렸다고 합니다. 중정당이 더욱 장엄해 보이는 이유입니다.

▲ 상지는 서원 중 도동서원이 유일합니다.

기단 위에 오르면 가운데 오늘날 야간 조명에 해당하는 정료대가 있습니다. 정료대 위 처마에는 이황 선생의 글씨를 모각한 도동서원道東書院 현판이 걸려있습니다. 도동서원 중건을 주도한 한강 정구 선생은 이황 선생의 제자였습니다. 선조에게 김굉필의 소학을 소개[57]했던 이황 선생이 살아 있을 때 서원을 설립했더라면 하는 아쉬움을 달래며 이황 선생의 글씨로 모각했다는 내용이 현판 아래 작은 현판에 기록되

---

56) 동방오현東邦五賢은 한훤당 김굉필, 일두 정여창, 정암 조광조, 회재 이언적, 퇴계 이황 선생을 말합니다.

57) 선조 즉위년인 1567년 11월 4일 조강에서 이황 선생이 선조에게, (생략) 《소학》이 우리나라에 알려지고 오래도록 대의大義를 아는 사람이 없었는데 김굉필이 학도들을 모아 놓고 해석해 밝힘으로써, 그 책이 세상에 크게 유행하게 되었습니다. 그리하여 기묘년에 이르러 사람들이 모두 《소학》을 근본으로 여겼는데, 불행하게도 현인군자들이 죄의 그물에 빠지게 되었기 때문에 지금 민간에서는 《소학》을 읽는 사람이 없으니, 이것은 교화가 밝지 못해서 그렇게 된 것입니다. (후략), 출처는 《조선왕조실록》입니다.

▲ 앞쪽 현판 아래에 이황 관련 내용이 있습니다.

어 있습니다. 대청마루 안쪽 벽면에도 도동서원 현판이 하나 더 있습니다. 사액 현판입니다. 현판 왼쪽 모퉁이에 선조 40년 사액했음을 알 수 있는 글이 있습니다.

현판 아래에 강당의 이름인 중정당中正堂[58] 현판도 함께 걸려 있습니다. '마음이 어느 한쪽으로 치우치지 않고 바르게 실천해야 한다'는 것을 강조하고 있습니다. 처마 아래 현판은 모정 배대유, 강당 현판은 근곡 이관징의 글씨입니다. 도동서원 글씨를 쓴 배대유는 초서체와 해서체를 잘 썼다고 알려져서인지 글에 힘이 있으면서도 가지런합니다.

▲ 기둥 위 익공이 앞으로 한 줄 튀어나온 것을 출목 익공형이라 합니다.

강당에서 꼭 챙겨 봐야 할 것이 더 있습니다. 상지 위 공포입니다. 공포는 기둥 위에 올려 지붕의 하중을 지지하고 처마 깊이를 조절하는 중요한 역할을 합니다. 이제껏 방문한 서원의 공포는 간결한 세로 방향의 익공형이었으나, 이곳은 좀 더복잡한 출목 익공형 양식입니다. 관련 내용은 돈암서원 응도당에서 조금 더 상세하게 소개하겠습니다. 가만히 보고 있으면 부재 하나하나가 제 역할을 충실히 하며 전체를 이루고 있습니다. 어린이부터 어른까지 즐겨 조립하는 레고LEGO가 생각나 재밌습니다.

---

58) '중정'은 주돈이의 《태극도설》에 나오는 말로 '성인은 알맞음과 바름과 인의로 모든 것을 정하고, 고요함을 위주로 사람의 표준을 세운다'를 의미합니다.

정형화된 중정당 공간에서 감상하는 차경

중정당 마루 위로 올라 뒤 사당 쪽 세 개의 바라지창을 조심스레 열어 봅니다. 그리고 강학 시간에 스승이 앉았던 자리쯤에 앉아봅니다. 의외로 앞뒤가 활짝 개방된 느낌입니다. 뒤쪽 가운데 바라지창을 통해 사당과 계단이 가지런히 보이고 양쪽 바라지창을 통해 화계의 모란이 한 들댑니다. 앞으로 거인재와 거의재가 있고 정면에 환주문, 수월루와 그 위로 은행나무까지 보입니다. 그리고 살짝 비끼어 낙동강도 볼 수 있습니다. 이제야 도동서원의 건물들이 중심축을 기준으로 정확하게 일직선상에 배치되어 있음을 확인할 수 있습니다. 정형화한 서원의 배치 기준을 잘 따랐음을 알 수 있고, 모자람과 치우침 없이 곧고 올바르다는 의미의 중정中正을 강당의 이름으로 지은 뜻을 알 수 있습니다.

이렇게 대청에 앉아 주위를 감상하는 것을 한옥의 풍경 놀이라고 합니다. 한옥의 방은 대개 넓지 않습니다. 추운 겨울에 따뜻한 온도를 유지하기 위함입니다. 그래서 겨울에 방에 들어서면 어머니 품처럼 포근합니다. 또 성리학의 영향으로 검소함을 강조하여 실내에 장식을 많이 하지 않습니다. 대신 창을 열고 문을 열어 경치를 빌려옵니다.

▲ 활짝 열린 바라지창을 통해 부귀를 상징하는 모란을 감상하며 힐링해 보세요.

▲ 왼쪽부터 중정당 마루 고누판, 러시아 발해성 터 고누판,[59] 항파두리성 터 고누판

바라지창을 열어 사당과 화계의 꽃을 감상하고, 정면 기둥과 처마와 대청마루 끝을 사각형 액자로 삼아 확 트인 앞쪽 풍경을 앉아 감상하는 것이 힐링 아닐까요?

대청마루를 내려가기 전에 마루를 한 바퀴 돌아봅니다. 마루 청판[60]에 무엇이 그려져 있는지 찾아봅니다. 귀한 문양이 보입니다. '참고누'라고 들어봤나요? 우리 전통 놀이입니다. 필자가 수년 전 발해 유적을 찾아 옛 동경용원부 지역인 러시아 크라스키노Kraskino 발해성渤海城 터를 방문한 적이 있습니다. 성터를 찾아 폭우와 물웅덩이를 뚫고 갔지만 결국 찾지 못하였습니다. 아쉬움을 안고 대신 찾은 곳이 아르세니예프 박물관이었습니다. 그곳에서 본 가장 인상적인 유물이 바로 참고누판입니다. 참고누 놀이는 판에 말을 두고 상대 돌을 가두는 놀이입니다. 땅바닥에 그리거나 나무 또는 돌 등에 새겨 사용하였습니다. 현대 오목과 유사한 놀이로 누구나 쉽게 할 수 있었습니다.

참고누판으로는 9세기 조성된 경북 칠곡 송림사 전탑의 전돌에 새겨진 참고누판이 가장 오래된 것으로 추정하고 있습니다.[61] 이는 앞에서 언급한 발해와 신라가 같은 문화권이었음을 알 수 있습니다. 이후 참고누판은 삼별초가 몽골에 마지막으로 저항한 제주 항파두리 성터를 비롯하여 조선시대에도 여러 곳에서 발견되었습니다.

59) 러시아 아르세니예프 박물관에서 소장 중입니다.
60) 마룻바닥에 깔아 놓은 널조각 또는 널빤지를 말합니다.
61) 한국역사인문교육원 《전통놀이 사용설명서》 161쪽을 참고하였습니다.

서원으로는 정읍 무성서원 강학당 또는 현가루 마루와 이곳 중정당 마루에서 필자가 발견하였습니다. 우리 역사와 함께한 참고누 놀이의 흔적을 서원에서 발견한 것이 자못 흥미롭습니다. 갑자기 궁금해집니다. 강당에서 공부하던 원생들은 스승이 없을 때 잠시 동무들과 고누놀이를 했을까요? 아니면 최근에 누군가 그렸을까요? 가족과 함께 도동서원을 방문할 때면, 참고누판에 쓸 말을 몇 개 가져와서 현장에서 놀이해 보길 바랍니다. 요즘 놀이에 사용하는 참고누판은 위의 사진과 같습니다.

▲ 고누는 자랑스러운 전통 놀이입니다.
ⓒ한국역사인문교육원

중정당에서 내려올 때는 올라갈 때의 반대 계단을 이용합니다. 내려오면서 오른쪽으로 돌면 중정당 맞배지붕 측면이 보입니다. 건물 측면에는 비바람에서 벽면을 보호하기 위해 설치한 풍판을 볼 수 있고, 아래에는 돌판으로 조성한 이색적인 쪽마루가 있습니다. 쪽마루 위에는 두 겹 창문이 있는데, 안쪽 것은 여닫이고 바깥 것은 판장으로 만든 미닫이창입니다. 특이한 구성입니다.

맞은편에 장판각이 있습니다. 정면 2칸, 측면 1칸 홑처마에 역시 맞배지붕입니다. 정면은 골판[62]을 이용하여 벽과 문을 달았고 나머지 삼면은 심벽으로 조성하였습니다. 바닥 아래를 띄우고 위에 사각 통풍구를 낸 것은 습기를 조절하기 위함입니다.

---

62) 틀을 먼저 만들고 널빤지를 끼워 만든 창이나 문을 말합니다.

이름 없는 사당부터 남계서원과 공통점이 많은 도동서원

중정당 뒤로 돌아가면 서당으로 향하는 계단을 만납니다. 계단 주변에는 화계를 만들어 대청마루에서 본 모란, 배롱나무와 향나무 등을 심었습니다. 공간이 좁고 경사가 심합니다. 비가 오면 건물의 붕괴 등 위험이 많아 골이 깊고 넓은 도랑을 조성해 두었습니다. 특히 도동서원은 다른 서원보다 경사가 심해 중건 때부터 배수로 등 물빠짐을 많이 고려하였습니다.

사당으로 연결되는 계단을 보며 환주문의 소맷돌처럼 문양이 있는지 찾아봅니다. 예상이 빗나가지 않습니다. 계단 모습은 환주문 앞 계단과 흡사하며 소맷돌에 문양이 있습니다. 왼쪽엔 이태극 문양인데 시계 방향으로 돌고 있습니다. 도산서원 상덕사 내삼문에서 본 태극의 회전 방향과 같습니다. 태극 문양의 회전 방향에 대해서는 도산서원 편을 참고하길 바랍니다. 오른쪽엔 불교에서 사용하는 '만卍'자를 새겼습

▲ 내삼문으로 오르는 좁은 계단 양쪽으로 화계를 조성하였습니다.

▲ 내삼문으로 오르는 계단에도 다양한 모양의 서수와 문양을 베풀었습니다.
계단을 오르면서 즐겁게 찾아보길 바랍니다.

니다. 주로 불교에서 사용하는 길상 문자로 알려져 있으나, 동아시아에서는 유교와 도교 등에서 같은 의미로 사용하고 있는 문양입니다.

계단 중간쯤에 이르면 계단이 두 갈래로 나누어집니다. 가운데 계단은 신도神道이니 더 이상 인간이 다닐 수 없습니다. 도동서원은 동입동출東入東出이 원칙이니 오른쪽으로만 계단을 내었습니다. 다시 가운데 계단이 시작되는 곳의 소맷돌에 예쁜 연꽃을 한 송이씩 새겼습니다. 감상하고 계속 올라가 봅니다. 아뿔싸, 더는 못 가도록 막는 것이 있습니다. 강당 기단에서 본 용 문양입니다. 이 계단은 신도이니 둘러 가라고 코를 벌름거리며 인상을 쓰는 듯합니다. 계단 위에 보이는 꽃문양을 힐끗 감상하고 겸연쩍은 표정으로 오른쪽 계단으로 오릅니다.

내삼문이 잠겨있어 문틈으로 사당을 살짝 들여다봅니다. 사당에 현판은 없습니다. 9개 서원 중 현판이 없는 사당은 남계서원과 이곳입니다. 정여창 선생과 김굉필 선생이 절친이며 동방오현으로 후대에 칭송받는 인물이면서, 사화에 희생당한 공통점이 있습니다. 현판 없는

▲ 사당에 단청을 입혀 건물의 격을 되살렸습니다. 멀리 보이는 건물이 증반소입니다.

사당의 배경에 관련성이 있는지 궁금해집니다. 중정당의 기단처럼 판석으로 기단을 조성하고 전돌을 깔았습니다. 건물은 정면 3칸, 측면 3칸 겹처마에 맞배지붕을 올렸습니다. 자료에 의하면 사당은 여러 차례 수리한 건물입니다. 그래서인지 중정당처럼 기둥 위에 익공을 올렸고 중건 당시 도동서원의 건물로는 유일하게 깔끔한 단청을 입혔습니다.

사당에는 김굉필 선생과 함께 서원 중건에 힘쓴 정구 선생의 위패를 모시고 있습니다. 사당은 제향일이 아니면 공개하지 않습니다. 위패를 모신 벽면에는 김굉필 선생이 남긴 시를 담은 산수화 두 점이 있습니다. 〈설로장송雪路長松〉과 〈강심월일주江心月一舟〉입니다. 누가 그린 작품인지 알 수 없으나 보존 상태가 완전하다고 하니 사당이 공개되면 꼭 와서 감상하고 싶습니다.

사당 앞에는 석등을 세웠습니다. 옥산서원 강당 앞이나 사찰의 석등처럼 화사하지 않습니다. 도동서원에 어울릴 만한 단정한 모습인데, 가운데 화사석은 새로 만든 것처럼 보입니다. 이

▲ 예감을 담장에 조성했습니다. 왼쪽이 내부, 오른쪽이 외부 모습입니다.

곳 사당의 특징 중 하나는 제사를 지내고 제문을 태우는 예감瘞坎입니다. 예감을 바닥에 설치하는 것이 일반적인데, 이곳에선 담장에 설치하였습니다.

안으로 들어갈 수 없어 멀리서 촬영하고 궁금하여 서원 밖으로 나가 담장을 따라 올라갔습니다. 예감이 있는 부분의 담장을 두껍게 조성하여 찾기 쉽습니다. 담장 안으로는 전돌[63]로 입구를 만들고, 담장 밖으로는 수키와로 굴뚝처럼 연기가 빠져나가도록 만들었습니다. 이런 모습은 향교와 서원을 통틀어 유일합니다.

외부 담장을 따라오면서 담장에 심겨 있는 수막새를 보니 오래된 것이 눈에 띕니다. 앞서 중정당에서 명문 기와를 보았으나 최근에 만든 것이라 관심을 두지 않았습니다. 고개를 들어 사당 측면에 올려진 망와와 암수 막새를 관찰합니다. 중정당에서 본 것과는 다르게 오래된 것이 몇 개 보입니다. 암막새에 쓰인 글은 '1605년 서원 기와를 만들었다萬曆卅[64]三年三月日書院造瓦'입니다. 오래된 기와는 서원을 창건하면서 만들어 사용한 것이고 새 기와는 최근에 수리하면서 옛 명문을 그대로 새겨 올린 것으로 보입니다. 망와에 새긴 글은 흐려 읽어내지 못했습니다.

사당 동쪽으로 문이 있습니다. 연결되는 곳은 증반소蒸飯所입니다. 제사에 사용하는 제기를 보관하고 제사를 준비하는 공간으로, 다른 서원의 전사청과 같습니다. '증반'은 밥을 찐다는 뜻입니다. 서원 제사에는 대

▲ 사당의 담장과 지붕에는 오래된 기와와 요즘 기와가 조화롭게 조성되어 있습니다.

---

63) 벽이나 바닥을 장식하기 위해 흙을 구워 만든 일종의 벽돌입니다.
64) '卅'은 '서른 삽'으로 삼십이란 뜻입니다.

개 곡물을 익히지 않고 사용했는데, 남계서원과 도동서원에는 쌀로 고두밥을 쪄서 제수로 사용합니다. 사당에서 중정당 왼쪽 모퉁이를 돌아 나오면 제사에 사용할 희생을 살피고 검사하는 성생단省牲壇이 있습니다.

▲ 고직사 중문의 문둔테를 나무 부재로 했음에도 문짝을 단단히 붙들고 있습니다.

왼쪽으로 난 문을 지나면 고직사입니다. 서원의 살림을 맡아 처리하는 공간입니다. 'ㄷ'자 형태로 위채가 있고 아래채는 곳간입니다. 위채는 대청마루, 온돌방과 부엌 등으로 구성되어 있는데, 규모가 꽤 큽니다. 아래채는 곳간채와 문간채로 이루어졌습니다. 곳간에는 서원의 귀한 물품을 보관했는지 삼면은 두꺼운 화방벽으로 조성했고 정면 역시 두꺼운 판벽과 판문을 붙였습니다.

나오는 길에 문간채 문을 유심히 살펴봅니다. 문설주가 문짝을 잡아 매달고 있는 부분은 문둔테라고 합니다. 대개 쇠로 보강하기 마련인데, 이곳은 기둥을 깎아 문둔테와 기둥이 일체형입니다. 나무만으로 단단히 붙잡고 있는 모습이 대견하여 사진에 담았습니다.

김굉필 선생을 흠모한 영조는 '소학 군주'

고직사 대문을 나와 김굉필 나무은행나무로 내려갑니다. 선생은 스스로에게는 엄했지만, 남에게는 배려심 깊은 인물로 알려져 있습니다. 김굉필 나무는 여름에는 큰 팔을 벌려 그림자를 드리워 방문객의 더위를 식혀주고, 가을이면 노란 배경을 만들어 멋진 인증샷 장소가 됩니다. 이런 은행나무를 보고 있으면 선생의 모습이 그려집니다.

▲ 서원을 노랗게 물들인 김굉필 나무를 보며 예禮를 몸소 실천한 선생을 그려봅니다.

나이 서른이 넘도록 인간의 기본인 도道를 익히며 몸소 실천한 소학 동자 한훤당 김굉필 선생을 흠모한 임금이 있습니다. 바로 영조입니다. 영조의 소학 앓이 이야기는 실록이나 승정원일기에도 여러 번 나옵니다. 위태로운 정치 상황에서도 큰 흔들림 없이 성장하고 왕위에까지 오를 수 있었던 것은, 어머니 숙빈 최씨의 끊임없는 노력이 있기도 했지만, 어릴 때부터 소학을 옆에 두고 살았던 영향이 컸을 거라는 것이 필자의 생각입니다. 다음 내용은 영조가 세상을 떠나기 채 1년도 되기 전, 세손 정조에게 소학의 중요성을 언급하며 한 말입니다.

> "올해 나이 82세가 되도록 평생 마음에 담아 온 것은 충과 효를 제대로 아는 것이었다. (중략) 내가 지금까지 평생 익히고 몸소 실천하려 노력한 것은 오직 주자가 지은 소학뿐이니, 나는 마치 문경공 김굉필과 같다."

영조는 자신의 정치 철학 바탕에는 소학이 있었고, 김굉필 선생이 소학 동자였으니 그와 자신이 같다고 하였습니다. 선생을 흠모했다고 고백하는 걸까요? 사실이라면 필자는 영조에게 새로운 별명을 지어주고 싶습니다. 영조는 '소학 군주'라고. 은행나무를 카메라에 담고 서원 앞 푸른 낙동강을 한참 내려보다가 서원을 나섭니다.

다. 옥산서원

경주부慶州府

❶ 자옥산에 안겨있는 옥산서원
❷ 선생이 공부하던 계정과 국보 13층석탑만 남아 있는 정혜사定惠寺
❸ 경주읍에는 익히 알고 있는 첨성대, 반월성과 불국사 등이 보임
※ 출처 : 《광여도》 서울대학교 규장각한국학연구원

옥산서원玉山書院

- ⊙ 모신 인물 　회재晦齋 이언적李彦迪 1491년~1553년
- ⊙ 창건/사액 　1573년/1574년
- ⊙ 제 향 일 　음력 2, 8월 중정일
- ⊙ 지정문화재65) 　옥산서원 사적 제154호, 삼국사기 보물, 독락당 보물
  이언적 수고본 일괄 보물,
  경주 독락당 조각자나무 천연기념물 제115호

---

65) 세계유산 '한국의 서원' 학술연구 자료집 Ⅰ, 한국의 서원 통합보존관리단, 2021년, 82쪽 참고하였습니다.

신선의 공간에 그림처럼 아름다운 옥산서원

옥산서원玉山書院에 갈 때면 서울에서 멀기도 하거니와 볼 것이 너무 많아 항상 욕심을 냅니다. 옥산서원을 답사하고 양동마을이나 독락당도 들러봐야 합니다. 더해서 날이 덥기 시작하면 독락당 계정 앞 죽계천에 발 담그고 싶고, 팔월쯤에는 양동마을 골짜기마다 붉게 물들었다가 지쳐 후드득 떨어지는 배롱나무도 보고 싶습니다. 가을이 깊어지면 양동마을 앞 넓디넓은 황금벌판 사이를 걷다가 열차가 지나가면 크게 손도 흔들고 싶기 때문입니다. 그래서 옥산서원에 갈 때면 하루 이틀 시간 여유가 필요합니다.

옥산서원 입구에 다다르면 큰 소나무 숲이 방문객을 반갑게 맞아 줍니다. 여기부터는 혹시 신선이 사는 세계가 아닌지 의심할 정도로 주변 환경이 아름답습니다. 삼국시대 신라의 수도이면서 관련 문화유산으로만 가득한 곳으로 알고 있던 이곳 경주에, 조선시대를 대표할 수 있는 문화유산이 함께 하고 있으니 흥미롭습니다. 더욱이 회재 이언적 선생을 모신 옥산서원은 선생이 살았던 양동마을과 함께 세계유산으로 등재되어 의미가 깊습니다. 서애 류성룡 선생이 살았던 안동 하회마을과 선생을 모신 병산서원이 유사한 곳입니다.

▲ 주차장에서 서원으로 가는 길은 계곡 물소리와 함께 힐링하는 공간입니다.

▲ 서원 앞에서 자계천을 징검다리로 건너면 하마비가 있습니다. 20여 미터 왼쪽에 외나무 다리, 용추폭포와 세심대가 연이어 있습니다.

옥산서원이 건립된 때가 1573년이고 사액을 1574년에 받았습니다만, 사실 그 이전에 이언적 선생이 살았던 공간이 지척에 있습니다. 중종의 신임을 받아 승승장구하던 선생은 1531년 당시 실세였던 김안로의 등용을 반대하다 관직을 박탈당하였습니다. 이언적 선생은 자괴감을 안고 고향으로 내려왔습니다. 가족과 친지가 있는 양동마을로 갈 수 있었으나 집안에 화가 미칠 수 있음을 고민하며 찾아 든 곳이 이곳 자옥산 계곡입니다. 옥산서원에서 육백여 미터 상류로 올라가면 선생이 은거하며 공부했던 독락당이 있습니다. 7년 가까이 자연을 벗 삼아 자연의 섭리를 깨닫고 공부하여 주자의 성리학을 조선에 맞게 방향을 잡는 역할을 하였습니다. 선생의 호 회재晦齋는 주자의 호 회암晦庵에서 따온 것으로 주자의 학문을 따랐음을 알 수 있습니다. 다행히 선생의 학문적 맥은 이황 선생으로 이어져 영남학파를 이루었습니다.

주차장에서 서원으로 난 길을 걷는 것 자체가 힐링입니다. 자계천紫溪川 현재 옥산천을 따라 걸으며 들려오는 물소리와 고개를 들면 보이는 아름드리 참나무의 빽빽한 이파리, 그 초록 사이로 언뜻 보이는 맑은 햇빛은 필자가 일상에서 벗어나 있음을 들려주고 보여줍니다.

서원에 이르면 바로 들어가지 말고 자계천을 가로질러 놓인 징검다리를 건너길 추천합니다. 징검다리 건너 칠십여 미터 떨어진 큰길이 서원으로 들어오는 본래의 길입니다. 지금 징검다리 건너에 있는 하마비는 큰길에 있던 것을 자계천 앞으로 옮겨놓은 것입니다. 하마비를 보고 나무로 된 외나무다리를 건넙니다. 다리를 건너기 직전에 바위 바닥을 보면 직사각형 모양의 홈이 보입니다. 어떤 용도인지 나중에 소개하겠습니다. 5~6미터 남짓한 외나무다리를 건너는데 생각보다 만만치 않습니다. 서원에 들어가기 전, 떨어지는 용추폭포 소리로 바깥세상에서 묻어온 것을 떨쳐버리고, 몸과 마을 가짐을 새로이 하기 위해 외나무다리를 건너게 하는 것이 아닐까요?

외나무다리를 건너 용추폭포 앞 왼쪽 돌벽에 새겨진 '용추龍湫'66) 글자를 찾아봅니다. 이황 선생의 글씨입니다. 선생의 글씨가 하나 더 있습니다. 앞쪽 너른 곳에 있는 세심대洗心臺입니다. 이황 선생의 글씨체지만 세심대 이름은 이언적 선생이 지었습니다. 자계천 옆에 이언적 선생이 독락당을 짓고 공부하면서 그것을 둘러싼 산과 계곡에 이름을

▲ 옥산서원 입구 영역을 드론으로 평면 사진 촬영하였습니다. 역락문을 나서면 세심대, 용추폭포, 외나무다리로 이어지고, 징검다리를 건너면 하마비가 나옵니다.

66) '계곡 또는 소沼에 살던 용이 하늘로 올라갔다'는 데서 유래한 이름으로 추湫는 소와 같은 의미입니다.

▲ 역락문 앞 긴 의자에 앉아 주변을 감상하다 보면 편한 자연의 소리를 들을 수 있습니다.

하나씩 붙였습니다. 4산四山 5대五臺입니다. 이후 자연은 그냥 자연이 아니라 의미와 질서를 갖는 선생의 특별한 은거 세상이었습니다. 북쪽 봉우리는 도덕산道德山, 남쪽에 멀찍이 떨어져 있는 무학산舞鶴山, 서쪽엔 자옥산紫玉山 그리고 동쪽엔 화개산華蓋山[67]이라 하였습니다. 또 계곡을 따라 도덕산 아래 탁영대濯纓臺를 시작으로 징심대澄心臺, 영귀대詠歸臺, 관어대觀魚臺와 세심대洗心臺로 이름 지었습니다. 이것으로 자연과 하나 되려는 선생의 '물아일체物我一體'의 정신을 읽을 수 있습니다.

세심대 주변을 둘러보면 꽤 넓은데, 많은 사람이 한꺼번에 모일 수 있는 공간입니다. 그래서 조선시대 이곳에서 과거 시험 중 초시初試를 치르기도 하였습니다. 바닥도 평평하지 않아 답안 작성에 불편할 것 같고 폭포 소리에 시험 감독관의 목소리도 잘 들리지 않았겠지만, 풍광이 좋아 시험에 집중하기에는 좋았을 듯합니다. 서원 안으로 들어가면 느끼겠지만 내부는 왠지 폐쇄된 느낌입니다. 필자는 그 이유 중 하나가 서원 앞 자연경관이 너무 수려하기 때문이라고 봅니다. 서원 내부에서 시선을 자계천으로 두게 할 경우, 원생들이 도저히 공부에 집중할 수

67) 동서남북 4개 산의 이름에서 알 수 있듯 선생은 성리학뿐만 아니라 불교와 도교 영역까지 넘나들었습니다.

없었을 겁니다. 여러분도 세심대에 잠시 앉아 눈을 감고 자연과 함께 호흡해 보길 추천합니다. 스치는 바람에 마음이 치유되고, 힘찬 폭포 소리에 자신감이 생길 겁니다. 이때 자신감을 용기라고 하면, 공자가 얘기한 호연지기가 바로 이것이 아닐까요?

친구와 함께 옥산서원에 방문한다면, 서원의 정문인 외삼문 앞 긴 의자에 잠시 앉아 차를 마시며 정다운 얘기를 나누기 좋습니다. 적당한 폭포 소리, 바람 소리 그리고 새 지저귐에 귀가 호강할 수 있는 곳이며, 서원 외삼문과 긴 담장 너머로 머리끝을 조금씩 내보이는 기와지붕 선에 눈도 편안해집니다.

이황 선생의 감탄 '회재는 나의 스승이다'

이곳에서 옥산서원에 모셔진 이언적 선생에 대해 조금 더 얘기하고 들어가겠습니다. 서원이 설립되기 이전에 선생과 이황 선생 그리고 이언적 선생의 아들 이전인의 감동적이면서 성리학적으로도 중요한 이야기가 있기 때문입니다. 선생은 성리학에 대한 학문적 깊이가 남달라 철학적 내용을 정리하여 책으로 많이 남겼습니다. 7년여의 독락당 시절을 제외하면 관료로서 활동은 많았지만, 많은 제자를 두지 못하였습니다. 중종의 이언적 선생에 대한 신뢰는 명종 대에 이르러 상황이 바뀝니다. 결국 양재역 벽서사건에 연루되어 함경도 강계로 유배되고 그곳에서 사망합니다.

단순히 기록으로만 남을 뻔한 선생의 자료가 그 가치를 찾을 수 있게 한 인물이 바로 서자 이전인입니다. 이언적 선생은 유배지에서 필생의 역작을 만들어 냅니다. '대학장구보유大學章句補遺',[68] '봉선잡의奉先雜

68) 주자가 《대학》을 해석한 《대학장구》를 이언적 선생이 나름대로 《대학》 본래의 뜻으로 이해하기 위해 보충한 것입니다. 완벽하지는 않지만, 선생의 예리하고 날카로운 생각을 엿볼 수 있습니다.

▲ 이언적 선생이 공부한 독락당(왼쪽)과 계정(가운데)입니다. 선생의 업적을 세상에 알린 이전인 선생의 후손이 살고 있습니다.

儀'69)와 '구인록求仁錄'70) 등입니다. 선생의 곁에는 항상 이전인이 있었습니다. 부친을 지극정성 모시기도 했고, 함께 부자간 학문적 문답을 기록한 '관서문답록關西問答錄'을 짓기도 하였습니다. 선생이 사망하자 강계에서 고향 양동까지 홀로 시신을 모셨습니다.

삼 년 상을 마친 이전인은 선생의 자료를 들고 아버지의 행장71)을 짓기 위해 이황 선생을 세 번이나 찾아갔습니다. 선생보다 열 살 어렸던 이황 선생은 이언적 선생을 대면한 적이 없습니다. 자료를 하나씩 보던 이황 선생은 "회재이언적는 나의 스승이다"라고 말하였습니다. 이후 이황 선생은 선생의 자료를 정리하고, '이전에도 훌륭한 인물이 있었으나 교화만 있고 학문적 체계가 없었는데, 선생은 그 체계를 기록하

---

69) 봉선奉先이란 조상의 제사를 모시는 제반 예식을 말합니다. 《주자가례》가 대표적인데, 선생은 이를 여러 학자의 예식에 관한 글을 모아 제례 의식과 절차를 우리 실정에 맞게 서술한 것입니다. 《주자가례》가 우리나라에서 어떻게 적용되어 갔는지를 보여주는 중요한 자료입니다.

70) 구인이란 공자의 근본 사상이며 유학의 본질인 인仁을 구하는 방법을 말합니다. 선생은 사서오경에서 인에 관한 글을 뽑아 모으고, 유학자들의 인에 대한 해석을 모아 편집한 책입니다. 인에 관한 내용을 종합하고 고찰한 최초의 저술입니다.

71) 죽은 사람이 평생 살아온 일을 적은 글을 말합니다.

고 깨달은 뜻과 가치를 다음 세대에 전할 수 있도록 하였다.'라고 평가하였습니다.

여기서 나온 두 가지 표현이 있습니다. 하나는 '회퇴학파晦退學派'입니다. 이는 회재 이언적 선생의 학문적 영향을 받은 퇴계 이황 선생의 학파로 영남 남인 학파의 다른 이름입니다. '회재'와 '퇴계'에서 한 글자씩 따서 표현한 것은 알겠죠? 다른 하나는 '무잠계무회재無潛溪無晦齋'입니다. 잠계는 아들 이전인의 호입니다. 즉 잠계 공이 없었다면 선생도 있을 수 없다는 표현입니다. 비록 당시에는 대우받지 못한 서자였지만, 잠계 이전인의 지극정성이 회재 이언적 선생의 이름을 빛냈다는 의미입니다. 이전인의 이야기는 한 편의 소설처럼 진한 감동을 줍니다. 이런 이유로 조선시대 신분을 극복한 사례로 자주 언급됩니다.

배움의 즐거움은 여기서부터, 역락문

옥산서원 종합안내도에서 건물 배치를 보고 외삼문 형태의 정문인 역락문亦樂門으로 향합니다. 정면 3칸, 측면 1칸의 맞배지붕입니다. 세 개 문에

▲ 역락문에는 도동서원 수월루처럼 왼쪽 계단이 없어 동쪽 계단으로만 들고납니다.

는 각각 계단이 있는 것이 정상인데 맨 왼쪽 계단이 없습니다. 가운데 문은 신문이니 신이 드나드는 문입니다. 위패를 옮기거나 제례 때 제수를 들이는 문입니다. 일반인의 서원 출입은 오른쪽 문으로 들고 왼쪽 문으로 나오는 것이 일반적인데, 이곳에는 동쪽으로 드나듭니다. 동입동출東入東出이라 하는데 이런 출입 형태는 대구 도동서원과 같습니다.

현판에 쓰인 '역락亦樂'은 《논어》〈학이學而〉[72]에서 따왔습니다. 글씨는 당대의 명필 석봉 한호 선생의 필체입니다. 이곳에서는 두 가지만 더 보고 들어가겠습니다. 먼저 문에 그려진 삼태극입니다. 이태극은 음과 양으로 이루어진 만물의 근본을 상징합니다. 이곳에는 삼태극이니 이태극에 인간을 포함한 상징입니다. 다음은 초석 위에 놓여 문지방을 지지하는 부재를 찾아봅니다. 신방목입니다. 이곳 신방목은 문짝을 지지하는 문둔테[73] 기능까지 하고 있습니다.

예쁜 문양이 새겨져 있습니다. 테두리엔 연화문이 있고 가운데 삼태극이 그려져 있습니다. 도산서원 정문과 사당 외삼문에서도 볼 수 있는 재미있는 한옥의 특징입니다. 포항 보경사 적광전 신방목은 귀여운 사자 모양이고 양동마을 향단 중문 신방목에는 연화문에 베풀어져 있습니다.

▲ 왼쪽부터 역락문 신방목, 보경사 천왕문 신방목 그리고 양동마을 향단 신방목입니다.

72) 한번은 들어 본 적 있는 공자의 글로, '學而時習之 不亦說乎' 즉, 배우고 때때로 익히면 또한 기쁘지 않겠는가? 라는 표현입니다. 학문하는 즐거움을 아는 사람이 출입하는 문이란 뜻입니다.

73) 문짝 한쪽의 아래위에 촉을 내고 문 테두리 홈이 난 부재에 끼워 고정하고 회전할 수 있도록 하는데, 이때 촉을 잡아주는 홈이 있는 부재를 말합니다.

▲ 양 끝의 누마루를 제외하면 무변루 정면의 창과 문은 막힌 느낌입니다.

현판을 자세히 보면 왼쪽 여백에 한자로 두 줄 문장이 있습니다. 이렇게 현판 옆에 설명하듯 쓰인 글을 액찬額贊이라고 합니다. 내용은 '옥산서원에 소문을 듣고 또는 도道를 좇아 나라의 영재들이 찾아오니 기쁘다'라고 노래한 것입니다.[74] 이글은 당시 우의정이었던 노수신 선생이 지었습니다. 역락문을 지나면 작은 수로가 있고 건너는 다리를 예쁘게 조성하였습니다.

자계천이 서원 밖에 흐르고 있음에도 불구하고 일부러 서원 내에 물길을 낸 것은 풍수 영향으로 명당수를 얻기 위한 것[75]일까요? 사실은 농사용 수로입니다. 실망스러운가요? 물길을 따라 내려가면 서원 아래 주택과 논으로 연결되어 있습니다. 이런 수로는 장성 필암서원 확연루 앞에도 있습니다. 긍정적인 생각이면 처음 생각대로, 궁궐의 금천처럼 나쁜 기운을 차단한다고 해도 좋습니다. 또 다리를 건너 선현의 공간으로 들어왔으니, 몸과 마음을 다잡고 학문에 힘쓰겠다고 다짐하는 곳이라 해도 상관없을 듯합니다.

---

74) 《현판이 들려주는 세계유산 '한국의 서원'이야기》 〈옥산서원〉을 참고하였습니다.

75) 풍수는 인간에게 해로운 바람을 피하고 인간 생활에 필요한 물을 구하기 위한 터 잡기 방법이며, 한자 장풍득수藏風得水에서 따왔습니다.

맑은 바람과 밝은 달은 끝이 없다는 무변루

작은 다리를 건너면 한눈에 보기에 다소 이해하기 어려운 건물이 있습니다. 2022년 7월 보물로 지정된 무변루無邊樓[76]인데, 1572년 건축된 이후 본래의 모습을 거의 유지하고 있는 건물입니다. 기록에는 토론과 휴식, 모임, 숙소의 공간으로 사용되었다는 내용이 있습니다. 남계서원이 한국 서원의 정형을 이룬 곳이라면, 옥산서원은 한국 서원의 유식 공간인 누각 형식을 처음 적용한 곳입니다. 이곳 서원의 강당인 구인당이 1839년 화재로 소실되어 재건축한 건물이지만, 무변루는 그 화를 피해 귀한 조선 중기 문루 형식을 보여주고 있습니다.

건물은 정면 7칸, 측면 2칸 맞배지붕으로 기둥은 모두 원기둥입니다. 유식 공간임에도 불구하고 개방감 없이 정면이 막힌 느낌입니다. 보기에는 좀 특이하게 생긴 건물이지만, 숨겨진 이야기가 많아 하나씩 알아보겠습니다.

아래층 가운데 세 칸은 외삼문과 같은 형식의 출입문입니다. 그 바깥으로 양쪽 한 칸씩 판벽이 둘러쳐져 있습니다. 안을 자세히 보면 판벽 안쪽에 돌과 흙으로 가득 채워져 있습니다. 그럴만한 이유가 있을까요? 앞서 무변루가 숙소로 사용되었다고 했는데, 그와 관련 있습니다. 온돌을 위한 구들을 조성하기 위해 양쪽 한 칸씩에 돌과 흙으로 채운 것입니다. 한옥 2층에 온돌방이 있는 구조입니다. 상상되나요? 임금이 사는 궁궐에도 없는 2층 온돌방을 서원에서 봅니다.

온돌방임을 확인하려면 아궁이와 굴뚝을 찾아야 하는데, 벽면을 보면 알 수 있습니다. 함께 찾아볼까요? 강당 방향에서 보면 아래층 왼쪽에 네모난 구멍 2개가 있습니다. 왼쪽 방의 아궁입니다. 작은 구멍은

76) 무변은 주자가 주돈이의 인품을 칭찬한 '맑은 바람과 밝은 달은 끝이 없다風月無邊'에서 따왔습니다.

▲ 무변루에는 2층 온돌방 아궁이와 굴뚝을 찾아보는 재미가 있습니다.

불 조절용입니다. 오른쪽에는 네모난 구멍 1개가 아궁입니다.

굴뚝도 있겠죠? 왼쪽으로 돌아가면 벽면에 동그란 굴뚝이 하나 있습니다. 강당에서 보아 왼쪽은 동쪽으로 서쪽보다 우선합니다. 천원지방의 논리로 하늘天에 해당해서 둥급니다. 수는 양수로 홀수에 해당해서 1개를 만들었습니다. 오른쪽 굴뚝은 자연스레 해결되겠죠? 오른쪽 벽면으로 돌아가면 네모난 굴뚝 2개가 있을 겁니다. 맞는지요? 네모는 땅을 상징하고 음수를 의미하는 짝수2개 굴뚝입니다. 가족과 함께 찾는 재미도 있고 전통문화 이해에도 도움 될 듯합니다.

서원 마당에 들어가 좁은 통나무 계단을 조심스레 지나야 무변루 누마루에 오를 수 있습니다. 안쪽 벽면에 무변루 현판이 걸려있습니다. 무변루 이름은 앞서 소개한 노수신 선생이 짓고, 글씨는 석봉 한호 선생이 썼습니다. 역락문 현판에도 이름과 함께 사언절구 한시가 있었는데 여기에도 있습니다. 옥산서원 현판에는 이렇듯 건물 이름과 함께 노수신 선생의 시가 함께 있습니다. 이런 모습은 당시 선비들이 서로의 재능을 인정하고 즐기는 과정입니다.

옛 그림을 감상하다 보면 한 작품에 그림과 시가 함께 있는 것을 자주 봅니다. 예를 들면 겸재 정선이 양천현감으로 있을 때 자신의 그

▲ 바라지창을 열면 계곡의 멋진 풍광과 흐르는 물소리를 감상하기 좋습니다. 옛날에는 원생이 현혹되지 않으려 창을 꼭 닫아두었던 모양입니다.

림과 사천 이병연의 시를 서로 주고받으면서 한 작품으로 만든《경교명승첩》의 그림들을 보면 알 수 있습니다.

작년 옥산서원 추계제향이 끝나고 무변루에 올라갈 기회가 있었습니다. 자계천으로 난 세 개의 바라지창을 하나씩 열었습니다. 자계천은 나뭇잎에 가려 보이질 않으나 시원한 물소리와 함께 개방감을 느낄 수 있었습니다. 나뭇잎이 떨어지기 시작하면 자계천은 그 모습을 보여주겠지요.

대청마루 바깥쪽으로 양쪽 한 칸씩이 조금 전에 소개한 온돌방입니다. 온돌방 바깥쪽에는 각각 누마루를 조성하였습니다. 누마루 지붕이 재밌습니다. 지붕을 한쪽만 설치했는데, 지붕이 눈썹처럼 작아 붙인 이름이 눈썹지붕입니다. 유식 공간인 누마루에 강학 공간에 해당하는 온돌방이 있는 이유는, 한때 옥산서원에서 공부한 원생 수가 많았기 때문입니다. 원생들은 이곳 온돌방에서 공부하다가 잠시 머리를 식히려 양 끝에 있는 누마루로 나서지 않았을까요? 하나의 건물에 강학 공간과 유식 공간이 함께 조성된, 옥산서원의 특징을 잘 나타내는 대표적 건물이라 하겠습니다.

서원의 역사를 읽을 수 있는 살아있는 와당 박물관

필자가 생각하는 무변루 최고의 감상 대상은 바로 암막새와 수막새입니다. 와당瓦當이라고도 합니다. 이제 마당 가운데쯤으로 와서 무변루 지붕의 아래 끝을 바라봅니다. 지붕의 기와가 깔끔한 다른 건물의 기와와 달리 군데군데 오래된 기와가 보입니다. 특히 오른쪽 처마부터 둘러 가면서 오래된 암막새들이 많이 보입니다. 자세히 보면 암막새 면에 문양 이외에 글씨도 보입니다. 발밑을 조심하면서 막새를 감상할 수 있습니다. 멀리서 보았던 것보다 더욱 다양합니다. 이렇게 다양한 수막새와 암막새를 현장에서 볼 수 있는 곳이 또 있을까요?

특히 글씨가 새겨진 기와를 명문銘文 기와라고 합니다. 궁궐, 사찰 또는 서원의 경우 제작연대를 알 수 있는 연호나 만든 사람의 이름 등을 새기기도 합니다.[77] 이곳 암막새에 새겨진 것은 '숭정崇禎 1637년', '건륭乾隆 1782년', '도광道光 1839년' 등 명나라와 청나라 연호입니다. 그 해에 명문 기와를 만들 정도로 건물을 중수하거나 대규모 수리가 있었던 것

▲ 건물 측면에 기와를 내단 것을 눈썹 기와(가적 지붕)라고 하는데, 그 아래 공간을 누마루로 조성한 것이 재밌습니다.

77) 〈고려시대 경기지역의 명문 기와 사례와 명문의 성격〉, 홍영의, 국민대학교, 2018년 발표 자료를 참고하였습니다.

▲ 1600년대부터 최근까지 다양한 모습의 암막새와 수막새를 감상할 수 있습니다.

을 알 수 있습니다.

필자는 무변루의 별칭으로 '살아있는 와당 박물관'이라 부릅니다. 전국의 박물관을 다녀보면 주변에서 발굴한 다양한 형태의 기와를 볼 수 있습니다.[78] 박물관에 가야만 볼 수 있음 직한 다양하고 오래된 기와를 눈앞에서 감상할 수 있다니 흥미롭습니다. 핸드폰 카메라로도 촬영하여 명문이 있는지 확인하고 감상하길 바랍니다.

구인당에 오르기 전 좌우에 동서재가 있습니다. 원생들이 생활하고 공부한 공간입니다. 동재는 민구재敏求齋[79]이고 서재는 암수재闇修齋[80]입니다. 여느 서원과 마찬가지로 두 건물이 마주하고 있으며, 정면 5칸, 측면 1칸으로 규모가 큰 맞배지붕 구조입니다. 최근에 지붕 등을 수리하고 단청을 칠해서 깔끔합니다. 공간구성은 앞에서부터 방 1개,

---

78) 경주국립박물관의 경우 〈열린 수장고〉가 있습니다. 명문 기와를 비롯한 많은 종류의 기와가 수장 상태로 독자를 기다리고 있습니다. 양주 회암사지박물관에도 '효령대군' 등이 새겨진 다양한 명문 기와를 볼 수 있습니다.

79) 민구는 《논어》 〈술이〉에 공자가 스스로 "나는 옛것을 좋아해서 부지런히 찾아서 배운 사람好古敏以求之"이라고 했던 글에서 따왔습니다.

80) 암수는 주희가 스스로 학문에 대해 "드러나지 않는 가운데 나날이 새롭고 밝게 학문을 펼쳐 나간다"고 한 闇然自修齋에서 따왔습니다.

▲ 옥산서원 동서재는 다른 서원보다 큰 규모로 많은 원생이 공부했음을 알 수 있습니다.

마루 1개, 방 2개, 마루 1개로 되어 있습니다. 건물 전면에는 사용하기 편하도록 쪽마루를 길게 설치하였습니다. 그 쪽마루를 받치고 있는 동바리는 대개 목재인데, 돌을 세웠습니다. 그 모양이 일정하지 않고 일부는 불에 그을린 흔적이 있어, 화재로 폐사된 정혜사[81] 터에서 가져온 것이 아닌가 생각되기도 합니다.

온돌방을 데우는 아궁이와 굴뚝을 찾아볼까요? 민구재에는 뒤쪽에 있습니다. 아궁이와 굴뚝의 위치를 보면 어디가 방인지 어디가 마루인지 알 수 있습니다. 이곳처럼 음식을 만드는 부뚜막이 없는 아궁이를 '함실아궁이'라고 합니다. 궁궐, 사찰, 서원이나 사대부 사랑채 등에서 많이 볼 수 있는 아궁이 형태입니다. 암수재의 2개짜리 온돌방에는 아궁이는 있으나 굴뚝이 안보입니다.

아궁이를 확인하면서 옆의 기둥밑동을 보면 색다른 모습이 보이지 않나요? 주초 위에 기둥을 올렸는데, 맨 아랫부분에 기와를 둘러대

81) 신라시대 지어진 절로 독락당에서 멀지 않은 곳에 있었습니다. 회재 선생이 어린 시절 공부도 했고, 옥산서원이 세워진 후에는 서원을 지키는 수호 사찰이었습니다. 1834년 화재 이후 복원하지 않고 13층 석탑만 남아있습니다. 석탑은 기단 위에 가파르게 13개 층을 쌓은 독특한 모습으로, 국보로 지정 및 보호되고 있습니다.

▲ 동서재 마루에 더하여 건물 앞에 쪽마루를 달아 활동에 편하게 하였습니다.

어 공간을 두었습니다. 기단의 끝부분은 처마보다 안쪽에 있어 빗물이 떨어져도 기단 밖으로 떨어지도록 합니다. 하지만 이처럼 기단이 낮은 경우 빗물이 흙바닥에 튀어 기둥 아래쪽에 영향을 주어 쉽게 상하게 됩니다. 이를 방지하기 위해 물에 젖더라도 빨리 마르도록 공간을 만든 것입니다. 이런 것은 오랜 경험에서 오는 지혜가 녹여져 있다고 볼 수 있겠지요.

▲ 낮은 기단 위 기둥밑동에도 생활의 지혜가 담겨 있습니다.

마당에는 팔각형 정료대가 세워져 있습니다. 행사 때 주위를 밝히기 위함입니다. 아래 윗부분에 연꽃 문양이 아름답게 새겨져 있어 정혜사지 또는 다른 곳에서 가져온 것이 아닌가 생각합니다.

▲ 동서재를 좌우에 둔 반듯한 모습의 옥산서원 핵심 공간인 구인당입니다.

'인'을 구하려는 듯 폐쇄적 느낌의 강학 공간

구인당求仁堂의 기단은 거칠게 다듬은 돌을 높게 쌓아 조성되었습니다. 건물은 정면 5칸, 측면 2칸의 팔작지붕인데, 가운데 대청마루와 양쪽 온돌방으로 나누어져 있습니다. 처마와 추녀에 걸린 수막새와 암막새는 역시 명문 기와인데 최근에 올렸습니다.

가운데 계단을 통해 오릅니다. 일반 서원과 달리 좌우 온돌방 전면에 문을 달지 않고 심벽을 쳤습니다. 아궁이도 앞에 두지 않고 건물 뒤로 돌렸습니다. 마루에서 방으로 통하는 문도 분합문이 아닌 한 쪽짜리 여닫이문입니다. 대청마루에 올라앉아 경내를 둘러봅니다. 구인당 구조도 그렇지만 마당을 중심으로 사방이 닫힌 느낌입니다. 병산서원은 만대루의 열린 공간을 통해 낙동강과 주변 경관을 서원 내로 끌어들일 수 있는데, 옥산서원의 경우 항상 닫혀 있는 무변루의 창들과 유난히 길어 보이는 동서재 영향으로 더욱 그렇습니다. 외부와 차단되어 소통이 어려울 듯한 느낌이 들기도 하고, 일부러 외부와 차단하여 학문에 집중하려 했을 거란 생각도 듭니다.

그런데 불교방송의 정목스님 영상[82]에서 필자 나름대로 답을 찾

▲ 드론으로 보면 닫힌 공간임을 확인할 수 있는데, 서원에서는 '내부 지향적 공간'으로 표현합니다.

았습니다. 원생들은 자계천의 아름다운 모습을 보고 폭포 소리를 들으며 공부에 정신을 집중하기 어려웠을 겁니다. 이곳은 서원이니 스스로 공부하여 참다운 자신을 찾는 곳입니다. 자연환경이 좋은 곳에 서원을 조성하되 공부할 때만큼은 집중할 수 있어야 합니다.

스님은 이곳에 들어오니 무문관無門關에 들어온 느낌이라 하였습니다. 불교에서는 깨달음의 경지에 이르기 위해 방문을 걸어 잠그고 수련하는 곳을 말하겠지요? 그러니 말이 됩니다. 사당에 참배하며 선현의 정신을 받들고 강당과 동서재에서 들어앉아 수행하니, 원생들은 스스로

82) 불교방송BTN, 《정목스님의 나무 아래 앉아서, 가을 특집》 〈옥산서원에 간 정목스님〉 영상 내용을 참고하였습니다.

▲ 구인당 초석과 기둥은 잘 다듬어져 있습니다.

어질고 착해질 듯하다고 하였습니다. 공감이 갑니다. 그러고 나니 원생들의 글 읽는 소리가 귓가에 쟁쟁하게 들리는 듯합니다. 그래서 서원을 '정신 위에 지어진 공간'이라고 표현하는 모양입니다.

대청마루에 오르기 전에 구인당 기둥 주변을 살펴봅니다. 바닥 초석은 사각형 돌에 기둥을 올리는 부분이 둥글게 잘 깎여 있습니다. 옥산서원을 둘러보면 기단석이나 초석 등 석재들이 잘 다듬어져 있는 것을 볼 수 있습니다. 대개 폐사지에서 구하는 경우가 많습니다. 옥산서원의 수호 사찰인 정혜사가 화재로 소실된 후 복구하지 않은 상태에서, 구인당 역시 1839년 화재로 소실되었습니다. 이런 이유로 정혜사 석재를 구인당 복원 시 일부 사용했다고 추정하는데, 옥산서원에서는 구인당의 초석은 이미 건축할 당시 조성된 것으로 봅니다. 기둥은 아래 폭이 넓고 위 폭이 약간 좁은 민흘림기둥[83]입니다. 덧대거나 수리한 흔적 없이 이백여 년을 잘 견디고 있습니다.

---

83) 기둥은 아래쪽을 뿌리, 위쪽을 머리라고 합니다. 기둥을 깎을 때 뿌리 폭을 크게 하는데 기둥을 안정감 있는 모습으로 유지하기 위해서입니다.

여기서 잠시 한옥 공부하고 가겠습니다. 기둥 위에서 부재들이 어떻게 결구 되었는지 다음 사진을 보고 따라가 볼까요? 기둥 위에는 익공, 창방이 직각을 이루고 있고, 그 위에 주두를 올렸습니다. 주두 위에 보를 올려 앞으로 보머리 부분이 보입니다. 위에는 직각 방향으로 도리가 올려져 있고 아래에 장여가 붙어 있습니다. 전형적인 조선시대 익공형 결구 방식입니다. 익공의 날개가 2개로 이익공처럼 보이나, 자세히 보면 하나의 부재로 만들어진 초익공입니다.

이런 익공 양식은 양동마을을 방문하면 정자 등에서 자주 볼 수 있습니다. 한옥에서 부재 하나하나는 하중을 받치거나 잡아주는 역할을 합니다. 기능을 우선 수행하고 다음에 아름다움을 연출한다고 앞서 설명하였습니다. 긴 부재에는 모로 단청을 넣었습니다. 머리초의 경우 남계서원은 연꽃 문양을 베풀었는데, 이곳엔 감꼭지 모양인 주화 문양을 넣었습니다.

▲ 한옥 부재 하나하나는 빈틈없이 결합하여 각각의 기능을 수행합니다.

조선의 명필들이 쓴 현장 현판 박물관

대청마루 앞 정면에 옥산서원 현판이 걸려있습니다. 추사 김정희의 글씨입니다. 현판 가득 힘찬 글씨이긴 하지만 우리가 알고 있는 추사체와 다르기도 하거니와 옥산서원 사액 시기1574년와 추사가 활동한 시기18세기 전후가 다릅니다. 글씨체가 필자의 눈에 익지 않은 것은 추사가 제주도로 유배 가기 전인 54세 때 썼기 때문으로 이해합니다. 시대가 맞지 않은 것은 현판 왼쪽을 유심히 보면 알 수 있습니다. 만력갑술사액후萬曆甲戌賜額後 이백육십육년二百六十六年 기해실화개서己亥失火改書 사액宣賜으로 적혀있습니다. 즉, 1574년 사액 후 266년이 지난 기해년1839년 화재로 서원이 불타고 다시 세워 사액을 내렸다는 내용입니다. 화재 당시 현판이 남아있을까요? 바로 뒤에 현판이 하나 더 있습니다. 아계 이산해 선생이 쓴 최초의 사액 현판은 아닙니다. 현판 왼쪽에 '구액모게舊額摹揭' 즉 옛날 편액 글씨를 베껴 써서 걸었다는 의미입니다. 최초 사액받은 현판은 없어졌고, 원본 글이 있어 현판을 다시 만든 것입니다. 아계 선생 역시 어릴 때부터 글씨를 잘 써 명종 앞에서 글씨를 쓴 인물로 알려져 있습니다.

대청마루 안쪽에는 구인당 현판이 있는데 글씨체가 다릅니다. 굵은 글씨가 해서체의 모범 글씨 같습니다. 석봉 한호의 글씨입니다. 어떻게 옥산서원에 우리에게 잘 알려진 인물들의 글씨가 모여 있을까요? 이언적 선생의 인품과 명성이 워낙 높아 당대의 글 쓰고 짓는 인물이 앞다퉈 썼던 모양입니다.

▲ 위 현판은 각각 김정희, 이산해 그리고 한호의 글씨로 알려져 있습니다.

정리하면 역락문, 무변루, 구인당, 체인묘 현판은 석봉 한호의 글씨, 최초 사액 현판은 아계 이산해 글씨이고, 앞쪽

▲ 구인당 천장 구조를 이루는 부재를 하나씩 보며 한옥을 이해합니다.

사액 현판은 추사 김정희의 글씨입니다. 조선 명필로 이름난 인물의 글씨가 여기 모였습니다. 여기서도 박물관 이름을 하나 더 붙여야겠습니다. 옥산서원은 '조선 명필이 쓴 현판 박물관'이라고.

이왕 서원을 통해 한옥을 보고 있으니, 한옥의 지붕을 받치고 있는 구조를 소개하고 가겠습니다. 위 구인당 사진을 보고 따라오다 보면 어렵지 않을 겁니다. 건물의 횡 방향, 즉 가로지르는 방향으로 설치하여 위쪽 부재를 받치는 것을 '보'라고 합니다. 그중에서 기둥 위에 올려 지붕 전체의 무게를 감당하는 것을 '대들보'라고 합니다. '집안의 대들보'란 표현은 들어보셨죠?

대들보는 기둥 위에 올려지는데, 대들보 양 끝에 올려 종 방향, 즉 길이 방향으로 설치한 것이 '주심도리'입니다. 도리는 위에 서까래를 쭈욱 올려놓고 그 위에 기와를 올리면 지붕이 완성됩니다. 공포를 제외하면, 기둥 위에 대들보, 그 위에 주심도리, 그 위에 서까래, 그 위에 기와를 올려 지붕이 이루어진다고 보면 됩니다. 사이에 작은 부재들이 들어갑니다.

조금 더 세부적으로 들어가면, 대들보 위에는 다시 종보와 중도리를 조립하여 중도리 위에 서까래를 걸치고, 맨 위에는 보 없이 종도리만 설치하여 용마루를 형성합니다. 대부분 길이 방향 도리 아래에는 역시 길이 방향 보강용 부재가 붙는데, 장여 또는 장혀라고 합니다. 사진에서도 볼 수 있습니다. 하나만 더 소개하면 대공입니다. 종보와 종도리 사이에 설치하여 종도리를 떠받치는 부재를 대공이라 하는데, 이곳에는 화려하게 꾸민 화반대공을 볼 수 있습니다. 이제 한옥 구조가 조금 이해가 되죠?

구인당 대청마루에서 사당으로 난 바라지창을 열려고 했으나 창을 잠가 두었습니다. 대개 경우 열어 볼 수 있도록 했으나 이곳에는 문화재 보호를 위한 조치로 보입니다. 아쉽습니다. 서원 관리의 어려움이 있겠지만 더욱 많은 방문객이 찾기 위해서는 공개할 수 있는 곳은 열어주고, 대신 방문객은 귀중한 문화유산을 더욱 소중하게 다루는 문화가 있어야겠습니다. 바라지창 세 개를 열면 사당의 외삼문이 보일 것입니다. 앞서 서원의 배치에서 중심축과 대칭을 얘기했는데, 옥산서원은 대체로 배치 기준을 잘 따르고 있습니다. 드론으로 확인할 수 있지만, 서원 뒤쪽 솔숲에서도 잘 관찰할 수 있습니다. 사당에서 시작하여 내삼문, 구인당, 민구재와 암수재, 무변루와 역락문까지 하나의 중심축에 있고 서로 대칭입니다. 물론 비각, 경각, 전사청과 고직사 등은 비껴 있습니다.

▲ 이렇게 반듯할 수 있을까요? 선생의 뜻을 따른 제자들의 마음인 듯합니다.

구인당 대청마루에는 유난히 많은 현판과 그 안에 알 수 없는 무수한 한자가 있습니다. 어떤 내용일까요? 서원의 규정과 행동 지침이 주된 내용입니다. 자세히 보면 그중에서 시잠, 청잠, 언잠, 행잠[84]에 관한 현판을 볼 수 있습니다. 서원에서 공부하며 지키거나 하지 않아야 할 지침을 보는 것, 듣는 것, 말하는 것과 행동하는 것까지 현판에 표현한 것이 흥미롭습니다. 원생들은 매일 현판을 보며 스스로 다스렸겠지요.

옥산서원은 규율이 까다롭기로 유명하여 떠들지 못하고, 남이 공부하는데 기웃거리지 못하고, 심지어 공부 중에 다른 생각을 해서도 안 됩니다. 앞서 소개한 서원 공간이 폐쇄적이라는 표현에 걸맞는 규정인 듯합니다. 구인당의 양쪽 온돌방 이름은 오른쪽이 양진재兩進齋,[85] 왼쪽이 해립재偕立齋[86]입니다. 원장과 교원의 공간입니다.

조선 초 건축을 연상하게 하는 굵은 문얼굴의 경각

구인당에서 나와 왼쪽으로 나오면 경각經閣이 보입니다. 이전인이 이언적 선생의 책, 유품, 왕이 내린 책, 이황 선생의 글 등을 보관하기 위해 만든 공간에서 시작되었습니다. 이후 왕으로부터 여덟 번에 걸쳐 책을 내려받아 어서각御書閣이라고 불렀습니다. 어서각 현판은 현재 주차장 옆 옥산서원 유물전시관 앞에 붙어 있습니다. 사실 옥산서원의 책은 지금보다 훨씬 많이 보유하고 있었습니다. 정혜사에 보관 중이던 이언적 선생의 친필과 귀중한 책들은 화재로 많이 없어졌습니다. 현재 유물

84) 〈시잠視箴〉에서 잠箴이란 교훈이 될 만한 글을 말합니다. 시잠이란 보는 것을 잘 통제할 수 있어야 한다는 교훈입니다. 〈청잠聽箴〉은 합당한 것을 잘 들어야 한다는 내용이며, 〈언잠言箴〉은 법도에 어긋나는 말을 삼가라는 교훈입니다. 〈동잠動箴〉은 올바른 행동이 습관이 되도록 해야 한다는 교훈인데, 이렇게 하면 성현에 가까운 경지에 이르게 됩니다.

85) 양진이란 명明과 성誠을 모두 갖추어 명으로 도덕을 밝히고 성으로 의지를 성실히 한다는 의미입니다.

86) 해립이란 경건한 마음가짐과 신의로 사물을 대한다는 의미입니다.

▲ 오래전 한옥 모습을 간직한 건물로 문과 창을 구분한 모습이 이채롭습니다.

전시관에는 6천 점 이상의 책과 자료를 보존하고 있습니다.[87] 서원에서는 이러한 귀한 자료를 보존하기 위해 서원 규율에 '서원 책의 외부 유출 금지' 사항을 넣었다고 합니다. 경각 앞에도 '서원서책불출원문書院書冊不出院門' 현판을 달아 표시했다고 하는데, 현판 역시 유물전시관에 있습니다.

경각 건물은 정면 3칸, 측면 1칸의 맞배지붕 구조입니다. 건축 기록은 없으나 여러 차례 보수한 기록은 있습니다. 오래된 건물인지 어떻게 알 수 있을까요? 새로 교체한 부재 사이에 오래된 부재들이 보이기 때문이기도 하지만, 문과 창의 얼굴로 알 수 있습니다. 얼굴이란 창과 문의 둘레를 말하는데, 저렇게 두꺼운 모습은 조선 전기 또는 중기에서 볼 수 있습니다. 도산서원 전교당이나 돈암서원 응도당에서 보았던 문 얼굴입니다. 이후 수리 과정에서도 본래 모습을 유지하려 노력한 것에 감사합니다.

---

87) 옥산서원 소장 유물은 국보인 삼국사기 50권 9책과 보물인 동국이상국 전집 등 고서 4,000여 권을 비롯하여, 명문과 도록 등 1,156건의 고문서, 책판 회재 선생 문집 등 1,123판, 북, 정조 어필 보관함, 회재 유묵함 등 유물 24건을 포함해 총 6천 280여 점의 소중한 문화유산이 분산 수장되어 있습니다.(출처는 국가한옥센터 홈페이지입니다.)

경각을 보고 있으면 단아한 모습도 그렇거니와 쪽마루를 설치한 모습도 홍미롭고 사람이 거주하는 공간처럼 출입문과 창을 구분하여 설치한 것이 더욱 이채롭습니다. 한옥에서 문과 창은 머름으로 구분합니다. 머름은 문과 달리 창 아래에 바람을 막거나 모양을 내기 위해 널판을 댄 것을 말합니다. 사당이나 장판각에 문의 크기가 다른 것은 드물게 봤어도 이렇게 높이가 다른 것은 처음입니다. 그만큼 왕이 보낸 것에 대한 공경심을 표현한 것일까요?

강학 영역으로 경각 오른쪽에 문집판각이 있으나 동선이 달라 고직사에서 보겠습니다.

'인'을 체득한 이언적 선생을 모신 체인묘

다음은 제향 영역인 사당으로 갑니다. 옥산서원의 사당 이름은 체인묘 體仁廟[88]입니다. 사당 이름에 '묘廟' 자를 사용한 것이 색다릅니다. 대개 사당 이름에는 '사祠' 자를 붙입니다. 아홉 개 서원 중에는 이곳 체인묘와

▲ '체인'이란 군자는 모름지기 어질고 착한 마음을 몸소 실행해야 함을 말합니다.

---

88) 《주역》〈건괘乾卦〉에서 '군자는 인을 몸소 실행하여 다른 사람의 으뜸이 될 수 있다. 君子體仁 足以長人'에서 따왔습니다.

소수서원의 문성공묘에 '묘' 자를 붙였습니다. 대개 '묘' 자가 붙은 사당의 격이 높다고 하여 자료를 찾았으나, 그 연원을 찾지 못하였습니다.

아무튼 옥산서원 제례 때면 왕이 사람을 보내기도 하였습니다. 관련하여 정조 때 이런 이야기가 전해 집니다. 옥산서원 제향에 정조가 이언적 선생에 공경의 예를 표하기 위해 사람을 보냈습니다. 그런데 안동 출신 관료가 옆에 있어 눈치가 보였던 모양입니다. 오는 길에 꼭 안동을 거쳐 오라고 했답니다.

옥산서원에는 '인仁' 자를 담은 이름이 많습니다. 이곳 체인묘를 비롯하여 구인당과 이언적 선생이 쓴 구인록 등이 있습니다. '인'을 성리학에서 중시하는 것은 인간의 착한 본성을 의미하기 때문입니다. 이 본성이 부모에는 효孝가 되고 나라에는 충忠이 되는 것이죠. 특히 이언적 선생은 관료 출신이기도 했지만, '인'을 체득하기 위해 끊임없이 노력한 철학자였습니다.

체인묘로 가면서 성생단을 찾아봅니다. 성생단은 제사에 올릴 희생물을 검사하는 곳인데 보이지 않습니다. 옥산서원에는 따로 성생단이

▲ 제례에 올릴 희생물의 정결 여부를 역락문 앞에서 축관이 검사하고 있습니다.

▲ 네 면이 트인 포사에서 야하에 내어 갈 간단한 음식을 준비 중입니다.

없습니다. 작년 추계제향 때 참여하여 확인했는데, 옥산서원에서는 역락문 앞에서 성생을 합니다. 그럼, 요즘도 성생을 하면서 서원에서 산짐승을 죽일까요? 그렇지 않습니다. 법으로 금지되어 있기도 하거니와 사회 분위기와 맞지 않기 때문입니다. 요즘엔 성생을 하지 않는 서원도 많고, 성생을 하더라도 이곳처럼 성생한 짐승을 살려주고 따로 준비한 제수로 제사를 지냅니다.

옥산서원의 흥미로운 제향 의식, 임시 발판과 야하

사당 앞 내삼문 아래에는 눈에 띄는 것이 있습니다. 문은 세 개인데 열락문과 달리 가운데 오르는 계단이 없고 양쪽에만 계단이 있습니다. 신이 다니는 계단이 없는 겁니다. 주변을 살펴봅니다. 구인당 뒤쪽 기단 위에 긴 사다리와 널판이 함께 뉘어져 있습니다. 4~5미터 남짓 길이인데, 구인당 바라지창 턱에서 내삼문까지 걸칠 수 있습니다. 제사를 지낼 때 신이 다니는 신도를 통해 제수를 옮기는데, 사다리와 널판을 겹쳐 걸치면 신도로 사용할 수 있습니다. 지금도 이 방법으로 제수를 사당으로 옮기고 있습니다. 두 사람이 제물인 돼지 한 마리를 들고 가는 것이 쉽지 않습니다. '숨 가쁘게 살아가는 현대에 꼭 이렇게 어려운 방법으로 제수를 옮겨야 할까?'하는 생각도 듭니다만, 이것이 전통이고 정성이겠지요. 잠시 힘들어 편한 방법을 찾기보다 정성을 다해 이행하면서 스스로 수행 과정에 있다고 생각하면 마음이 편해집니다. 필자에게는 참으로 이채롭고 의미 있는 장면이었습니다.

제례 절차에 대해서는 서원 개요에서 소개하여 생략하겠습니다. 옥산서원에서는 제례 중에 홍미로운 절차가 하나 더 있습니다. 바로 '야하夜下'입니다. '밤에 내리는 것' 정도로 해석할까요? 제례 중에 간식을 먹는 절차입니다. 정성을 다해 제례를 지내다가 갑자기 간식을 먹는다니 이해가 가질 않죠? 그곳에는 서로에 대한 깊은 배려가 있습니다. 제례 준비는 초저녁부터 늦은 시간까지 진행되고 새벽 1시가 되어야 제례를 지내게 됩니다. 당연히 참석한 제관들은 허기지기 시작할 겁니다. 선현이 살아 계신다면 제자들이 배고픈 상태에서 자신을 모시는 것을 원치 않을 겁니다. 제자 입장에도 허기지면 입에서 냄새가 나고 제례에 집중하기 어려워집니다. 그 상태로 제례를 지내는 것이 예의가 아니라고 생각한 것이겠죠. 실제 필자가 참석한 제례 때도 소반에 조금씩 음식을 내어 조용히 먹는 모습을 보았습니다. 제례 절차는 정성을 다하되 산 사람이 먼저라는 현실적 조치라고 생각합니다.

▲ 내삼문에 따로 신이 드나드는 계단을 두지 않고 임시 발판을 두어 제수를 옮깁니다.

▲ 부석사 무량수전 기단(왼쪽, 가구식)과 봉정사 극락전 기단(가운데, 장대석 기단)에 비해 체인묘 기단은 이 둘을 혼합한 기단 형식입니다.

체인묘로 들어갑니다. 건물은 정면 3칸, 측면 2칸의 맞배지붕이고, 측면에 풍판을 달았습니다. 기단은 여느 서원의 사당 기단과 다르기도 하지만, 기단의 형태 중에도 장대석과 가구식을 혼합한 특이한 형태입니다. 즉 기단의 맨 위는 가구식의 갑석을 깔았고 그 아래에는 장대석을 쌓은 형식입니다.

그리고 옥산서원기玉山書院記에는 6개월 만에 사당, 강당과 동서재를 완공했다는 내용이 있습니다.[89] 목재는 그렇다고 하더라도 석재는 짧은 시간에 준비해서 시공하기 어렵습니다. 결국 준비된 석재를 사용했다는 얘기인데요, 통일신라시대 수도였던 경주이었기에 가능했을 것으로 생각합니다. 기단돌과 초석은 당시 왕궁터나 폐사지에서 가져왔을 것으로 추정하기 때문입니다. 기단 모퉁이에 'ㄱ' 자형 통돌을 사용한 것도 서원에서는 흔치 않은 사례입니다. 기단만 관찰해도 흥미로운 내용이 많습니다.

정면 3칸에는 각각 출입문은 달았는데, 문은 골판문입니다. 처마는 서까래와 부연이 있는 겹처마이고 암막새와 수막새를 설치하여 사당의 격을 높였습니다. 단청 역시 깨끗하게 모로단청을 입혔는데, 문양은 주화 문양과 녹화곱팽이[90] 문양이 그려져 있습니다. 제사를 준비

89) 《세계유산 '한국의 서원' 주요 건축물 이력》, (재)한국의 서원 통합보존관리단, 65쪽 〈옥산서원의 연혁과 보수내역〉에서 '1572년 2월에 시작하여 8월에 사우, 강당, 동재, 서재 등 40여 칸 완공'을 참고하였습니다.

90) 반원의 꽃받침 위에 고사리 모양의 나선형을 말합니다.

하는 공간인 전사청은 사당 오른쪽에 있습니다. 나오는 길에 본 내삼문 막새 역시 고색창연한 모습이라 눈길이 갑니다.

서원 내에 들어앉은 신도비의 비밀

사당에서 나오면 오른쪽에 꽤 큰 비각이 있습니다. 비석은 신도비神道碑로 이언적 선생의 생애와 업적을 기리는 내용입니다. 신도비라면 해당 선현의 묘소 입구나 서원 입구에 세우는 것이 일반적입니다. 신도비가 서원 안에 있는 배경을 찾아보았는데, 소설 같은 재미있고 감동적인 이야기가 있습니다. 이언적 선생의 신도비는 두 개[91]입니다. 이 신도비는 1577년 서원 앞 용추폭포 앞에 세웠던 것을 이곳으로 옮긴 것이고, 다른 하나는 1586년 묘소 앞에 세운 것입니다. 비의 내용은 이황 선생과 사단칠정을 주제로 논쟁을 벌였던 고봉 기대승이 썼는데, 그것도 이황 선생의 요청에 따른 것이라 하니 재밌습니다. 치열하게 논쟁했지만

▲ 회재 이언적 선생의 신도비는 2개로 그중 1개가 사당 내부에 있습니다.

91) 신도비는 본래 용추폭포 앞과 회재 선생 묘소 앞에 있었습니다. 용추폭포 앞 신도비는 1577년 고봉 기대승이 짓고 이산해가 쓴 것이며, 선생 묘소 앞 신도비는 1586년 기대승이 지은 내용 그대로 손엽이 썼습니다.

서로 예로 대하고 스승의 말씀을 잘 따랐던 두 분의 관계가 부럽습니다. 신도비에 얽힌 이야기는 다음과 같습니다.

이언적 선생은 1547년 양재역 벽서 사건에 연루됩니다. 이때 선생을 모함한 인물이 이기李芑였습니다. 선생은 평안도 강계에 유배되었다가 사망하였습니다. 기대승은 이기의 모함으로 선생이 억울하게 유배된 사실을 신도비에 상세히 적었습니다. 그 신도비가 서원 입구인 용추폭포 앞에 세워졌습니다. 세월이 흘러 이안눌이란 인물이 1613년 경주 부윤으로 부임하였습니다. 바로 이기의 증손자였습니다. 그는 증조부였던 이기가 을사사화를 일으키고 양재역 사건에서 많은 사람을 모함한 것에 가슴 아파하고 있었습니다. 경주에 부임한 이안눌은 관행에 따라 향교와 서원을 찾아 예를 올려야 하였습니다. 옥산서원 앞에 이르자 선생의 후손과 제자들은 이안눌의 길을 가로막았습니다. 이언적 선생의 후손은 손자 이준이었습니다. 이에 이안눌은 버선발로 가마에서

▲ 서원 진입 공간으로 본래 신도비가 있었던 자리에 비가 와 물이 고여있습니다. 맞은 편에 서원이 보이고 바로 옆 용추폭포는 바위 사이에 있어 보이질 않습니다.

내려 머리 숙여 사과하였습니다. 후손들이 길을 터주자, 신도비의 글을 읽은 이안눌은 신도비를 껴안고 통곡하였습니다. 비문에 적힌 증조부 이기와 관련된 내용만 삭제해 주면 옥산서원의 노비도 마다하지 않겠다고 하였고 이에 감동한 이준과 선생의 제자들은 이안눌과 화해하였습니다.

이안눌이 요청한, 이기와 관련된 신도비 내용은 수정되었을까요? 수정은 없었습니다. 신도비는 해당 인물의 묘소 입구 등에 세워 오가는 사람들이 볼 수 있도록 한 것입니다. 대신 이준은 사람들 눈에 잘 띄지 않는 사당 깊숙한 곳으로 신도비를 옮겨주었습니다. 지금의 사당 옆입니다. 감사한 마음에 이안눌은 서원 수리에 필요한 경제적 지원을 아끼지 않았습니다. 지금도 용추폭포 앞에 가면 신도비가 있었던 터를 볼 수 있는데요, 앞서 입구에서 필자가 확인한 곳이 신도비가 세워졌던 곳입니다. 한번 찾아보길 바랍니다.

선조들의 일에 얽매일 필요가 없었던 이안눌과 이준은 서로 화해하고 절친한 사이가 되었습니다. 이준이 정자를 지어 이안눌을 초대하여 함께 시간을 보냈는데, 이때 이안눌에게 정자 이름 짓기를 청하여 얻은 이름이 무금정無禁亭[92]입니다. 해묵은 감정을 던져버리고 화해했으니, 자연을 벗 삼아 살아가자는 우정이 담긴 글입니다. 무금정은 없어졌다가 현재 독락당 주차장 앞에 크게 조성하여 시민의 휴식 공간으로 사랑받고 있습니다.

비각을 볼까요? 비각은 1칸짜리 팔작지붕입니다. 지붕을 막새로 마무리했고 처마는 품격 있는 겹처마에 단청을 입혔습니다. 비각인 만큼 내부가 보이도록 살을 여러 개 둘러 세웠습니다. 그 아래는 안상문을 뚫어 공기도 통하게 하고 길상의 의미를 주기도 하였습니다.

---

92) 소동파의 '적벽부赤壁賦'에서 따온 말로 '청풍명월은 아무리 즐겨도 금하는 사람이 없다'는 의미입니다.

▲ 거북 표정을 볼 수 있게 기울여 촬영하였습니다.

비각 내부의 비석 모습은 규모도 크고 장식이 장엄합니다. 돌거북은 큰 바위에 올라 비석을 업고 있습니다. 표정이 매우 근엄하여 비석에 접근하려는 나쁜 기운이 엄두를 못 낼 기세입니다. 비석의 머리 부분인 이수螭首에는 두 마리 용 문양을 새기고 색을 입혔습니다. 옅은 색이긴 하지만 황룡과 청룡임을 알 수 있습니다. 두 마리가 서로 엉켜 있는데, 눈을 부릅뜨고 입을 벌려 불을 뿜는 듯한 모습이 매우 사실적입니다. 그 위 천장에는 예쁜 연꽃 동자를 새겨 달았습니다. 긴장감이 금세 평화로워지는 느낌입니다.

▲ 비신 위에 올려진 이수와의 틈이 맞지 않아 회를 채웠고, 비신의 글씨가 없는 부분에도 무언가 긁어낸 흔적이 보입니다.

사진을 기울여 촬영한 이유도 있지만 차분하게 감상하다 보면 어딘가 어색한 부분을 찾을 수 있습니다. 우선 비석의 몸체인 비신이 올려진 귀부 그리고 비신 위에 얹어진 이수와의 틈 넓이가 불규칙한 상태로 회灰로 채워진 것을 볼 수 있습니다. 비신 표면도 글씨가 없는 면을 유심히 관찰하면 어딘가 사용했던 것을 재사용한 느낌이 있는데, 필자만의 생각일까요?

당당하게 명패를 붙인 고직사 으뜸 곳간

옥산서원의 고직사는 남쪽에 있는데, 4개 건물로 구성된 매우 큰 규모입니다. 옛 서원의 규모를 가늠할 수 있습니다. 동재 뒤에 연결된 쪽문이 있는데, 평소에는 잠겨 있습니다. 서원을 나와 담장을 따라 고직사의 정문으로 가봅니다. 다행히 문이 열려 있습니다. 입구를 지키는 큰 강아지와 눈 맞춤하고 관리인의 허락을 받아 내부를 잠시 둘러봅니다. 두 번째 중문을 들어서면 고직사 마당이 나옵니다. 왼쪽이 'ㄱ'자 관리사 건물인데, 15칸이나 됩니다. 기록에는 18세기 서원 소속의 장인이 226명, 노비가 190명이었습니다. 이 인원이 모두 상주한 건 아니지만 많은 사람이 기거한 공간인 건 틀림없습니다.

앞에는 처음 보는 건물이 있습니다. 3칸짜리 포사庖舍[93]인데, 벽체의 한 면은 트여있고 3면 벽체도 위쪽은 트여있는 특이한 모습입니다. 서원 행사 때 음식을 마련하거나 야외 식당으로 사용한 공간입니다. 앞서 야하를 소개할 때의 사진을 참고하길 바랍니다.

포사를 둘러보던 필자를 깜짝 놀라게 한 부재가 있습니다. 궁궐처럼 아름답지는 않지만, 박공에 지네철이 붙어 있습니다. 지네철은 한옥 측면의 두 개 박공 사이에 설치하여, 박공 연결 부분을 가리는 역할

93) '庖'는 부엌, 요리, 요리사를 의미합니다. 음식을 준비하는 공간입니다.

▲ 포사 건물에 지네철을 붙였습니다.

과 함께 미적 효과를 내는 것입니다. 궁궐과 사찰 또는 사대부 가옥의 격이 높은 건물에, 또는 서원의 중심 건물에 설치합니다. 대개 경우 꺾쇠를 설치하는데, 옥산서원 주요 건물에도 설치하지 않은 지네철을 포사에 설치한 이유가 궁금해집니다.

혹시 옛 곳간에 이름표를 써 붙인 모습을 본 적이 있을까요? 중문 오른쪽 건물은 안내도에 마구간으로 표시되어 있는데, 외형을 보면 곳간입니다. 5칸 건물 전체의 기둥, 판벽과 판장문을 보면 오래된 건물임을 단번에 알 수 있습니다. 재미있는 것은 세 번째 판장문에 달린 명패입니다. '원고元庫'라고 적혀있는데 어떤 의미일까요? 한자 으뜸 '원元' 자를 사용했으니 아마 책을 제외한 서원에서 가장 귀한 물건을 보관하지 않았을까요? 오른쪽에는 환기용 살창이 있는데 역시 재밌습니다. 긴 막대와 같은 살을 끼운 것이 아니라 판벽 자체를 살처럼 잘라내어 만들었습니다. 호기심을 유발합니다.

고직사 가운데 있는 건물은 서원청書院廳입니다. 높은 기단 위 정면 3칸 건물로 사대부 사랑채처럼 당당한 모습입니다. 서원 업무를 담당한 유사가 기거하면서 사무실로 사용했음 직합니다.

앞서 경각에서 소개하겠다고 한 문집판각文集版閣은 서원청 뒤에 있습니다. 정면 3칸, 측면 1칸 맞배지붕으로 전형적인 모습입니다. 책판을 보관한 곳이니 다른 서원에서는 장판각과 같은 공간입니다. 외관을 보면 그리 오래된 건물은 아닙니다. 대신 바닥에 마루를 깔고 벽체

▲ '으뜸 곳간元庫'이란 명패를 붙이고 나무판을 오려 살창을 만든 곳간이 볼수록 흥미롭습니다.

도 판벽으로 조성한 것이 목판을 보존하는데 알맞습니다. 창을 세살 형태로 짜 넣은 것이 이채롭습니다. 안에 보관 중이던 책판은 유물전시관에 보관 중입니다.

이황 선생이 이언적 선생을 흠숭하는 마음을 되새기며

필자는 옥산서원 답사를 마치고, 선생이 마음을 추스르며 학문에 힘썼던 독락당에 들렀습니다. 선생이 앉았을 계정에 앉아 옥산서원 답사를 정리합니다. 훌륭한 인물에게는 선한 영향을 준 인물이 있습니다. 필자는 이언적 선생이 누구보다 이황 선생에게 많은 영향을 주었다고 생각합니다. 이황 선생은 이언적 선생의 행장[94]을 지었는데, 《회재집》에 그 내용이 담겼습니다. 이황 선생의 이언적 선생을 대한 생각을 잘 표현하였습니다.

94) 돌아가신 분의 일생을 정리한 글을 말합니다.

▲ 불교의 무문관을 연상하게 하는 옥산서원은 모든 것을 잊고 오로지 선생의 깊은 뜻을 마음에 새기고 정진하려는 듯 구인당을 중심으로 닫힌 모습입니다.

(앞부분 생략) 우리 선생의 경우에는 물려받은 것 없이도 스스로 학문에 분발하여, 은은하면서도 날로 드러나는 덕이 행실과 부합되고, 훌륭한 저술을 남겨 말이 후세에 전해지게 되었으니, 동방에서 찾아보면 거의 견줄 만한 이가 드물다. 못된 소인배가 조정에 있어 잠깐 훌륭한 행적을 모함하여 어려움에 빠지게도 했지만, 현인은 모두 존경하는 법이니 장차 높은 산처럼 우러르는 사람들이 구름처럼 일어날 것이다. 그러니 어찌 선생의 덕업과 행적을 기술하여 세상에 전하지 않을 수 있겠는가. (뒷부분 생략)[95]

95) 《회재집》〈회재선생집 부록_행장〉 한국고전번역원 홈페이지(https://www.itkc.or.kr)에서 원문 및 번역문을 찾아 참고하였습니다.

03

세 번째, 서부 지역 여행

돈암서원/무성서원/필암서원

가. 돈암서원

연산현連山縣

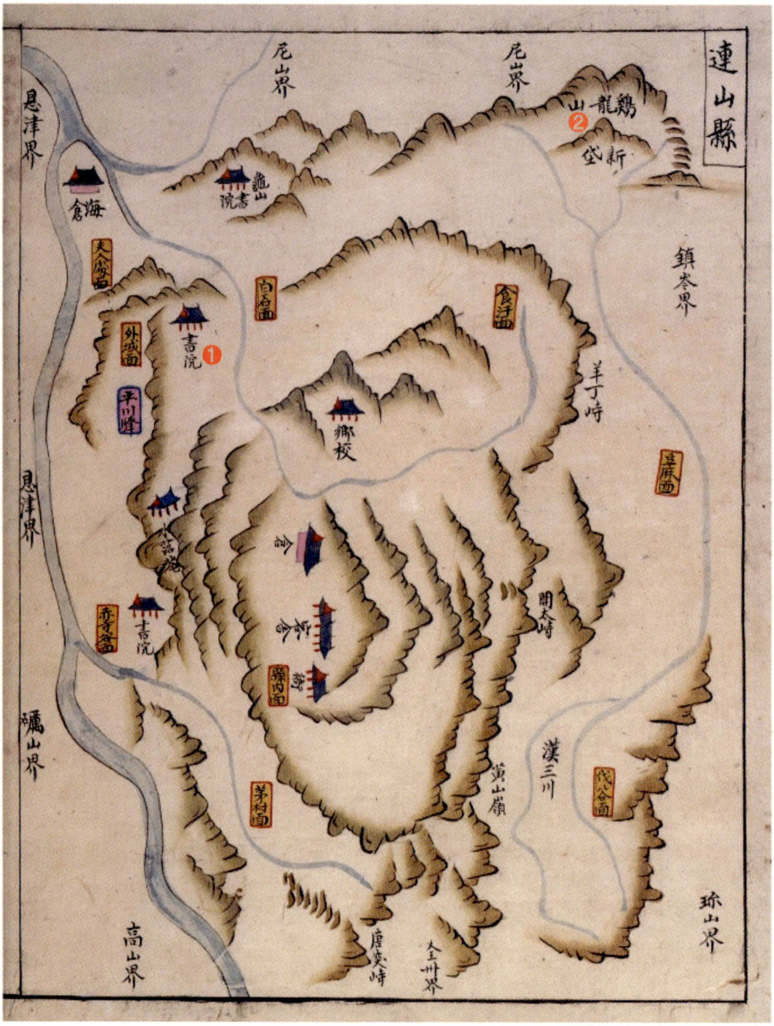

❶ 금강의 한 갈래인 계룡산 쪽 연산천 옆에 자리잡은 돈암서원

❷ 조선 초 조선의 수도 건설이 추진되었던 계룡산鷄龍山 지역

※ 출처 : 《광여도》 서울대학교 규장각한국학연구원

돈암서원遯巖書院

⊙ 모신 인물	사계沙溪 김장생金長生 1548년~1631년 신독재愼獨齋 김집金集 1575년~1656년 동춘당同春堂 송준길宋浚吉 1606년~1672년 우암尤庵 송시열宋時烈 1607년~1689년
⊙ 창건/사액	1634년/1660년
⊙ 제 향 일	음력 2, 8월 중정일
⊙ 지정문화재[1]	돈암서원 사적 제383호 응도당 보물 유경사 충남 유형문화재 제155호 원정비 충남 문화재자료 제366호

1) 세계유산 '한국의 서원' 학술연구 자료집 I , 한국의 서원 통합보존관리단, 2021년, 82쪽 참고하였습니다.

예학의 태두泰斗 사계 김장생 선생을 찾아가는 길

돈암서원 근처에 오면 주변을 두리번거리게 됩니다. 황산벌이 어디였을까 하고 찾는 겁니다. 학생 시절 교과서에는 신라의 5만 병사에 맞서 계백의 오천 결사대가 치열하게 전투를 벌인 역사가 있는 곳입니다. 20여 년 전에는 당시 전투를 소재로 하여 사투리로 재미있게 만든 영화도 있었습니다. 계백은 가족까지 죽이고 결전을 다짐하며 싸웠고 신라는 화랑 관창의 죽음을 앞세워 신라 군사의 사기를 높이기도 했습니다. 계백을 포함한 대부분 백제 군사가 전사하며 싸움이 끝났습니다. 자료를 찾아보니 충분한 흔적이나 유구가 발견되지 않았는지 아직 황산벌의 위치를 정확하게 알 수 없습니다. 김장생 선생 묘소 근처에 계백장군 관련 유적지가 있어 돈암서원을 방문할 때 함께 둘러보면 좋겠습니다. 유적지를 둘러보며 생각해 봅니다. 황산벌이 어디며 삼국을 누가 통일했는지도 중요하지만, 당시나 지금이나 국가나 사회를 위해 내가 할 수 있는 것을 찾아 실행하는 것이 중요하다는 사실을 말입니다.

돈암서원 주차장에 주차하면 먼저 표지석을 찾습니다. 진입도로 옆 큰 바위에 '돈암서원遯巖書院'이 새겨져 있습니다. 표지석이 커서 눈에

▲ 돈암서원은 백제군과 신라군이 혈투를 벌이던 황산벌 추정 지역과 가깝습니다. 계백장군 묘소가 보이는 낮은 산 너머 돈암서원이 위치합니다.

▲ 길가에 서원 표석과 솟대가 있고 주차장에 들어서면 새로 지은 한옥마을도 보입니다.

잘 띕니다. 옆에는 방문객을 환영하듯 솟대를 많이 세워두었습니다. 어느 박물관에 가든 고대를 대표하는 문양이 새입니다. 그것도 오리 형태가 많습니다. 하늘을 나는 오리가 사람과 하늘을 이어준다거나 봄에 씨앗을 물어다 준다고 믿었기 때문입니다. 지금도 솟대는 마을 어귀에 장승과 함께 세워 마을에 들어오는 나쁜 기운을 막는 벽사辟邪의 역할을 합니다. 서원 주차장 안쪽에는 최근에 지은 멋진 '논산한옥마을'도 보입니다.

주차장에서 서원까지의 길을 돈암서원이 세계유산에 등재되면서 걷기 좋게 꾸몄습니다. 가는 길에 들과 언덕을 보며 이곳 돈암서원에 모셔진 사계沙溪 김장생金長生 선생을 생각합니다. 선생은 성리학 중 실천 이론인 예학禮學[2]을 공부하여 현실에 맞게 종합하고 보급한 분입니다. 특히 시대적으로 임진왜란을 거치면서 가치관과 윤리의식이 혼란에 빠져 이제까지의 성리학 이념으로는 사회적 문제에 효과적으로 대처하기 어려웠습니다. 선생은 이때 인간의 기본적인 덕목을 예禮에서 찾아 정형화하고 체계화한 인물입니다.

---

2) 예학은 공자의 가르침을 담은 예법을 연구하는 학문으로, 성리학을 우리 삶 속에서 실천할 수 있도록 도와주는 이론입니다. 김장생 선생은 예를 의례의 형식을 통해 실천할 수 있다고 생각하여 가례집람 등을 저술하여 널리 알렸습니다. 김장생 선생을 예학의 태두로 부르는 이유입니다.

▲ 김장생 선생 초상화입니다.
ⓒ국립중앙박물관

아버지와 할아버지에게서 공부하던 김장생 선생은 13세에 구봉 송익필 선생 문하에 들어가 예학을 본격적으로 공부하였습니다. 비록 어린 나이였지만 이때 익힌 학문이 평생 선생을 예학자로서 존경받는 인물로 거듭나게 하였습니다. 이후 서인의 당수이자 대학자인 율곡 이이 선생에게서 성리학을 익히며 수제자가 되었습니다. 정몽주, 길재를 이어 전승되어 온 한국 성리학의 계보를, 이이 선생에 이어 선생이 이어가는 계기가 되었습니다. 선생을 '유학의 종장이며 예학의 태두'로 부르는 이유입니다. 이후 선생은 성혼 선생에게서 배움을 이어갔습니다.

선생의 공부 방법은 일반인이 따라 하기 어려웠습니다. 독서할 때면 반드시 의관을 갖추고 단정히 앉아 온 마음을 다해 글을 읽고 글귀마다 의미하는 것을 찾았습니다. 여러 책을 찾아 의미를 비교하여 정리하기도 하고, 예법에 관한 내용도 이해할 때까지 읽고 나서야 잠자리에 들었습니다. 주변 사람도 예법에 의심 가는 것이 있거나 다툼이 생기면, 너나없이 선생을 찾아 의논할 정도였습니다. 또한 선생은 밤낮을 쉬지 않고 한결같이 소학을 기본으로 익히고 몸소 실천하였습니다.

선생의 이러한 인품과 학식은 주변 사람들에게 소문나고 스승도 과거 시험을 보라고 권하기도 했지만, 선생은 응시하지 않았습니다. 아마 어린 나이에 어머니를 여의고 아버지 또한 삭탈관직 되는 것 등을 보면서, 관직에 대한 욕심을 일찍 버린 듯하였습니다. 하지만 세상은 선생을 가만두지 않았습니다. 1578년 선조 때 천거[3] 받아 낮은 관직에 있다가 벼슬은 사양하고 향리로 돌아간 이후, 1630년 인조 때 형조 참판을 고사할 때까지, 조정의 관직 제수와 선생의 사양은 반복되었습니다. 조정에서 물러난 선생은 학문 연구와 후학 양성에 전념하였습니다.

그러나 나라가 필요할 때는 언제든지 돕고자 달려 나갔습니다. 선생은 임진왜란이 발발하자 호조정랑[4]이 되어 전쟁에 필요한 군량을 조달하는 역할을 했으며, 인조반정 후 이괄의 난으로 인조가 공주로 피난 오자 왕을 맞아 원로로서 앞으로 정치가 나가야 할 기본 방향을 제시하기도 하였습니다.

▲ 반정에 성공한 인조가 아버지 정원군을 왕으로 추존하였습니다. ⓒ국립고궁박물관

인조와의 악연도 있었습니다. 반정으로 왕이 된 인조는 아버지 정원군을 왕으로 추존하려 하였습니다. 조선시대 적자가 아닌 상태로 왕이 된 인물의 아버지를 대원군이라 합니다. 홍선대원군을 많이 생각할 텐데, 조선시대에는 네 명의 대원군이 있었습니다

인조의 아버지 정원대원군도 그중 한 명입니다. 인조는 자신이 왕이 된 것에 만족하지 않고 본인의 정통성을 확보하기 위해 아버지를 왕으로 만들 생각이었습니다. 김장생 선생은 임금의 입장은 알겠으나 규정에 맞지 않다고 하며[5] 정원군 추숭[6]에 끝까지 반대하였습니다. 그

3) 천거薦擧는 인재를 추천하여 관직을 맡게 하는 방법으로 조선시대에는 고급 관리가 천거할 수 있었습니다.

4) 호조정랑戶曹正郞은 지금 정부 조직으로 기획재정부에 해당하는 호조 소속으로 정5품 관리입니다.

5) 인조의 아버지 정원군은 선조 후궁의 자식이었고 왕세자였던 적이 없어, 당시 제도로는 왕으로 추존될 수 없었습니다. 그러나 인조는 자신의 정체성을 확보하기

▲ 홍살문 앞에서 본 서원 모습입니다. 낮은 언덕에 둘러싸인 서원은 포근한 느낌을 줍니다.

러나 결국 인조는 아버지 정원군을 왕으로 추숭하였습니다. 우리가 알고 있는 원종입니다.

이후 정묘호란으로 다시 나라가 혼란에 빠집니다. 선생은 팔십 나이에도 불구하고 충청도와 전라도에 격문을 보내 식량을 모으고 의병을 모집하는 활동을 하였습니다. 이후 계속되는 선조의 요청에도 선생은 병을 이유로 사양하며, 김집, 송시열, 송준길과 윤선거 같은 훌륭한 제자를 배출하는 데에 힘썼습니다. 선생은 83세 때 문인들과 학문을 강론하다가 이곳 연산현에서 사망하였습니다. 이때 인조는 어떤 이유에서인지 선생에게 시호를 내리지 않습니다. 심지어 효종의 장인 장유가 경연 때 선생의 시호를 내려줄 것을 여러 차례 요청했지만 허락하지 않았습니다. 아마 김장생 선생이 정원군 추숭을 끝까지 반대했기 때문이 아닐까요?

다행히 효종 때 선생은 의정부 영의정에 추증되고 문원文元이란 시호를 받습니다. 선생의 시호에 들어있는 '으뜸 원元' 자가 선생이 반대했던

위해 무리하게 정원군을 원종으로 추존하였습니다. 세자가 아닌 왕자가 추존왕이 되는 경우로는 조선시대에서 유일합니다.

6) 왕위에 오르지 못하고 죽은 이에게 임금의 칭호를 주는 것을 말합니다.

▲ 산앙루는 돈암서원 앞에서 당당한 모습입니다. 누마루에 오르면 황산벌이 보일까요?

'원종元宗'의 묘호廟號에 들어 있으니 아이러니하다는 생각이 듭니다. 선생은 1688년 숙종 때에 동방 18현으로 성균관 문묘에 모셔졌습니다.

주차장 앞 세계유산 표지판을 지나 2백여 미터 걸어가면 표지석과 함께 홍살문, 하마비를 볼 수 있습니다. 그 뒤로 낮은 언덕에 둘러싸인 아늑한 모습의 서원 건물이 보이고, 건물 지붕 선 위로 파란 하늘이 아름답습니다. 하마비와 홍살문 기둥을 지지하는 지주석支柱石은 꽤 오래되어 보입니다. 홍살문 상부에 태극을 그려 넣는 것이 일반적인데, 이곳에는 삼지창 모양이라 이채롭습니다.

선생을 우러러 따르려는 뜻의 산앙루

서원 입구에는 2006년 건립한 누각인 산앙루山仰樓[7]가 있습니다. 1880년 서원을 이곳으로 옮기면서 현판만 가져왔다는 내용이 있는 것으로 보아 실존했던 건물입니다.[8] 정면 5칸, 측면 2칸의 맞배지붕으로 겹처

7) '산앙'은 《시경》의 '높은 산은 우러러보고, 큰길은 따라가네'라는 말에서 따왔습니다. 덕망 높은 사람을 우러러보고 따른다는 의미입니다. 글쓴이는 표시되지 않았습니다.

8) 《세계유산 '한국의 서원' 주요 건축물 이력》 세계유산 한국의 서원 통합관리센터,

▲ 산앙루 위에서 본 평화로운 서원 모습입니다. 오른쪽 끝 조형물이 돈암遯巖입니다.

마와 단청을 넣어 꽤 화려한 모습입니다. 고증을 거쳤다고는 하지만 규모가 너무 크고 높은 장주석을 기둥으로 조성한 모습이 뒤쪽 서원 건물들과 어울림이 덜하다는 생각이 듭니다. 현판이 재미있습니다. '메 산山' 자를 '앉은 좌坐'처럼 모양의 변화를 주었습니다. 이곳은 원생들의 유식 공간입니다. 이곳에 앉아坐 멀리 보이는 문필봉山을 우러르며仰 사당에 모신 김장생 선생의 뜻을 헤아린다는 의미가 아닐까요? 맞은 편에도 산앙루 현판이 하나 더 있습니다.

산앙루 바닥에는 외벌대 기단을 조성하였습니다. 그 위에 차례로 낮은 사각형 초석, 팔각형 돌기둥을 올렸습니다. 누각 위에는 원형 나무 기둥을 사용하였습니다. 한옥 누각에서 차례로 초석, 누하주와 누상주[9]로 구분합니다. 그 기둥 단면에서 동양철학의 천지인을 상징하는 것이죠. 초석은 사각형으로 땅을, 누하주는 팔각형으로 사람을 그리고 누상주는 원형으로 하늘을 상징합니다. 즉 땅-사람-하늘로 만물을 구성하는 요소를 산앙루에 표현한 것입니다.

2021년, 287쪽 참고하였습니다.

9) 누하주는 누마루樓 아래下에 있는 기둥柱을, 누상주는 누마루 위上에 있는 기둥을 뜻합니다.

▲ 용마루 쪽 서까래는 짧고 경사가 급하고 아래쪽 서까래는 길고 완만합니다. 빗물이 효과적으로 흘러내릴 아름다운 곡선의 물매가 만들어집니다.

누각 위로 오릅니다. 평소에는 계단을 차단해 두니 서원 측에 요청하여 오를 수 있었습니다. 산앙루 앞쪽은 동쪽으로 넓게 트여있습니다. 왼쪽으로 야트막한 산이 보이는데, 저쪽이 황산벌 추정 지역입니다. 어디선가 천삼백 년 전 백제군과 신라군의 함성이 들려오는 듯합니다. 뒤로 돌아보면 입덕문을 중심으로 서원 전경이 보입니다. 이곳은 지리적으로 완만한 구릉지나 평지에 건축물을 짓는 경우가 대부분입니다.

경상도 지역처럼 자연경관이 좋은 곳에 자리 잡기는 어려우나, 터가 넓어 자연스레 공간 여유가 많습니다. 이곳 역시 건물과 건물 사이가 넓어 여유로워 보입니다. 정면에는 입덕문, 강당 영역과 뒤로 제향 영역이 중심축에 약간 비끼어 배치되어 있습니다. 왼쪽으로는 돈암서원의 대표 건물인 응도당이 있고 오른쪽에 서원 운영에 필요한 고직사 등이 배치되었습니다.

산앙루 천장을 보면 한옥 구조를 잘 이해할 수 있습니다. 조립 형식은 오량가입니다. 대들보 양 끝에 단면이 둥근 주심도리가 올려져 있고, 도리는 서까래를 바치고 있습니다. 대들보 위에 그보다 작은 보가 보이고 그 위에 역시 도리가 올려져 있습니다. 위쪽에 있는 서까래는 아래쪽 서까래보다 짧고 경사가 더 있습니다. 이유는 빗물이나 눈 등을 효과적으로 흘러내리게 하기 위해서입니다. 짧고 긴 서까래 위에는 나뭇가지와 접착재 역할을 하는 진흙 등으로 곡선의 물매를 만듭니다.

▲ 산앙루 중건 상량문에 건축 배경이 기록되어 있습니다. 아래는 위 상량문을 한글로 해석한 현판으로 서원 이해에 도움이 됩니다.

그 위에 열을 맞춰 암키와와 수키와를 올립니다. 건물 외부에서 지붕을 가만히 보면 용마루에서 처마까지 직선이 아니고 용마루에서 급하게 내려오다 처마에서 상대적으로 완만해지는 것을 볼 수 있습니다. 한옥 지붕은 이렇게 직선과 곡선으로 조화를 이뤄 더 아름답게 보입니다.

누각에 붙어있는 다른 현판을 보고 내려가겠습니다. 먼저 눈에 띄는 것이 북쪽과 남쪽으로 붙어있는 호연지기浩然之氣[10]와 음풍농월吟風弄月[11]입니다. 유식 공간인 산앙루에 올라 원생들이 가졌을 만한 마음가짐을 현판에 적어 걸었습니다. 필자는 서쪽 처마 안으로 걸려있는 〈산앙루중건상량문山仰樓重建上樑文〉 해석 현판 보기를 추천합니다.

서원이나 정자에 현판이 많이 있지만 한자로 쓰여 있어 우리는 잘

10) 호연지기를 한자대로 풀이하면 온 세상에 가득 찬 넓고 큰 기운을 말합니다. 맹자의 말로 표현하면 '부끄럼이 없는 용기와 자유로운 마음'인데요, 맹자는 '호연지기'를 기르기 위해 양심에 어긋난 행동을 하면 안 되고, 항상 의로운 일을 행하라고 하였습니다.

11) 음풍농월은 바람을 노래하고 달을 가지고 논다는 뜻입니다. 속세를 떠나 자연과 함께하는 삶을 의미하여 정자 등의 이름으로 많이 사용되었습니다.

이해하지 못하고 스쳐 지나가는 경우가 대부분입니다. 산앙루를 지으면서 대들보와 도리처럼 중요한 부재를 올릴 때 하는 행사를 상량식上樑式라고 합니다. 이글은 이때 건물을 짓게 된 배경을 써 놓은 것입니다. 이글에는 이곳이 어디며, 누구를 위한 공간인지, 어떤 목적으로 누가 건물을 세우는지, 건물이 줄 영향은 무엇인지, 앞으로 희망하는 것이 무엇인지 꼼꼼하게 서술해 놓았습니다. 현판을 보면 서원과 건물 이해에 많은 도움이 됩니다.

건물 배치에 균형이 어긋난 돈암서원

유식 공간인 산앙루 뒤에 정문인 입덕문入德門이 있어 도동서원의 수월루와 환주문을 연상하게 합니다. 입덕문 형태는 병산서원의 복례문과 유사합니다. 정면 3칸, 측면 1칸 솟을대문 형태인데, 가운데 문만 사용하고 양쪽은 서원에서 필요한 물품을 보관하는 공간으로 사용하는 모양입니다. 문 위에 걸려있는 입덕문 글씨가 유려함을 뽐내고, 기둥 윗부분인 주두에 고사리 모양의 곱팽이 문양을 넣고 보머리에도 태극 문양을 넣어 꽤 정성을 쏟았습니다. 문을 지나면서 정면에 강당인 양성당이 보이는데, 대문과 축이 약간 틀어져 있습니다.

▲ 입덕문 현판 주변 단청이 화려합니다.

입덕문을 들어와 넓은 마당에서 돈암서원의 상징적 건축물인 응도당凝道堂으로 발길을 옮깁니다. 이렇게 웅장한 건물이 서원의 중심에 있지 않고 한쪽으로 비끼어 위치한 것이 의아합니다. 서원의 중심선을 비끼어 양쪽에 건물이 많은 것도

▲ 입덕문을 들어서면 대표 건축물인 응도당이 왼쪽에 따로 있습니다. 어떤 사연이 있을까요?

필시 이유가 있을 겁니다. 그 배경을 알기 위해 서원의 역사를 먼저 살펴보겠습니다.

원래 서원의 위치는 이곳에서 북서쪽으로 1.7㎞ 떨어진 하임리 숲말현재 연산면 임리 249이었습니다. 김장생 선생은 이곳에 양성당養性堂을 짓고 30여 년간 제자들을 가르쳤습니다. 관직을 오르내리며 나라가 위급할 때마다 나서 구국에 힘썼지만, 선생은 후학 양성에 게을리하지 않았습니다. 선생은 아들 신독재 김직과 우암 송시열, 동춘당 송준길 등 많은 제자를 길렀습니다. 선생 사후 제자들은 1634년 선생을 기리는 사계서원沙溪書院을 세웠습니다. 그리고 1660년 사액 받아 서원의 이름을 돈암서원으로 바꾸었습니다.

돈암遯巖이란 표현의 유래에는 전해오는 두 이야기가 있습니다. 하나는 숲말에 있던 돼지 모양의 바위에서 따왔습니다. 선생의 호인 사계沙溪가 옛 양성당 앞 연산천의 맑고 아름다운 하얀 모래를 보고 지었다고 하니, 그 전부터 서원 근처에 있어 불렸던 돼지 모양 바위를 보고 서원 이름을 지었다는 것이 이해됩니다. 다른 하나는 주자가 만년에 사용한 둔옹遯翁12)에서 따왔다는 것입니다. 예전에는 사람의 호나 건물의 이름을 지을 때, 주자나 공자의 길을 따른다는 의미에서 두 성인의 호 중에 일부 글자를 따서 붙이기도 했기 때문입니다. 여러분은 어느 쪽에 조금 더 무게가 실리나요?

제자들은 선생이 가르치던 양성당 옆에 선생을 모시는 사당을 지어 위패를 모셨고, 그 앞에 강당인 응도당13)을 지어 원생의 강학과 유생의 모임 장소로 사용하였습니다. 이렇게 서원으로서의 입지를 확립한 후, 아들 신독재愼獨齋 김집金集 선생은 아버지 김장생 선생의 예학을 완성하고 송시열 등 많은 후학에게 이를 전하였습니다. 김집 선생 역시 사후 제자들에 의해 아버지 옆에 위패로 모셔졌습니다. 이후 서원 사액을 추진하여 효종의 허락을 받았으나, 효종이 갑자기 승하하여 절차가 지연되다가 현종 때 사액 받았습니다.

돈암서원이 사액 받은 이후 서원을 중심으로 호서지역 사림은 강론과 출판을 통해 선생의 업적을 높이는 활동을 진행함과 동시에 정치적으로도 효종의 정책을 지지하며 17세기 정계와 학계를 주도하였습니다. 또 사당에 동춘당同春堂 송준길宋浚吉 선생과 우암尤庵 송시열宋時烈 선생의 위패를 추가 배향하였습니다.

▲ 김집 선생 사당인데, 서원에 있었으나 서원이 옮겨지면서 인근으로 옮겨졌습니다.

당시 서원은 앞서 언급한 하임리 숲말에 있었는데,

12) '遯' 자는 '둔'과 '돈'으로 발음하는데, 은둔의 의미가 있습니다. 그러니까 '遯翁' 역시 '은둔한 노인'으로 해석할 수 있습니다.

13) 응도는 《중용》에서 따온 말로 '도道가 머무르는 곳'을 의미하는데, 결국 덕성을 높여 올바른 학문의 길을 가야 한다는 의미입니다.

연산천에 가깝고 지대가 낮은 곳에 있었습니다. 홍수가 나면서 서원 앞까지 물이 차올라, 1880년 서원을 현재 위치로 옮겼습니다. 옮기는 과정은 연산돈암서원지비連山遯巖書院之碑에 잘 나와 있습니다.

당시 건물은 사당인 숭례사, 강당인 응도당, 김장생 선생이 처음 지은 양성당을 포함한 부속 건물로 구성되어 있었습니다.

침수를 피해 건물을 옮기려는 제자들의 고민이 컸습니다. 응도당의 규모가 너무 커서 비용 문제 등으로 선뜻 옮기기 어려웠기 때문입니다. 결국 사당과 양성당을 먼저 옮겼습니다. 그러면서 현재와 같이 양성당을 강당의 위치에 두었습니다. 장판각은 1926년 선생의 시와 글을 모은 《사계전서沙溪全書》를 보관하기 위해 새로 지었습니다. 다음으로 옮긴 것이 정회당靜會堂입니다. 정회당은 선생의 아버지 김계휘 선생이 천호산 고운사 건물을 빌려 학생을 가르치던 곳으로, 전쟁으로 없어진 후 대둔산 대승사에 다시 지었던 건물입니다. 이 정회당을 1950년대에 돈암서원으로 옮겼습니다. 어려운 환경에서도 후학을 위해 노력한 김계휘 선생의 이야기를 들으면, 김장생 선생의 제자 사랑은 아버지로부터 물려받은 것이 아닐까 생각합니다.

응도당은 1971년에야 이곳으로 옮겨지는데, 응도당을 옮길 자리에는 이미 양성당이 강당 역할을 하고 있었습니다. 고민 끝에 선택한 곳이 중심축에서 비낀 현재 위치입니다. 필자가 보아도 건물의 규모가

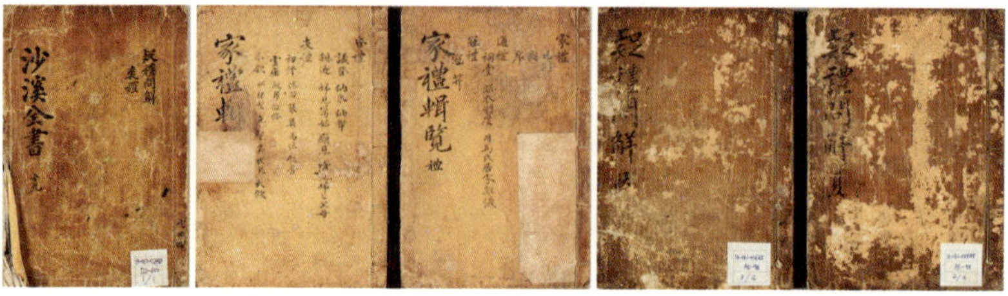

▲ 선생은 학문적 자료를 남겼고 아들 김집은 선생의 자료를 잘 정리하였습니다. 왼쪽부터 《사계전서》, 《가례집람》, 《의례문해》입니다. ⓒ국립중앙박물관

▲ 병산서원 만대루와는 달리 건물 자체만으로 충분히 한옥의 매력을 가진 응도당입니다.

엄청나서, 옮길 당시 고민이 깊었음을 알 수 있습니다. 응도당이 옮겨와 서원의 영역이 넓어지면서 자연스레 외삼문을 앞으로 옮겼습니다. 또 여태껏 돈암서원에는 없던 동재와 서재를 새로 짓고 전사청과 고직사를 보완하였습니다. 앞서 보았던 산앙루는 2006년 새로 지었습니다. 서원을 옮길 당시1880년 외삼문에 유식 공간인 누각을 두는 것이 하나의 서원 형식처럼 여겼습니다. 도동서원에도 이때 수월루가 지어졌음을 고려하면 이해가 됩니다.

돈암서원 역시 외삼문에 누각을 올린 산앙루를, 서원을 이곳으로 옮기면서 세우려 했으나 당시에는 실행하지 못했습니다. 돈암서원 이건移建이 최근에야 그 역사役事가 마무리되어 현재와 같은 안정된 모습을 보여줍니다.

선생의 《가례집람》에 따라 건축한 응도당 감상

이제 돈암서원 대표 건축물인 응도당을 둘러봅니다. 응도당은 한옥을 공부하는 사람에게 인기 있는 건물입니다. 규모도 그렇지만 김장생 선생이 지은 《가례집람家禮輯覽》에 따라 지어져 건물 구조가 특이합니다.[14] 화려한 건물 장식 역시 감상할 만합니다. 마당에 서서 건물 전체를 감상합니다. 칸으로는 여느 서원의 강당과 비슷한 정면 5칸, 측면 3칸

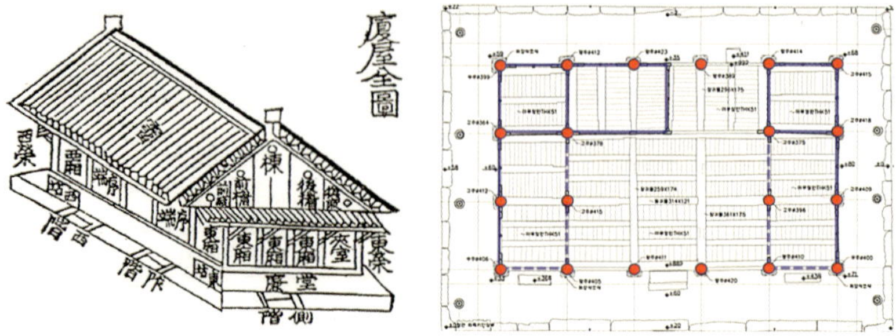

▲ 하옥전도에 그려진 건물 모습과 현재의 응도당 평면도입니다. 붉은 점은 20개 기둥, 실선은 벽면입니다. 점선은 거경재와 정의재의 추정 벽면입니다.

의 맞배지붕인데, 규모가 이제껏 보아온 강학 공간보다 훨씬 큽니다. 지붕을 제외하고도 정면 12미터, 측면 7.5미터입니다.[15] 기단은 잘 다듬은 장대석을 2단으로 쌓았습니다. 초석은 20개로 역시 잘 다듬은 큰 돌을 사용하였습니다. 천원지방을 상징하듯 초석 아래는 사각형, 위엔 원형으로 다듬어 기둥을 받쳤는데, 그 높이가 60센티미터가 넘습니다. 흥미로운 것은 초석이 있는 마루 아래 공간이 비어 있습니다. 이런 이유로 일부 건축가는 응도당이 공중 부양하고 있는 것처럼 보인다고도 합니다. 마당에서 보니 공감이 갑니다.

앞서 언급한 것처럼 혼란의 시기에 선생은 중국 예법을 우리 환경에 맞게 개선하였습니다. 건축 관련 내용도 《가례집람》에 포함하였습니다. 특히 서원과 같은 사대부 건축물에 관한 규정을 그림으로 표현한 것이 〈하옥제廈屋制〉에 있습니다. 위 왼쪽 그림이 입체 그림으로 표현한 한 예입니다. 공간이 많이 나누어진 모습입니다. 가운데 마루中堂[16]를 중심으로 좌우에 칸살間살, 廂[17]을 넣어 공간을 구분하였습니다. 옛

14) 《한국의 서원 유산1》, 한국서원연합회, 2014년, 462쪽 참고하였습니다.

15) 지붕까지 포함하면 정면 약 17미터, 측면 약 12미터, 높이가 용마루까지 약 8.5미터가 넘는 크기로 국내 서원 건축물 중 가장 규모가 큽니다.

16) 가운데 마루를 중당中堂으로 표현했는데, 응도당 가운데 대청마루에 해당합니다. 그림에서는 2칸이나 현재는 3칸입니다.

17) 칸살間살은 그림에서 '동서상東西廂'으로 표현하였으며, 마루에서 칸살 쪽 출입문

▲ 건물 측면을 보호하는 눈썹지붕으로 국내 최대 규모입니다.

기록을 보면 응도당 양옆에 거경居敬과 정의精義라는 두 공간을 놓았다는 내용이 있습니다.[18] 거경재와 정의재는 현재 양성당 앞에 있는 동서재 건물입니다. 이곳으로 이전하기 전에는 응도당 건물 안에 동서재가 있었다는 이야기입니다. 앞서 '칸살'이 대청마루 좌우에 칸을 나누었던 흔적입니다. 문지방 흔적이 보여 고개를 들어보니, 위로 심벽이 인방까지 내려와 있습니다. 문얼굴도 두꺼운 모양이니 응도당이 지어질 때 조성된 것이 맞습니다. 다른 서원과 달리 응도당 내부 공간에 동서재 공간이 함께 있었다고 하니 의외의 발견입니다. 응도당 양 측면에는 긴 눈썹지붕[19]을 달았는데, 규모가 매우 큽니다. 응도당 지붕은 맞배지붕이어서 측면이 비바람에 취약합니다. 이를 보호하려 풍판을 설치하긴 했는데, 어딘가 모르게 부족했던 모양입니다. 김장생 선생이 설계한 대로 눈썹지붕을 붙이니 전체 모습이 안정적입니다.

이렇게 건축 예법을 따라 지어진 응도당은 17세기 건축의 좋은 사례로 인정받아 보물로 지정·관리 되고 있습니다. 건물 기단 위에 올라 현판을 봅니다. 앞쪽에는 응도당, 마루 뒤쪽에는 돈암서원 현판이 있습니다. 두 현판 모두 송시열의 글씨입니다. 현판을 꽉 채운 힘찬 글씨가 글쓴이의 성품을 짐작할 수 있거니와 건물과도 어울립니다. 돈암서원

상부에 심벽이 있는 것으로 보아서 공간 구분이 있었음을 알 수 있습니다.

18) 《논산 돈암서원 응도당 정밀실측 조사보고서》, 문화재청, 2011년, 69쪽 참고하였습니다.

19) 가적지붕으로 표현하기도 하며, 〈하옥제〉에서는 영榮으로 표시하였습니다.

▲ 두 개 현판의 글씨는 송시열이 썼습니다. 응도당은 단순해 보이는 맞배지붕이지만 눈썹지붕과 공포와 화반으로 아름다움을 표현하였습니다.

현판의 위쪽에는 작은 글씨로 사액임을 나타내는 숭정경자정월일선사 崇禎庚子正月日宣賜[20]가 쓰여 있습니다.

마루에 오르기 전에 기둥 위에 베풀어진 화려한 공포를 먼저 보겠습니다. 공포는 외관적으로 화려하기도 하지만 중요한 건축적 기능이 있다고 남계서원 명성당에서 언급한 적이 있으니 참고하길 바랍니다. 그럼, 이곳 응도당의 공포는 어디에 속할까요? 궁궐이나 사찰의 큰 규모 건물에 비하면 단순하고, 익공식으로 보기에는 다소 복잡해 보입니다. 이런 형식은 고려시대부터 많이 적용했던 주심포 형식이 조선시대에 이르러 단순한 익공형으로 바뀌는 과도기 형태라고 할 수 있습니다.[21] 기둥을 중심으로 도리와 평행하게 앞으로 한 열[22]이 나와 있는

---

20) '숭정崇禎'은 명나라 연호이며, '경자庚子'는 1660년을, '선사宣賜'는 임금으로부터 현판을 하사받았음을 뜻합니다.

21) 응도당 공포에 관심 있는 분을 위해 《논산 돈암서원 응도당 정밀실측 조사보고서》 내용을 정리하면 다음과 같습니다. 포의 구조는 외부 1출목에 3개의 제공으로 구성되어 있으며 그 위에 대들보를 올렸습니다. 익공 형태는 1~2번째는 쇠서형牛舌形 제공, 3번째는 운공형雲工形 제공이며 그 위 보머리는 봉황머리형鳳頭形입니다.
공포의 양식은 명확하게 익공형이나 포형식으로 보기 어려운 혼합 형식입니다.

▲ 응도당 공포는 구성이 치밀해 이해하기 어려우면 문양만 감상해도 힐링할 수 있습니다.

것이 그렇고, 깎은 부재들이 화려한 것도 조선시대의 단순함보다 고려시대의 화려함에 가깝습니다. 특히 첨차에 새긴 고리 모양은 흥미롭습니다. 구조적인 안정도 고려하기 벅찰 텐데, 저런 문양까지 상상했다니 장인의 특별한 감각이 부럽습니다.

공포와 공포 사이에 있는 화반花盤 역시 그 구조적 기능을 잊게 할 만큼 하나의 작품처럼 느껴집니다. 화반은 창방 위에 올려져서 도리 아래 장여를 받치고 있는 부재입니다.

이유는 ① 기둥 상부에만 공포가 있고 안쪽으로 출목이 없는 것은 주심포의 형식이며, ② 주두 아래 기둥 상부에서 창방과 결구되어 주두를 감싸며 외부는 쇠서, 내부는 보아지로 보를 받는 것은 익공 양식입니다. 그리고 ③ 주심과 출목에서 소첨차와 대첨차를 제공과 함께 결구하여 포를 구성하는 방식은 다포양식 등의 모습을 모두 갖고 있기 때문입니다. 또, 익공 양식에서 사용되는 재주두가 쓰이지 않는 포 형식의 특징을 가지고 있습니다. 유사한 양식으로 밀양 영남루, 논산 노강서원 강당 등이 있습니다.

22) 주심포 또는 다포식 공포에서 살미, 첨차 및 소로로 구성된 부분이 밖으로 있으면 외출목, 안으로 있으면 내출목입니다. 익공형에는 대개 출목이 없습니다만, 응도당의 경우 외출목 하나를 넣어 그 중간 단계로 볼 수 있습니다.

▲ 기능과 문양의 조화가 한옥만 한 것이 있을까요?

대개 화반 모양은 줄기가 꼬부라져 감긴 연꽃 모습인데, 이곳 화반은 연꽃 모습 같기도 하고 귀면이나 서수 모양 같기도 합니다. 그것도 투각透刻으로 처리하여 매우 인상적입니다. 마루에 올라 화반이나 화반 사이 공간을 통해 사진을 찍는 것도 재미있습니다.

공포와 화반을 열심히 촬영하던 필자 눈에 들어온 것이 있습니다. 공포의 구석 부분이나 화반 뒤에 문양의 밑그림을 그리고 조각하지 않은 곳이 보입니다. 건물 앞쪽보다 뒤쪽 공포 부분에서 많이 볼 수 있는데요, 왜 이런 흔적을 남겼을까요? 이유가 궁금하기도 하고 아쉽기도 합니다. 밑그림대로 정면의 화반처럼 조각했다면 얼마나 아름다울까요? 필자가 조각가라면 지금이라도 한 땀씩 파내어 완성하고 싶습니다.

▲ 남겨진 밑그림들. 기회가 되면 밑그림을 따라 예쁜 연꽃을 새기고 싶습니다.

마루 위에 오르면 웅장한 대들보를 볼 수 있습니다. 반듯하지는 않지만 자연스럽게 굽은 대들보가 올려져 있습니다. 이렇게 규모 있는 건물 지붕을 떠받치려면 이 정도로 큰 대들보가 필요했을 것입니다. 서원을 이곳으로 옮길 때, 응도당을 함께 옮기지 못한 것이 이해됩니다. 엔지니어 출신인 필자도 저렇게 큰 대들보를 어떻게 옮겼을까 궁금합니다. 대들보 규모와 함께 그 수려함에 한참 올려다봅니다.

마루에 앉아 천장을 바라봅니다. 종보 위에서 지붕 맨 윗부분인 종도리를 받치고 있는 부재는 파련대공입니다. 끝에 구름 모양을 조각한 판 4개를 겹쳐 올렸습니다. 아름답기도 하거니와 긴 것은 폭이 130센티미터가 넘어[23] 장엄하기까지 합니다. 지금은 판재를 만들고 가공하는 것이 어렵지 않지만, 옛날에는 판재를 만들 나무를 구하기도 어려웠고 판재를 만들기도 어려웠습니다. 그 때문인지 대공을 만드는데, 판재 4겹을 쌓았습니다.

응도당의 한옥 구조가 이해하기 어려우면 살짝 넘어가고, 그냥 대청마루에 앉아 주변을 둘러보거나 사방의 트임을 통해 차경을 감상하

▲ 건물 규모가 큰 만큼 구성 부재의 규모가 크고 섬세하고 화려합니다.

23) 《논산 돈암서원 응도당 정밀실측 조사보고서》, 문화재청, 2011년, 100쪽 참고하였습니다.

▲ 응도당에 오르면 동서남북 어느 쪽이건 아름다운 차경을 감상할 수 있습니다. 위에서 시계 방향으로 동, 서, 남, 북 방향의 응도당 봄 차경입니다.

면 됩니다. 마루 정면인 북쪽부터 나머지 방향의 창을 통해 멋진 차경을 얻을 수 있습니다. 동쪽으론 황산과 함께 들판이 눈에 들어오고 담장 넘어 야트막한 언덕 모습이 정겹습니다. 동쪽으로 난 창을 열면 황산과 함께 들판이 눈에 들어오고, 서쪽 창을 열면 정회당이 화계와 함께 그림처럼 펼쳐집니다. 남쪽은 서원을 감싼 푸른 언덕을 볼 수 있습니다. 천천히 바라보며 차경을 가슴에 담고 머리는 비워봅니다. 이렇게 마루 위에 앉아 있으니, 건물에 위축되기보다 선생의 예를 따르는 사람처럼 뿌듯한 느낌이 듭니다.

잠시 풍경을 감상하고 응도당을 나섭니다. 나서면서도 볼 것이 있습니다. 응도당 기와입니다. 응도당을 바라보고 처마 오른쪽 암막새가 재밌습니다. 처마 오른쪽 암막새를 촬영하여 사진을 확대해서 볼까요? 문양과 함께 새긴 글을 볼 수 있습니다. 이런 기와를 명문기와銘文瓦라고 합니다. 기와 문양 옆에 제작 연도나 소유자의 이름을 새긴 것입니다. 한옥을 수리할 때는 사용했던 기와를 재사용하는 경우가 있습니다.

▲ 옛 암키와와 수키와를 통해 세월의 흔적을 엿볼 수 있습니다.

이때 설치된 명문기와를 세월이 흘러 지금 우리가 볼 수 있는 겁니다. 암막새에 새겨진 문양은 귀면 문양입니다. 글씨는 '숭정6년계유2월崇禎六年癸酉二月'이니 1633년입니다. 390여 년 전 돈암서원을 세울 때 사용한 기와입니다.

제자 사랑을 대물림한 공간, 정회당

응도당 서쪽으로 정회당이 있습니다. 앞서 소개한 것과 같이, 선생의 아버지 김계휘 선생이 지어 후학을 양성했던 건물을 옮긴 것입니다. 건물은 정면 4칸, 측면 2칸인 팔작지붕 건물입니다. 정면과 측면엔 툇마루를 넣어 막상 온돌방은 정면 2칸, 측면 1칸의 독특한 평면을 가지고 있습니다. 마루가 넓은 것은 배우려는 학생이 늘어나면서 공간을 넓힌 것으로 보입니다. 건물의 정면 칸수가 짝수이니 현판을 가운데 기둥에 설치하였습니다.

현판의 낙관 자리에 재미있는 글이 보입니다. '의성김예산8세경서義城金禮山八歲敬書'인데요, 의성 김예산이 8세에 쓴 글이랍니다. 글쓰기

▲ 봄이면 정회당 주변 화계는 무척이나 화려하게 변신합니다.

천재 소년이었던 모양입니다. 그의 글씨는 몇몇 곳에서 볼 수 있습니다. 전주 한벽당寒碧堂 누각 안쪽에도 9세 때 쓴 글씨가 완숙미가 더해 붙어있습니다. 어린 나이의 임금이 쓴 글이 현판으로 걸린 곳이 있습니다. 창덕궁 관물헌에 걸린 집희緝熙 현판입니다. 고종이 13세인 1864년 쓴 글입니다. '계속해서 밝게 빛난다'는 뜻입니다. 나이를 감안하여 꽤 잘 썼다고 생각했는데, 이곳 김예산의 글씨를 보면 고종의 글씨는 애교로 보아야 할 듯합니다.

정회당의 기둥은 옮기는 과정에서 교체했거나 그 이후 수리한 것으로 보입니다. 외부에 12개 기둥外柱이 있는데, 이 중 8개는 기둥 일부를, 나머지 4개는 기둥 전체를 교체하였습니다. 이렇게 한옥의 기둥은 일부만 교체하여 효율적으로 사용할 수 있습니다. 정회당 주변에는 화계를 잘 조성하여 봄이면 아름다운 꽃으로 둘러싸여 있습니다. 툇마루에 걸터앉아 화계를 보며 멍때리거나 응도당을 감상하는 건 어떨까요?

마음을 바로잡기 위해 주련을 세운 양성당

이제 강학 공간인 양성당과 동서재입니다. 강당인 양성당이 가운데 있고 동서재인 거경재居敬齋와 정의재精義齋[24]를 양쪽에 배치하였습니다.

▲ 동재 거경재와 서재 정의재는 양성당을 중심으로 정확하게 대칭입니다.

두 건물은 정확히 대칭으로 조성하였습니다. 다른 서원의 경우 중심축에 대칭으로 두 건물을 배치해도 어딘가 차이를 두었습니다. 하지만 돈암서원은 최근에 지어서인지 건물 크기, 구조, 온돌과 굴뚝 위치, 창호 크기와 창살 개수까지 차이가 없습니다. 차이라면 시각적으로 동재의 기단이 약간 높아 보입니다.

강당인 양성당 앞에는 비석이 있습니다. 돈암서원 내력이 기록된 연산현돈암서원비기連山縣遯巖書院碑記입니다. 1669년 송시열 선생이 짓고 송준길 선생이 썼습니다. 안내판에는 돈암서원원정비遯巖書院院庭碑로 적혀 있습니다. 내용은 김장생 선생과 김집 선생의 행적과 이후 돈암서원의 건립과 사액 과정까지를 정리한 것입니다. 거북 모양의 받침돌 대신 복련[25] 문양을 새긴 받침돌, 비신과 옥개석은 규모 있고 단정

24) 동서재의 이름은 주자가 있었던 강당 협실의 성리학 이념을 붙인 경재와 의재에서 따왔습니다. '거경'은 성리학의 개념 중 거경궁리居敬窮理에서 따왔는데, 마음을 삼가서 바르게 가져야 한다는 의미입니다. '정의'는《주역》〈계사전〉에 있는 '의를 정밀하게 해서 쓰임을 지극히 함이요'에서 따온 말인데, 현재 상황이 어렵다고 해도 미래를 위해 하늘의 이치를 잘 이해하고 긍정적인 생각으로 정진해야 한다는 의미입니다.

25) 복련覆蓮은 연꽃잎이 두 개란 뜻이 아닙니다. 이때 복覆은 '덮을 부' 또는 '다시 복'으로 읽는데, '덮다', '뒤집다' 등을 의미합니다. 연꽃이 아래쪽을 향해 뒤집어

▲ 비의 글은 송시열이 짓고 송준길이 썼는데, 살짝 흘려 쓴 글씨가 기가 막힙니다.

한 모습입니다.

비석 뒤에는 양성당[26]이 있습니다. 양성당은 본래 돈암서원의 부속 건물이었으나, 서원을 옮기는 과정에서 응도당을 함께 옮기지 못해 이곳의 강당 역할을 하고 있습니다. 그러나 응도당이 다시 돈암서원으로 옮겨와 실질적인 강당 역할을 하고 있어서인지 평소 양성당 정면의 사분합문은 닫혀 있습니다. 외형으로는 정면 5칸, 측면 2칸의 팔작지붕 건물이 두벌대 기단 위에 단정하게 올려져 있습니다. 좌우에 온돌방을 1칸씩 두었고 가운데 3칸이 대청마루입니다. 마루 앞으로 툇마루를 두어 분합문이 닫혀있어도 사용할 수 있도록 활용도를 높혔습니다.

양성당은 김장생 선생이 직접 세워 많은 제자를 길렀던 곳인 만큼 선생의 체취가 남아 있는 곳입니다. 기둥에 붙어있는 주련柱聯[27]이 그

핀 상태를 말합니다. 상대적으로 앙연仰蓮은 위쪽을 향해 피어 있는 연꽃 모양을 말합니다.

26) 양성은 《맹자》 〈진심〉에 '마음을 보존하여 본성을 기르는 것은 하늘을 섬기는 것이다'란 표현에서 땄습니다. 양성당은 천명을 받들어 본심을 지키면서 끊임없이 노력하겠다는 김장생 선생의 마음이 깃든 공간입니다.

27) 기둥柱 마다 시구나 글귀를 잇달아聯 걸었다는 뜻에서 주련이라 부릅니다. 평소

▲ 처음 왔을 때 많았던 목판들은 충남역사문화연구원에 기증 관리되고 있습니다.

중 하나입니다. 주련의 글은 주자의 〈경재잠敬齋箴〉에서 뽑은 글입니다. 주자가 기거했던 강당의 왼쪽 방엔 경재敬齋, 오른쪽 방에 의재義齋란 이름을 붙였습니다. 경재에는 스스로 내면의 마음을 바로敬 하기 위해 글을 써 붙였는데, 〈경재잠〉이었습니다. 예학의 대가답게 김장생 선생 역시 이 글을 붙여 두고 스스로 몸과 마음이 흐트러짐을 경계하였습니다.

양성당을 둘러보고 왼쪽으로 돌면 장판각이 있습니다. 정면 3칸, 측면 2칸 팔작지붕입니다. 건물은 1926년 제자들이 선생의 문집을 정리하여 《사계전서》를 만들었는데, 그때 사용한 목판을 보관하기 위해 지었습니다. 이후 김집 선생 등이 저술한 자료의 목판도 함께 보관하였습니다. 지금은 공주 충남역사박물관에 목판을 기증·보관하고 있습니다. 건물에는 습기 발생을 예방하기 위해 바닥을 띄우고 마루를 깔았습니다. 다른 서원처럼 따로 환기창이나 판벽을 조성하지는 않았습니다.

좋아하는 글귀나 남에게 자랑할 만한 내용을 글씨로 써서 붙이거나 얇은 판에 새겨 걸기도 합니다.

선생의 인품과 학문을 아름다움으로 승화시킨 담장, 숭례사

이제 제향 공간으로 갑니다. 선생의 위패를 모시는 사당은 숭례사崇禮祠[28]입니다. 숭례사 영역은 응도당과 함께 필자가 돈암서원에서 좋아하는 곳입니다. 사당은 내삼문과 담장으로 둘러싸여 있어 내삼문부터 봅니다. 계단을 통해 바로 문을 통과하지 않고 궁궐의 월대처럼 기단을 넓게 조성하였습니다. 서원의 내삼문은 대개 세 개의 문이 붙어있고 평대문이나 솟을대문을 두는 것이 일반적입니다. 이곳 내삼문은 솟을대문이지만 3개의 문이 따로 떨어져 있고 사이에 담장을 정성스레 쌓았습니다. 참으로 참신하다는 생각이 듭니다. 또 가운데 솟을대문의 주초를 보면 팔각형입니다. 기단, 주초와 기둥의 단면을 보니 天 · 人 · 地가 생각납니다.

문과 문 사이의 담장이나 문 옆쪽 담장에 전서체 문자와 함께 기와 조각으로 문양을 베풀었습니다. 기와 조각을 이용하여 담을 만들어 와편 담이라 부르고, 예쁘게 꾸며 꽃담이라고도 부릅니다. 기회가 되면 양성당 마루에 앉아 뒤쪽 바라지창을 열고 담장을 감상하길 추천합니다. 외삼문 앞에서 보는 모습도 이렇게 아름다운데, 마루 위 3개 창을 열어 젖히고 창을 통해 보는 모습은 환상적입니다. 화려한 배우의 공연이 펼쳐지는 무대가 뜬금없이 생각납니다. 그 옛날 양성당 마루에서 원장님과 강학하던 원생들은 눈이 현혹되어 공부를 제대로 했을지 궁금합니다.

필자는 와편담을 볼 때마다 신기합니다. 자세히 들여다보면 진흙에 암키와 조각을 넣어 만들었습니다. 장인은 어떤 상상력을 동원했길래 저토록 담백한 문양을 빚어냈을까요? 줄을 대고 간격을 맞춰 꼼꼼하게 기와 조각을 꽂지 않았을 터이고, 그렇다고 무심코 푹푹 쑤셔 박

28) 숭례는《중용》〈27장〉'후덕한 내면을 돈독히 함으로써 예를 숭상한다. 敎厚而崇禮'에서 따왔습니다. 덕성 함양과 학문을 위해서는 마음을 넓게 가지고 예를 높여 소중히 여겨야 한다는 의미입니다.

▲ 양성당 대청에서 바라본 내삼문 차경인데 창과의 거리에 따라 차경이 달라집니다.

은 것도 아닐 겁니다. 그런데도 전체는 질서 있어 보이고 하나하나는 자연스럽습니다. 담장 문양은 내삼문과 함께 조화로워 필자를 오래 서 있게 합니다.

담장에 베풀어진 전서체 글자를 찾아봅니다. 이렇게 꽃담을 장식하는 글은 장수 · 부귀 · 건강 등을 기원하는 내용입니다. 대표적인 꽃담은 경복궁 자경전 꽃담이 잘 알려져 있습니다. 이곳에 새겨진 글은 어떨까요? 숭례사 담장에 새겨진 글들은 서원을 옮기기 전부터 있었는지 기록이 없습니다. 선생의 인품과 학문을 기리며 제자들이 성심껏 새기지 않았나 싶습니다. 우주를 보듬고 자신에게는 엄격하면서도 타인에게는 무한하게 베풀었던 선생의 사상과 인품을 이해할 수 있습니다.

내삼문을 들어서면 당당한 모습의 사당이 보입니다. 서원이 평지에 조성되어서인지 사당 기단을 높였습니다. 정면 3칸, 측면 3칸 맞배지붕에 겹처마 건물이며, 측면에 풍판을 달았습니다. 정면 3칸에 각각 세살문을 설치했는데, 특이한 것은 사분합문입니다. 툇 공간에 분합문을 열어 거는 걸쇠가 있어 알 수 있습니다. 사당은 일반적으로 강당보다 화려하게 꾸밉니다. 당연히 응도당을 생각한 필자는 사당의 공포가 궁금하였습니다. 공포의 형식은 응도당과 거의 유사합니다.

▲ 숭례사와 내삼문은 단청을 베풀어 응도당과 또 다른 매력이 있는 공간입니다.

❶ 지부해함地負海涵29) : 땅이 온갖 것을 다 실어주고 바다가 모든 물을 다 받아주듯, 모든 것을 포용하라는 의미입니다.

❷ 박문약례博文約禮30) : 지식은 넓을수록 좋지만, 그것이 단지 지식으로만 그치지 않고, 도덕적으로 행하라는 의미입니다.

❸ 서일화풍瑞日和風31) : 좋은 날씨, 상서로운 구름, 부드러운 바람과 때를 잘 맞춘 단비와 같이 남을 편안하게 대하라는 의미입니다.

사당에 추가된 것은 단청입니다. 단청 덕분인지 담장 밖에서 사진을 촬영해도 화반 등 수장꾸밈 부재 모양이 뚜렷하고 문양이 선명합니다. 김장생 선생에 대한 제자들의 정성이 느껴집니다.

사당에는 정면에 김장생 선생의 위패가 모셔져 있습니다. 북쪽에 아들 김집 선생과 송시열 선생의 위패가, 남쪽에 송준길 선생의 위패가 모셔져 있습니다. 내부는 외부와 같이 단청으로 조성되어 있고 응도당에서 보았던 화반대공 역시 크고 화려합니다. 이곳 사당에 모셔진 분들이 특별하기도 합니다. 김장생 선생과 김집 선생은 부자지간이기도 하

---

29) 당나라 한유가 대표적인 문장가의 글을 모은 《한유산문선》 〈남양번소술묘지명南陽樊紹述墓誌銘〉에서 따왔습니다.

30) 공자의 《논어》 〈옹야〉에서 따온 글귀입니다.

31) 《예기》 〈대학〉에 있는 서일상운瑞日祥雲, 화풍감우和風甘雨에서 따왔습니다.

▲ 숭례사의 공포는 응도당의 공포 형식에 단청까지 입힌 모습으로 화려합니다.

▲ 정결하게 예를 다해 선생과 제자들을 모신 숭례사 내부 모습입니다.

거니와 모셔진 4분 모두 문묘에 모셔진 만큼, 돈암서원의 성리학적 전통성을 후대에 많은 영향을 주었다고 말할 수 있습니다.

사당을 나오면서 하나만 더 확인하겠습니다. 명문 암막새와 명문 망와입니다. 사당 지붕 전면에 응도당과 같은 모양의 1633년 암막새가 있습니다. 건물이 응도당보다 낮아 '숭정6년계유2월서원崇禎六年癸酉二月書院' 글씨가 더 잘 보입니다. 여기서도 오래된 암막새를 볼 수 있다니 감사한 일입니다.

▲ 400년이 다 되었지만 암키와의 명문이 뚜렷합니다.

▲ 오른쪽은 왼쪽 망와를 가까이 촬영한 것입니다. 1786년으로 표시되었습니다.

그런데 내삼문을 나서면서 서쪽 일각문의 용마루 끝에 범상치 않은 망와가 보입니다. 명문 '숭정삼병오계춘崇禎三丙午季春, 1786년 봄'이 선명합니다. 막새와 함께 오래된 망와를 찾아보는 재미도 홍미로운데요, 돈암서원에는 이 망와가 알려져 있습니다.

망와望瓦는 민가의 지붕 마루 끝부분에 설치하여 빗물이 새어 들어가지 않도록 마무리하는 것입니다. 이왕 설치하는 것이니 의미나 상징을 부여하면 더 좋겠지요. 한자에서 알 수 있듯 '희망하는 것望을 새긴 기와瓦'로 집주인이 가족의 안녕과 평온을 기원하여 지붕 높은 곳에 세웠습니다. 주로 사람 얼굴을 단순화한 모습입니다. 요즘엔 용, 봉황 또는 무궁화 문양을 넣은 망와를 쉽게 볼 수 있습니다.

궁궐을 알아가던 필자가 구조적 기능, 의장적 기능 그리고 주술적 기능이 어우러져 있으면서 앙증맞은 모습을 한 민가의 망와에 홍미를 느낀 적이 있습니다. 일 년 내내 기온이 일정하지 않은 우리나라에서 비바람을 맞으며 항상 같은 자리를 지키고 있다고 생각하니 고맙기 그지없었습니다.

그러면서 찾은 곳이 '보름산미술관'입니다. 필자가 만난 관장님은 화가이면서 망와에 홍미를 느껴 관련 학위까지 받고, 전국을 돌며 300여 점의 망와를 모았습니다. 암수 막새인 와당을 주제로 운영하는 박물

▲ 보름산미술관에 전시 중인 300여 점의 망와 중 일부입니다. 다양한 모습이지만 모두 그곳에 살고 있는 사람의 희망을 담은 메시지입니다.

관은 있어도, 망와의 매력을 모아 박물관에 전시한 경우는 유일하지 않을까요?

또 관장님은 망와에서 읽은 일상적 감정을 간결한 회화적 요소로 구상하여 전통적 채색으로 작품화하였습니다. 관장님을 포함하여 주변에서 묵묵히 우리 문화를 즐기고 알리는 분들께 감사한 마음입니다.

▲ 망와에 전통 문양을 접목한 고故 장정웅 관장의 작품입니다.

사당에서 나오면 왼쪽에 있는 건물이 전사청典祀廳입니다. 제향을 준비하는 전사청은 본래 수직사로 사용하다가 경회당慶會堂을 지으면서 전사청으로 용도를 변경하였습니다. 정면 7칸, 측면 2칸으로 규모가 큰 편입니다. 전사청 앞에 고직사에 해당하는 경회당이 있습니다.

▲ 서원을 나서며 보이는 문필봉이 김장생 선생과 김집 선생처럼 우러러보입니다.

부자父子를 상징하듯 나란히 서 있는 문필봉을 바라보며

대부분 서원은 배산임수를 기본으로 뒤에 산이나 언덕을 두고 앞에는 시내 또는 강을 두었습니다. 돈암서원 역시 이전하기 전에는 앞에 연산천이 흘렀지만, 지금은 꽤 멀리 하천이 흐릅니다. 그래서인지 풍수가들은 조금 다르게 설명합니다. 돈암서원은 강줄기 대신 넓은 들판을 품고 있어 계절에 따라 곡식이 변하는 모습을 보며 자연의 이치를 이해하는 천인합일의 정신을 찾는 것입니다.

돈암서원을 나서 주차장으로 나오는 길에 홍살문을 만납니다. 홍살문 너머로 뾰족한 천호산 봉우리 두 개가 나란히 보입니다. 서원을 중심으로 주변에 뾰족하게 보이는 봉우리를 문필봉이라 부릅니다. 돈암서원에서 보이는 문필봉은 2개이니 상징하는 것이 있습니다. 생각나는지요? 사당에 모셔진 김장생 선생과 아들 김집 선생입니다. 다른 서원과 달리 부자지간에 서원의 사당에 모셔져 있고, 두 분 모두 문묘에 배향되어 모셔진 특별한 경우인지라 가슴에 와닿습니다. 주차장으로 나오는 길에 나란히 보이는 두 봉우리가 확연히 눈에 들어옵니다.

▲ 주자의 〈경재잠〉에서 뽑은 글을 양성당 주련으로 세워 마음을 다잡았습니다.

양성당 주련柱聯

正其衣冠尊其瞻視

의관을 바르게 하고 그 눈 가는 곳을 존엄하게 하라.

足容必重手容必恭

반드시 발놀림은 정중하게, 손놀림은 공손하게 하라.

出門如賓承事如祭

나가서는 손님 뵈듯, 일할 때는 제사 지내듯 정성껏 하라.

守口如甁防意如城

입조심을 병같이 하고 뜻 방어하길 성城 같이 하라.

當事而存靡他其適

일할 때는 마음을 그 일에만 두며, 다른 곳에 두지 말라

惟心惟一萬變是監

오직 마음을 하나로 하면 만 가지 변화를 보살필 수 있다.

나. 무성서원

태인현泰仁縣

❶ 최치원 선생의 태산사와 신영천의 생사당을 합쳐서 사액 받은 무성서원武城書院

❷ 신라 정강왕 때 최치원 선생이 현감으로 재직하며 지은 피향정披香亭

※ 출처 : 《광여도》 서울대학교 규장각한국학연구원

무성서원武城書院

❶ 현가루	❷ 강당	❸ 내삼문
❹ 태산사	❺ 강수재	❻ 병오창의기적비
❼ 비각	❽ 공원	

⊙ 모신 인물 고운孤雲 최치원崔致遠 857년~?
불우헌不憂軒 정극인丁克仁 1401년~1481년
영천자靈川子 신잠申潛 1491년~1554년
눌암訥庵 송세림宋世琳 1479년~?
묵재默齋 정언충鄭彦忠 1491년~1557년
성재誠齋 김약묵金若默 1500년~1558년
명천鳴川 김관金灌 1575년~1635년

⊙ 창건/사액 1615년/1696년

⊙ 제 향 일 음력 2, 8월 중정일

⊙ 지정문화재[32] 무성서원 사적 제166호

---

32) 세계유산 '한국의 서원' 학술연구 자료집 Ⅰ, 한국의 서원 통합보존관리단, 2021년, 82쪽 참고하였습니다.

▲ 정읍 황토현 전적지 일대에 2022년 동학농민혁명기념공원을 조성했습니다.

칠광도에 그려진 무성서원

정읍 하면 떠오르는 것이 무엇일까요? 여행으론 내장산 단풍이 유명하고, 문학적으로는 정읍사를 빼놓을 수 없겠죠? 역사 관련해서는 동학농민혁명의 발상지로 알려져 있습니다. 필자는 몇 년 전 우금치를 다녀온 적이 있습니다. 우금치가 동학농민혁명의 마지막 격전지였다면, 이곳 정읍에는 동학농민혁명이 처음 시작된 곳으로, 관련 유적지가 있고 최근에는 박물관과 기념관까지 잘 조성되었습니다. 비록 성공하지 못한 혁명이었지만 신분적인 제한을 극복하려 한, 한국사에서 빛나는 활동이 있었던 곳입니다.

통일신라 시대에 신분적 한계를 실감하고 태산에 내려와, 백성들이 살기 좋게 노력한 최치원 선생이 있었던 곳 역시 이곳입니다. 또 선생의 뜻을 이어받아 양반이 아니더라도 누구나 입학하여 공부할 수 있었던 곳이 무성서원이었습니다. 그리고 그 정신은 병오창의와 같은 항일 의병 운동으로 이어졌습니다. 지금까지 알아본 서원과 또 다른 특징과 매력을 지닌 무성서원으로 가는 길입니다. 오늘도 가슴 설렙니다.

▲ 무성서원은 마을 가운데 있어 주차장에서는 홍살문만 살짝 보입니다.

무성서원은 행정구역상 칠보면에 속합니다. 다른 서원은 대개 사람이 많은 번잡한 곳에서 떨어져 조용하고 풍광 좋은 곳에 있습니다. 그런데 무성서원은 면사무소에서 서원까지 불과 1킬로미터도 안 됩니다. 주변은 평평한 들판이고 마을 가운데 있습니다. 서원 주차장에 도착해도 서원 건물이 주택과 함께 있어 구분하기 쉽지 않습니다. 정면에 보이는 홍살문이 이곳에 서원이 있음을 알려줍니다.

장거리를 운전한 뒤라 주차장에서 잠시 쉬며 서원 주변을 조금 더 살펴봅니다. 이때 채용신이 그린 〈칠광도七狂圖〉[33]와 비교하면 이해하기 쉽습니다. 이것은 뒤에 설명할 무성서원의 특징과도 관계가 있습니다. 다음 쪽 그림이 〈칠광도〉입니다. 칠광은 미치광이 일곱 선비[34]를 말합니다. 진짜 미친 것은 아니겠죠? 조선시대 광해군에 의해 인목대비가 폐위되자 이에 항의하고 상소한 인물들입니다. 그들은 요구가 받

---

33) 칠광도는 1910년 정읍에 머물렀던 어진화사 채용신이 그린 그림입니다. 송정에 모인 7명의 광인을 그렸는데, 그 배경이 무성서원 일대의 경관을 담고 있습니다. 현재 정읍시립박물관 소장 중입니다.

34) 〈무성서원을 품은 칠광도, 보물 지정을 위한 도약 이슈 브리핑〉, 전북연구원, 2020년 발표 자료에 있습니다. 칠광은 김대립, 김응빈, 김감, 송치중, 송민고, 이상형, 이탁입니다.

아들여지지 않자, 벼슬을 마다하고 정읍 성황산 송정에 들어가 자연과 벗하며 사회로 나오지 않았습니다. 그들을 그린 그림과 무성서원이 어떤 관계가 있을까요?

그들의 충절을 기리기 위해 후손들이 칠광도를 그려 영당影堂에 모셨습니다. 예전에는 훌륭한 인물이나 인물과 관련 있는 내용을 그림으로 그려 작은 집을 짓고 모셨는데, 영당이라 합니다. 왼쪽 그림은 당시 그림을 보고 채용신이 다시 그린 그림입니다. 왕의 초상화를 어진御眞이라 부릅니다. 그중에서도 왕의 얼굴인 용안을 그렸던 주관화사로 이름을 날렸던 그가 말년에 지낸 곳이 이곳입니다. 초상화뿐만 아니라 풍속화에도 일가견이 있었던 화가는 무성서원을 포함하여 칠광과 관련 있는 곳을 조감법으로 표현하였습니다. 그림은 창덕궁과 창경궁을 표현한 〈동궐도〉처럼 상세하게 표현되어 있고, 지금 위치와도 거의 비슷합니다. 특히 무성서원과 주변 초가집들이 어우러져 있어 더욱 실감 납니다.

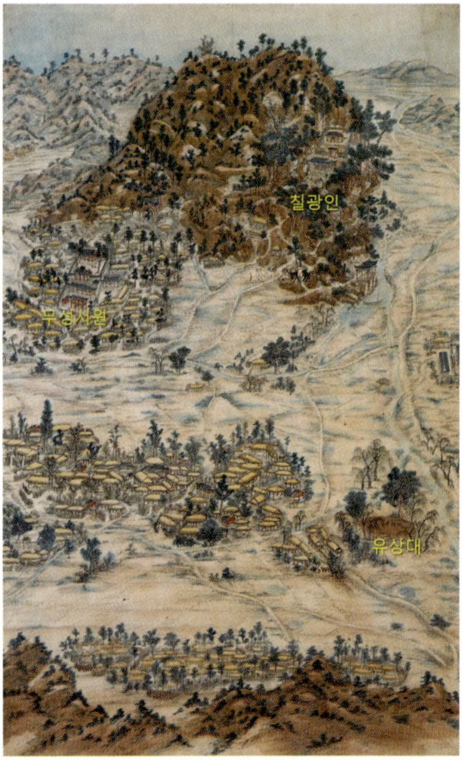

▲ 채용신의 칠광도 속에 무성서원이 묘사되었습니다.
ⓒ정읍시립박물관 소장 (정읍 송산사 기탁)

공자의 제자가 평화스레 다스린 마을에서 들린 현가 소리, 현가루

무성서원에 들어가기 위해 개천을 건넙니다. 서원 주변에 주택이 많고 개천이 커서, 다른 서원처럼 나쁜 기운이 넘어오지 못하게 하는 금천禁川으로 표현하기에는 다소 어색합니다. 다리를 건너면 주택 사이로 난 길에 홍살문과 무성서원 표석이 있습니다. 현가루 앞 광장은 넓은 편이지만 홍살문을 지나야 제대로 볼 수 있습니다. 광장뿐만 아니라 오른쪽에 넓게 조성된 공원 역시 칠광도에서는 초가로 둘러싸인 곳입니다. 지금까지 보아온 서원 분위기와 사뭇 다르기도 하고 향교에 온 듯한 느낌도 들어 이채롭습니다.

누각 형태의 무성서원 정문인 현가루絃歌樓35)로 다가가는데, 누군가 바닥에 황토를 두 줄로 뿌려 놓았습니다. 서원에 들어가기도 전에 호기심이 발동하여 주민에게 확인합니다. 며칠 전 춘계제향春季祭享을 치렀답니다. 서원마다 전해오는 특색 있는 문화가 있습니다. 무성서원에서는 제사를 지낼 때 제수를 정문 밖에서 가자에 싣고 들여옵니다. 그 전에 나쁜 귀신을 쫓아내는 벽사의 의미로 붉은 황토를 뿌리는 풍습이 있습니다. 동짓날에 팥죽을 쑤어 나쁜 귀신이 집안에 들어오지 못하

▲ 제례 전 나쁜 기운을 물리치기 위해 황토를 두 줄로 뿌렸습니다.

35) 현가는 《논어》 〈양화〉에 나오는 말에서 따왔습니다. 현판은 1904년 정읍현감이었던 손병호가 썼습니다.

▲ 지붕 선은 처마에 비해 추켜세운 추녀가 길어 한 마리 학이 날개 짓하는 모습입니다.

도록 곳곳에 뿌리는 것과 같습니다. 황토를 뿌리는 풍습은 무려 400년이나 이어져 왔습니다. 이 황톳길은 서원 중심선을 따라 사당까지 이어집니다.

현가루를 감상하던 필자는 지붕 선에 놀랍니다. 창경궁 함인정涵仁亭을 연상케 합니다. 한 마리 학이 푸른 강 위를 스치듯 지나 맑은 창공으로 날아오르는 듯합니다. 지나친 과장일까요? 현가루는 다른 서원의 누각에 비해 규모는 작습니다. 정면 3칸, 측면 2칸의 팔작지붕 건물입니다. 규모가 작다 보니 다른 한옥 지붕과 달리 처마가 추녀보다 훨씬 짧습니다. 양 끝으로 한껏 올려진 추녀는 학의 날개 같습니다. 지붕 맨 위 용마루 선線도 직선이 아니라 학의 머리에서 몸체로 내려가면서 만들어진 아름다운 곡선 같습니다. 누마루에 올라 멀리 전경을 촬영하는 것도 좋지만, 현가루를 대상 삼아 한옥의 곡선을 감상하는 것도 좋을 듯합니다.

여기서 한옥의 처마와 추녀를 구분해 볼까요? 처마와 추녀 밑으로 가서 위를 바라보면 차이를 확인할 수 있습니다. 처마와 추녀는 지붕의 끝부분을 나타내는 명칭입니다. 둥글고 긴 막대 모양인 서까래 위에 기와를 올려 지붕이 마감되는데요, 처마 아래 배치된 서까래들은

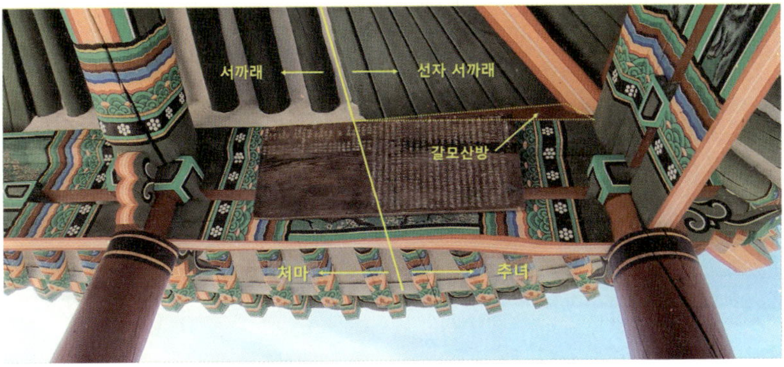

▲ 절묘한 지붕 선은 서까래, 선자서까래 및 갈모산방의 치밀한 조합으로 만들어집니다.

서로 평행하게 설치되어 있습니다. 그래서 건물 앞에서 보면 처마가 수평선을 그립니다. 그런데 추녀에는 서까래들이 부챗살처럼 배치되어 있습니다. 부채 모양이어서 선자扇子서까래라고 부릅니다. 여기에 비밀 부재가 더 있어야 추녀가 멋지게 올라갑니다. 쐐기 모양의 갈모산방36)입니다. 갈모산방을 아래에 두고 서까래를 올리면 사진처럼 추녀가 모서리로 갈수록 높아집니다. 이렇게 만들어진 곡선을 추녀선 또는 앙곡昻曲이라 합니다.

부채를 쥐면 부챗살이 한곳에서 모이듯, 선자서까래도 추녀 안쪽 한 점에서 모입니다. 이러기 위해 서까래 끝을 사진과 같이 깎아내는데, 저렇게 많은 목재를 빈틈없이 맞춰내는 것 또한 예술입니다. 한옥의 아름다운 선을 머릿속에서 그리며 묵묵히 대패질했던 장인의 손길에 존경과 감사를 표합니다.

현가루 좌우 담장 앞에는 세계유산 지정 표석과 주변에 있던 불망비와 중건비를 모아두었습니다. 불망비는 서원을 위해 힘쓴 인물을 잊지 않기 위해 그 행적을 적어 둔 비입니다. 현가루 오른쪽 문을 통해 들어갑니다. 문이 낮아 자연스레 고개를 숙이고 경건한 마음을 가집니

36) 선자서까래 아래에 설치하는 쐐기 모양의 나뭇조각입니다. 처마 쪽은 가늘고 추녀 쪽은 두꺼워 그 쐐기 형상에 따라 추녀의 높이가 조절됩니다. 〈알기 쉬운 한국건축 용어사전〉 171쪽을 참고하였습니다.

▲ 현가루 앞에 민가가 있지만 먼 산을 보며 호연지기를 기르기엔 충분합니다.

다. 문을 지나 고개를 드는 순간 무언가 휑한 느낌입니다. 기대했던 동재와 서재가 없기도 하거니와 강당 마루의 뒷벽이 없어 사당이 바로 보입니다. 조금 허전한 맘을 안고 일단 현가루 누각에 오릅니다. 누각 위 역시 기대했던 넓은 들판보다 민가가 먼저 시야에 들어옵니다. 언뜻 보이는 들과 그 뒤로 산 능선이 둘러싸고 있습니다. 비록 좌우에 민가가 있으나 공부에 지친 원생들의 유식 공간으로는 적당해 보입니다.

잠시 앉아 현판을 보며 '현가絃歌'란 단어를 생각해 봅니다. 남계서원 풍영루의 '풍영'이 공자와 제자 증점의 대화에서 나왔듯이, '현가'란 표현 역시 공자와 제자 자유子游로부터 나온 '현가지성絃歌之聲'에서 땄습니다.[37] 무성이란 명칭은 이곳 태인의 신라시대 지명이기도 하지만, 자유가 다스렸던 노나라의 한 고장이기도 합니다.

거칠고 예의가 없는 막된 사람들이 사는 작은 마을이었지만, 자유가 예악禮樂[38]으로 백성을 잘 다스려 평화가 오고 아름다운 현악기 소리가 마을에 울려 퍼졌습니다. 이때 자유를 방문한 공자는 능력 있는

37) 《한국의 서원 유산 1》 한국서원연합회, 2014년, 409쪽을 참고하였습니다.

38) 예禮와 악樂으로 사람들을 도덕적으로 교화하여, 인仁을 실현하고 조화로운 사회를 이룰 수 있다고 보는 유가 사상을 말합니다. 《두산백과》 내용을 참고하였습니다.

제자가 작은 마을을 다스리고 있어, 안타까운 마음에 한마디 합니다. "닭을 잡는데 어찌 소 잡는데 쓰는 칼을 사용하는가?" 자유의 현명한 답이 이어집니다. "예전에 선생님께서 군자가 예악을 배우면 사람을 사랑하게 되고, 백성이 예악을 배우면 잘 따른다고 말씀하셨습니다." '아차' 하고 생각한 공자는 "자유의 말이 옳다. 내가 한 말은 농담이었다." 라며 말실수를 인정하였습니다. 천하의 공자도 이런 인간적인 면을 보였네요.

▲ 공자가 제자들과 행단에서 대화하는 모습을 겸재 정선이 상상하여 그린 행단고슬도입니다.
ⓒ성 베네딕도회 왜관수도원

최치원 선생의 국가와 백성을 위한 노력과 꺾어진 꿈

이곳 무성에도 자유와 같은 인물이 있었습니다. 바로 고운孤雲 최치원崔致遠 선생입니다. 최치원 선생은 초중고 교과서뿐만 아니라 설화에도 자주 나오는 인물입니다. 선생을 잘 알지만 소개하지 않고 넘어갈 수 없습니다. 선생은 신라의 골품제를 극복하려 아버지 뜻에 따라 12세에 당나라로 유학을 떠났습니다. 얼마나 열심히 공부했을까요? 당시 외국인을 대상으로 한 과거 시험인 빈공과賓貢科에서 신라인으로는 처음으로 장원을 차지하였습니다. 당나라 관료가 된 최치원 선생은 빼어난 문장가로 이름을 날렸습니다.

황소란 사람이 난을 일으켰을 때 선생은 황소에게 글을 지어 보냈습니다. 〈토황소격문討黃巢檄文〉입니다. 얼마나 글을 잘 썼던지, 내용을

▲ 의자 위에 두 발을 올리고 양반 자세로 그린 최치원 선생의 초상화입니다.
ⓒ국립중앙박물관 소장

읽던 황소가 깜짝 놀라 뒤로 나자빠졌다고 합니다. 28살 나이에 중국에서 이룬 꿈을 가슴에 담고 고국 신라로 달려왔습니다. 선생 같은 인물을 등용하여 어려운 나라를 변화시키려던 헌강왕이 있어 선생의 기대는 더욱 컸습니다. 그러나 금의환향해서 고국에서 꽃 피우려 한 선생의 꿈은 귀족의 견제와 헌강왕의 갑작스러운 죽음으로 한계에 이르렀습니다. 선생은 지방관으로 내려갔습니다.

선생이 온 곳이 바로 이곳 태산현재 정읍시이었습니다. 선생은 태수로 있으면서 백성을 위해 많은 일을 하였습니다. 아쉽게도 정읍에서의 치적을 기록으로 남긴 것은 없습니다만, 이후 선생이 다스렸던 천령군현재 함양군과 부성군현재 서산군에는 선생의 흔적이 남아 있습니다. 특히 남계서원이 있는 함양군의 경우 해마다 반복되는 홍수 피해를 막기 위해 선생은 물길을 고르고 많은 나무를 주변에 심었습니다. 인공조림을 한 것인데, 천 년이 넘어 지금은 공원 형태인 상림원上林苑으로 남아 많은 사람의 발길이 이어지는 곳이 되었습니다. 선생이 태산을 떠날 때, 백성들은 선생에 대한 감사의 마음을 담아 생사당을 지었습니다. 생사당은 살아있는 사람의 초상화 등을 일정한 공간에 모시고 제사를 지내는 풍습입니다. 그렇게 선생은 앞서 자유처럼 자신이 배운 것을 백성에게 선정으로 베풀었습니다. 이것이 무성서원의 시작이며, 이후 설립된 서원과 사당 건립의 배경이기도 합니다.

선생은 비록 지방에 있었으나 개혁의 꿈을 포기하지 않았습니다. 당시 발생한 민란을 잠재우려 노력하고 당나라와의 외교 관계에도 관여하였습니다. 또 어려운 상황을 헤쳐 나갈 〈시무십여조時務十餘條〉를 지어 진성여왕에게 올렸습니다. 그 내용이 전해지지는 않지만, 선생이 지은 《계원필경桂苑筆耕》을 통해 짐작할 수 있습니다.

▲ 계원필경은 최치원 선생의 시와 글을 수록한 최초의 개인 문집입니다.
ⓒ한국민족문화대백과사전

선생은 유교적 정치 이념을 기본으로 군신 관계의 질서가 확립되면, 충분히 신하와 백성을 옳은 방향으로 인도하고 모두 도를 이룰 수 있다고 하였습니다. 왕은 그 길로 가기 위해 공정하게 올바른 신하를 선발하고 그 능력에 따라 임무를 주어야 한다고 하였습니다. 여기에 불교와 도교의 개인적 실행 방법도 포함하였습니다. 지금 생각해도 너무나 타당한 선생의 제안은 기득권을 가진 성골 계급에 의해 받아들여지지 못하였습니다.

▲ 가을날 오후 현가루 위에서 바라본 서원 전경이 평온하기 그지없습니다.

마침내 선생은 꿈을 접었습니다. 미련 없이 관직을 버리고 유랑생활을 하다 가족을 데리고 합천 가야산으로 들어가 생을 마칩니다. 선생이 바꾸려 노력했던 신라는 결국 선생에게 얼마나 큰 상심과 환멸을 가져왔는지 승려에게 준 아래 시를 보면 알 수 있습니다. 그리고 결국 선생은 자신만의 세계에 살다가 속세가 모르게 역사에서 자취를 감추었습니다.

入山詩	산속에 들어가며[39]
僧乎莫道青山好	스님아! 청산이 좋다고 말하지 말아라.
山好何事更出山	산이 좋으면 무엇 하러 나오느냐.
試看他日吾踪跡	두고 보라! 훗날 나의 자취를.
一入青山更不還	한번 청산에 들면 다시는 나오지 않으리!

아쉬운 마음을 추스르며 일어나 누각을 둘러봅니다. 누각 아랫부분과 윗부분 중 기둥까지는 가칠단청[40]으로 꾸몄습니다. 기둥 위는 근래에 단청을 입히면서 녹색 계열 색감을 많이 사용한 모로단청을 칠하였습니다. 긴 부재의 가운데 부분에는 그림을 그려 넣었습니다. 도리와 장여에는 인물산수화를, 창방에는 다양한 꽃을 그리고 대들보 가운데

▲ 현가루 도리, 장여와 창방을 도화지 삼아 다양한 자연을 베풀었습니다.

---

39) 〈정읍 무성서원과 선비문화 원류 최치원〉 안영훈, 대순사상논총 제40집, 2022년 글을 참고하였습니다.

40) 206쪽 남계서원 강학당의 단청 내용 참고 바랍니다.

는 청룡과 황룡을 그려 누마루의 중요성을 표현하였습니다. 마루를 두른 난간은 계자난간입니다. 누각에 걸맞게 고졸한 멋을 풍깁니다.

계단을 내려오기 전에 강당을 바라보니 서원 전체가 단출한 모습입니다. 그래도 누각, 강당 그리고 사당은 직선 축에 맞춰 배치되었고 건물 배치도 전학후묘의 기준에 따랐습니다. 서원을 평지에 조성했기 때문에 전저후고의 형식은 기단 높이로 맞추었습니다. 자세히 보면 현가루의 기단은 외벌대, 강당의 기단은 두벌대, 사당 기단은 좀 더 올려 조성하였습니다. 원칙에 맞추려 노력했음을 알 수 있습니다.

이름 없는 강당에서 찾은 이야기

강당과 현가루 사이에 있음 직한 동서재 공간은 비어 있습니다. 강당은 뒷면이 뚫려 있어 사당의 내삼문까지 보입니다. 현가루 위에 앉아 바라보는 서원은 간결하지만, 단풍이 들기 시작해서인지 운치 있습니다. 주변의 집들이 눈에 들어오면서 확실히 이제껏 보아왔던 서원과 다른 분위기를 연출합니다. 최치원 선생의 백성을 향한 마음이 자유와 같다고 생각했을까요? 130여 년 전 마을 가운데에 이 건물을 지으면서 현가지성의 고사를 떠올렸나 봅니다. 누각 이름을 현가루로 짓고 서원의 사액 이름을 무성으로 붙인 것은 고사를 실천하려는 다짐에서 나왔을 것으로 짐작합니다.

발걸음을 옮깁니다. 서재 자리에는 큰 은행나무 한 그루가 서 있을 뿐입니다. 무성서원에는 학생들이 생활하면서 공부했던 공간이 없었을까요? 서원이 마을 한 가운데 있어 그런 공간이 많이 필요하지 않았기 때문입니다. 서원에서 공부하던 학생 대부분은 마을 사람이었거나 공간이 필요한 경우 담장 너머 동쪽에 있는 강수재에 묵었습니다. 강수재는 잠시 후 둘러보기로 하고 강당으로 갑니다.

▲ 강당은 검박한 모습이지만 노란 은행나무와 사당의 단청과 조화롭습니다.

두벌대 기단 위에 세워진 강당은 규모가 크지 않습니다. 정면 5칸, 측면 3칸 팔작지붕에 홑처마입니다. 강학의 핵심 건물임에도 도동서원의 중정당처럼 단청을 입히지 않았습니다. 가운데 3칸이 대청마루이고 양쪽 1칸씩이 온돌방입니다. 온돌방이 마루보다 약간 높은 것은 방의 경우 바닥 아래에 구들이 있고 불 때는 아궁이를 두기 때문입니다. 아궁이를 보면 지금도 불을 때 사용하고 있는 듯합니다.

무성서원 강당 정면에는 검은 바탕에 흰색 글씨로 쓴 무성서원 현판이 있습니다. 앞서 소개한 '현가지성' 고사가 있었던 마을 이름에서 서원 이름을 땄습니다. 현판 왼쪽에는 병자년 11월 사액 받았음을 표시하였습니다. 그런데 막상 건물의 이름인 당호堂號를 쓴 현판이 없습니다. 현판이 없어 일부 자료에는 명륜당明倫堂이라 표시하고 있으나 이는 올바른 표현이 아닙니다. 각 지방의 공립 교육기관인 향교에서는 공자 등 선현을 모신 공간을 대성전大成殿이라 하고, 학생이 공부하는 공간을 명륜당이라 합니다. 하지만 이곳은 서원이므로 있어야 할 당호가 없다고 보는 것이 맞을 듯합니다. 9개 서원 중 강당의 이름이 없는 곳은 소수서원과 이곳 무성서원이며, 사당의 이름이 없는 서원은 남계서원과 도동서원입니다. 무성서원의 경우 민가에 있으면서 일부 향교의 기능도 했기 때문이 아닌지 조심스레 추측해 봅니다.

강당 정면의 기둥에 관심이 있어 가까이 다가갑니다. 디딤돌에 올라 기둥 윗부분을 보면 직사각형의 홈이 있습니다. 향토문화사료관 관장님 말씀에 따르면 기둥에 관한 기록이 따로 남아 있지 않지만, 예전에 강당이 소실된 적이 있어 다시 짓는 과정에서 뒤쪽 기둥을 앞쪽 기둥으로 사용한 것 같다 합니다. 순간 필자의 뇌리에 반짝 스치는 것이 있어 상상력을 덧붙여 봅니다. 확인해 보니 강당은 1615년 태산서원 건립 때 세워졌습니다. 1825년 소실[41]되었고 1828년 중창되었습니다.

처음 건축한 지 4백여 년, 중창한 지 2백여 년 지났습니다. 기둥 표면은 사람의 피부가 나이 듦에 따라 주름이 잡히듯, 나무 기둥 역시 시간이 지나면서 재질의 세포 변화에 따라 쭈글쭈글해집니다. 첫 번째 사진인 경주 양동마을 향단 사랑채의 오백 년 된 기둥 사진에서 알 수 있습니다. 다음 사진은 강당의 뒤쪽 기둥입니다. 비교적 깨끗한 것은 화재 이후 새로 사용한 것이기 때문입니다. 세 번째 사진은 도동서원 중정당 앞쪽 기둥입니다. 어떤 모습인가요? 안과 밖의 표면이 다름을 알 수 있습니다. 이는 안과 밖이 비바람과 햇볕에 노출되는 정도가 달라 나타나는 현상입니다. 네 번째 무성서원 강당의 기둥은 어떨까요?

안과 밖의 기둥 표면 차이가 월등합니다. 안쪽 표면이 아주 매끈합니다. 이것은 기둥 안과 밖 사이에 벽이 있어 비바람과 햇볕이 아예 차단되었다는 것을 의미합니다.

▲ 왼쪽부터 향단 사랑채, 기둥 강당 뒤쪽 기둥, 도동서원 중정당 기둥, 강당 앞쪽 기둥

41) 강당 현판 중 〈강당 중창기〉 및 〈무성서원지〉에 기록이 있습니다.

아래 사진을 조금 더 보겠습니다. 강당 정면의 기둥에 하나 같이 기둥과 기둥 사이에 어떤 부재를 연결한 흔적이 보입니다. 인방[42]의 흔적입니다. 위쪽엔 상인방, 아래쪽엔 하인방의 흔적으로 볼 수 있습니다. 이런 인방은 건물의 뒤쪽 벽면에서 쉽게 볼 수 있는데요, 아래 사진은 소수서원 직방재의 뒤쪽 벽면 모습입니다. 이곳 무성서원 강당의 앞쪽 기둥 흔적과 같은 위치입니다.

▲ (위) 강당 앞쪽 기둥 측면으로 인방 설치 흔적이 보입니다.
(아래) 소수서원 직방재 뒤쪽 벽면에 인방이 설치된 모습입니다.

---

42) 기둥과 기둥 사이에 건너지르는 가로 부재로 기둥을 잡아주는 역할을 합니다. 위치에 따라 상인방, 중인방, 하인방으로 구분하고, 그 사이에 창이나 문을 설치합니다.

정리하면, 1825년 화재 전 강당에는 여느 강당처럼 대청마루 뒤에 벽면이 있었습니다. 화재 이후 변화가 있었습니다. 화재로 강당이 훼손되긴 했으나 다행히 일부만 훼손된 듯합니다. 예전 같으면 목재를 준비해서 전체를 새로 지었을 겁니다. 그러나 세도정치로 온 백성이 먹고 살기 힘들었던 19세기였으니 무엇이든 줄여야 하였습니다. 강당 중건을 맡은 장인의 고민은 깊었겠지요. 사용할 수 있는 부재는 최대한 재사용하기로 하고, 강당 뒤쪽의 손상되지 않은 기둥들을 앞으로 옮겨 설치하였습니다. 뒤쪽 벽면도 여유가 있을 때 설치하기로 하고 당장은 시공하지 않고 그대로 둔 것으로 보입니다.

이런 필자의 상상은 마루에 올라서면서 확신에 가까워집니다. 일부 서까래는 물론 도리까지 불에 그을린 듯한 모습을 볼 수 있기 때문입니다. 자연스레 휜 대들보 역시 어딘가 손을 본듯합니다. 더욱이 도리와 장여를 받치는 창방은 강당 정면 3칸만 설치되어 있습니다. 팔작지붕의 경우 좌우로 갈수록 구조가 복잡하고 무거워짐에도 불구하고, 막상 좌우 1칸씩엔 창방이 없습니다.

그러나 필자는 지금의 강당이 더 편안해서 좋습니다. 아쉽다는 생각을 멈추면 어울림의 감동으로 다가옵니다. 형식에 맞춰 꾸역꾸역 부재를 만들어 넣고 강당 마루에 벽면을 치고 건물 전체에 단청을 넣었다면 지금과 같은 간결하고 담백한 느낌을 상상할 수 있을까요? 벽을 걷어내어 최고의 찬사를 받은 병산서원 만대루처럼, 무성서원 역시 벽을 없앤 강당의 모습이 훨씬 자연스럽고 멋스러워 보입니다. 아시나요? 무성서원하면 떠오르는 장면이 벽체 없는 마루에 걸터앉아 사당을 배경으로 한 장의 사진을 남기는 것임을.

디딤돌에 신을 벗고 마루에 올라 스승과 학생이 공부했던 자리에 앉아봅니다. 뒤로는 고즈넉하게 자리한 사당이 마음을 평화롭게 해줍니다. 앞으로는 현가루가 민가로부터 시야를 막아 마음을 안정시켜 줍

▲ 벽을 걷어낸 강당 마루에 앉아 촬영한 사진은 누구나 좋아할 만한 인생 샷입니다.

니다. 마을 가운데 위치한 무성서원은 언제부터 이곳을 지키고 있었을까요? 최치원 선생의 이야기를 조금 더 해야겠습니다.

최치원 선생이 떠나자, 마을 사람들은 선생의 생사당을 짓고 제사 지냈습니다. 현재 호남고속도로 태인나들목 인근 성황산 서쪽 자락으로 알려져 있습니다. 또 1437년 불후인 정극인 선생이 낙향하여 불우헌不憂軒과 향학당鄕學堂을 세워 학문을 가르치기 시작하였습니다. 그리고 1483년 최치원 선생의 생사당을 이곳에 옮겨 태산사泰山祠로 불렀습니다.[43] 태산사와 향학당은 눌암 송세림에 의해 정비되면서 완전한 서원의 형식을 갖추었습니다. 이름도 태산서원이었으나 사액을 받아 무성서원이 되었습니다.

마을 사람들 중심으로 운영된 무성서원에서는 서원을 발전시키고 지역에 선정을 베푼 인물을 사당에 모셨습니다. 그래서인지 다른 서원

---

43) 《세계유산 한국의 서원 주요 건축물 이력》 한국의 서원 통합보존관리단, 2021년, 130쪽 참고하였습니다.

보다 모셔진 인물의 위패가 많습니다. 고운 최치원, 영천자 신잠, 불후헌 정극인, 눌암 송세림, 묵재 정은충, 성재 김약묵, 명천 김관 등 모두 일곱 분입니다. 무성서원 관계자는 서원으로서 그 기능에 충실한 가장 오래된 서원을 무성서원으로 봅니다. 서당인 태산사가 조성된 것이 1484년이고 강학 공간인 향학당이 자리를 잡은 것이 1510년이기 때문입니다. 그만큼 서원에 대한 자부심이 큽니다.

마을 속에서 백성과 함께 해온 서원, 무성서원

여느 서원과 사뭇 다른 무성서원의 특징을 잠시 소개하겠습니다. 세계유산에 등재될 때 강조한 특징이기도 합니다. 어떻게 보면 무성서원은 사립이 아닌 공립의 형태로 운영된 향교와 비슷하였습니다. 서원이 마을 안에 위치하고 지방관이 운영에 관여하기도 하였습니다. 백성을 배우게 하여 바른 뜻을 따르게 하는 것이 조선시대 지방관의 책무 중 하나였는데, 백성과 함께한 무성서원에서는 이를 수행하기 수월한 곳이었습니다.

이런 이유로 서원은 교육 대상에 신분적 차별을 두지 않고 누구든 교육을 받을 수 있게 하였습니다. 무성서원의 원규에는 '나이와 귀천을 불문하고 뜻있는 자는 입학할 수 있으나, 과거시험을 공부하고자 하는

▲ 유난히 많이 걸린 현판은 오랫동안 서원이 백성과 함께한 흔적입니다.

자는 반드시 다른 곳에서 익혀야 할 것이다.'라고 규정하고 있었습니다. 입학은 쉬웠지만 몸과 마음을 단정히 하고 잡담하지 말며 오로지 의로운 공부에만 집중하게 하였습니다. 자연스레 서원 업무를 마을에서 스스로 나누어 처리하면서 서로 소통과 참여 의식이 높아졌습니다. 이러한 의식은 나라가 어려울 때 빛을 발하였습니다. 구한 말 무성서원을 중심으로 외세 침략에 맞서 전라도에서 가장 먼저 일어나 싸웠습니다. 그 이야기는 병오창의기적비에서 소개하겠습니다.

필자는 도동서원 중정당 대청마루에서 전통 놀이인 참고누 판을 발견한 후, 마루에 그려진 문양에 관심을 두고 이것저것 찾아보는 습관이 생겼습니다. 일어나 마루 여기저기를 둘러봅니다. 아니나 다를까 이곳에서도 고누 놀이판이 그려져 있습니다. 엄한 스승이라도 가끔은 학생을 편하게 해주지 않았을까요? 이순신 장군의 난중일기에도, 힘든 전쟁을 치르며 잠시 쉴 때면 승경도陞卿圖 놀이로 여유를 찾곤 했다는 기록이 있습니다. 긴장의 연속에서도 인간은 잠깐의 여유를 찾게 되고, 그것이 오히려 정신 집중에 도움이 된 듯합니다. 무성서원을 방문한 사람이면 한 번쯤 마루에 올라와 고누판도 찾아보고 옛 여유를 부려보는 건 어떨까요? 여유가 되면 서원에서 전통 놀이판을 비치하여 방문객의 여유를 유도하면 어떨까요?

디딤돌을 딛고 내려오면서 기둥에 매달린 주련도 감상합니다. 강당에 주련을 걸어둔 곳은 돈암서원 양성당과 이곳입니다. 특히 무성서원 강당은 백성을 가르치고 좋은 방향으로 이끄는 공간인 만큼, 주련에는 서원 운영뿐만 아니라 마을 운영을 위한 지침을 정리해 놓았습니다. 주련은 오른쪽부터 아래로 읽고 뜻을 이해하면 좋은데, 편하게 소개하면 다음과 같습니다.[44]

---

44) 《한국 서원 종합안내서》 한국의 서원 통합보존관리단, 2020년, 216쪽을 참고하였습니다.

揖讓進退杏壇遺敎　절하고 겸손하며 나가고 물러남은
행단에서의 공자 가르침이라.

月朔參拜享禮倆丁　초하루에 공손히 뵙고 절하며
예를 갖춰 제사 지내며

春秋講磨經義四子　춘추를 공부하고 수행하며
네 분 성현의 경서를 익히네.

文藝時習詩書禮樂　때때로 문예를 익히니
시, 글씨, 예절과 음악이요.

德業日新孝悌忠和　덕업을 날로 새롭게 하니
효와 공손함과 믿음이 조화롭네.

勸規交恤[45]藍田古約　덕업상권, 과실상규, 예속상교, 환난상휼은
남전의 옛 향약이라.

▲ 마지막 구절은 오늘날에도 공동체 생활에 꼭 필요한 내용인 듯합니다.

45) 덕업상권德業相勸은 어질고 착한 일을 권하는 것을,
과실상규過失相規는 허물과 그른 일을 경계하는 것을,
예속상교禮俗相交는 예의 바른 풍속으로 사귀는 것을,
그리고 환난상휼患難相恤은 근심스럽고 어려울 때 서로 돕는 것을 말합니다.

▲ 주목이 누운 모습이라 '눈주목'으로 불리는 두 그루 나무가 사당 앞을 지키는 듯합니다.

내용이 어느 한 집단의 이익을 구하기보다 두루 잘 살기 위한 지침서 같습니다. 특히 마지막 구절은 이웃과 단절된 듯한 생활을 하는 필자 스스로에게 도움이 될 듯하여 가슴에 새겨 봅니다. 주련이 걸린 기둥에게 강당을 오랫동안 잘 지켜줘 고맙다고 보듬고 쓰다듬으며 발걸음을 사당으로 옮깁니다.

혼신의 힘을 다해 악필로 쓴 현판, 태산사

강수재가 강학 공간이지만 강당 담장 너머에 있어 먼저 사당으로 발길을 옮깁니다. 내삼문 앞에서 바라본 사당은 큰 느티나무와 대나무숲으로 둘러싸여 아늑하고 평화롭습니다. 태산사泰山祠 내삼문 앞 양쪽에 주목의 한 종류인 눈주목이 사당을 지키고 섰습니다. 주목의 열매가 붉어 '주자朱子'라고 부릅니다. 성리학을 집대성한 주자朱子와 이름이 같습니다. 또 우리는 변치 않는 마음을 붉은색으로 표현합니다. 주목은 열매뿐만 아니라 껍질과 속이 모두 붉고 '살아서 천 년, 죽어서 천 년을 가는' 나무이니, 일편단심 변치 않는 선비 정신을 상징합니다.[46] 그래서 선현을 모신 사당 입구에 심어 마음을 다스리려 했을까요?

서원을 평지에 조성했지만 사당의 위계를 고려하여, 높게 단을 쌓아 화계를 조성하고 담장을 둘러 사당을 조성하였습니다. 내삼문은 정

46) 《선비가 사랑한 나무》 강판권, 176쪽을 참고하였습니다.

면 3칸, 측면 1칸 맞배지붕으로 가운데 문은 솟을대문입니다. 문마다 태극 문양을 그렸고 기둥 두 개에 주련을 걸었습니다. 이 주련 역시 무성서원하면 떠 오르는 이미지입니다. 오른쪽 '성조액은聖朝額恩'은 존경하는 숙종 대왕께서 은혜롭게 현판을 내려주어 사액서원이 되었다는 의미이고, 왼쪽 '사림수선士林首善'은 유학을 공부하는 서원으로 으뜸이라는 뜻입니다. 무성서원의 자부심을 높이는 문구입니다. 그래서인지 최근에 주련의 문구를 입구인 현가루 맞은편에 조형물로 만들어 설치하였습니다.

오른쪽 문을 들어서면 간결한 사당과 마주 섭니다. 사당은 외벌대 기단 위에 정면 3칸, 측면 3칸 홑처마 맞배지붕 건물입니다. 사당 출입문은 창호 살이 없는 작은 골판문인데, 가운데 두 짝, 좌우 각 한 짝씩 설치하였습니다. 한 짝에 태극을 두 개씩 그려 팔괘를 연상하게 합니다. 음양오행으로 사당은 돌아가신 분의 위패를 모시는 정적靜的이며 음陰의 공간입니다. 그래서 대개 건물의 삼면에 창이나 문을 설치하지 않습니다. 대신 정면에 3개의 문을 설치하는데, 이곳 태산사에는 그 문마저도 골판문으로 막았습니다. 정적인 음의 공간인 만큼 제사 지낼 때가 아니면 항상 어둡게 해두는 원칙을 지키고 있습니다.

▲ 출입문을 골판문으로 만들어 제사 때가 아니면 항상 어둡게 해두는 원칙을 지킵니다.

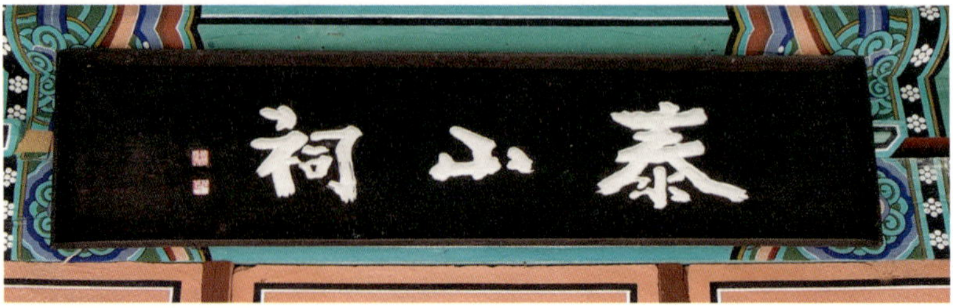

▲ 손아귀에 붓을 감아쥐고 혼신의 힘을 다한 서예가 모습을 상상합니다.

공포 형식은 간결한 초익공이고 단청을 입혔습니다. 가운데 태산사[47] 현판이 걸려있습니다. 현판의 글씨가 예사롭지 않은데 무언가 흔들리는 듯 꿈틀거리는 듯한 모습입니다. 낙관을 보니 악필법의 대가 석전 황욱 선생의 글씨입니다. 악필이란 글씨를 못 쓴다는 뜻이 아니라, 수전증이 있던 석전 선생이 이를 극복하고 글씨를 쓰기 위해 붓을 움켜잡으면서 만들어진 필체입니다. 주먹을 굳게 쥐고 획 하나하나를 그어 내려가는 서예가를 상상하며 글씨를 감상합니다.

오른쪽 문을 통해 들어간 사당 안은 깔끔합니다. 1483년 건축 이후 크고 작은 수리를 해왔고 최근에는 우물마루를 교체한 덕분입니다. 사당에는 7분의 위패가 모셔져 있습니다. 모두 향탁香卓, 제상祭床, 교의交椅가 순서대로 놓여 있고 교의 위에 감실이 있습니다. 위패는 감실 안에 모셔져 있습니다. 최치원 선생의 감실 뒤에 별도 감실이 있고 그 안에 초상화가 모셔져 있습니다. 앞서 소개한 초상화같이 선생은 신을 벗고 책상다리를 한 채 의자 위에 앉아 있습니다. 조선시대 초상화와 사뭇 다른 모습으로 옛 스님의 초상화에서 본 듯한 자세입니다.

최치원 선생의 초상화는 사당에 있던 초상화 이외에 쌍계사에도 있었습니다. 쌍계사에 있던 초상화는 1784년 이곳으로 옮겨 모셨습니다.

---

47) 본래 태산은 중국 오악의 하나로 사당 이름을 지명에서 따온 것은 특이합니다. 중국에서는 유교, 불교 및 도교 모두 태산을 신성한 곳으로 여기기도 하였는데, 유교에서는 공자를 태산처럼 큰 인물로 여깁니다.

▲ 배채법은 밑그림을 그리고 뒷면에 채색하고 다시 앞면에서 초상화를 완성하는 기법입니다.

훼손을 우려하여 1831년 다시 원본을 똑같이 그려 모셨는데, 이 초상화는 지금 국립중앙박물관에 소장되어 있습니다. 1923년 채용신이 초상화를 다시 그렸는데, 현재 정읍시립박물관에 보관하고 있습니다.

옛 초상화를 그릴 때는 사람의 혼까지 그려 넣는 것처럼 정성을 쏟았습니다. 왕의 초상화인 어진을 그릴 때는 팀을 이루어 그렸는데, 왕의 얼굴인 용안을 그린 주관화사, 얼굴을 제외한 부분을 그린 동참화사 그리고 옆에서 도와주던 수종화사의 업무를 엄격하게 정했습니다. 앞서 〈칠광도〉에서 언급한 채용신은 왕의 초상화 작업을 책임지고 지휘했던 대한제국 마지막 주관화사였습니다.

특히 조선시대 초상화는 실제 인물처럼 정밀하게 그리면서 머리카락 한 오라기, 수염 한 터럭도 챙겨 그렸습니다. 또 배채법背彩法이라 하여 비단에 밑그림과 먹선을 긋고 그 뒷면에 색을 칠하였습니다. 다시 앞면에서 마무리하였습니다. 이렇게 하면 얼굴이나 옷의 색감이 은은한 분위기를 연출합니다. 정성껏 초상화를 그리는 것은 단순히 기능적으로 인물을 그리는 것이 아니라, 그 안에 정신적인 내면까지 담으려는 자랑스러운 선조의 사상이 들어있어 소개하였습니다.

▲ 사진에 담지 못했으나 최치원 선생을 중심으로 모두 6분의 선현을 모셨습니다.

최치원 선생 초상화 동쪽으로 정극인, 신잠, 김약묵 선생의 위패가 차례로 모셔져 있고, 서쪽으로 송세림, 정언충 그리고 김관 선생의 위패가 모셔져 있습니다. 최치원 선생을 비롯한 여러 위패에 인사하고 나옵니다. 사당 오른쪽 바닥에 망료위가 있는데 그냥 기왓장을 사용하였습니다.

대청에 앉아 상춘곡을 읊기 좋은 곳, 강수재

강수재講修齋[48]로 향합니다. 강수재는 강당 담장 밖 동쪽에 있지만 서원의 동재에 해당하는 건물로 학생들이 공부하며 생활한 공간입니다. 규모는 강당과 크게 다르지 않습니다. 정면 4칸, 측면 2칸 홑처마를 가졌는데, 지붕이 우진각 지붕으로 서원에서는 잘 볼 수 없는 형태입니다. 강수재 건물 역시 강당처럼 무슨 일이 있었을까요?

무성서원에도 본래 동재와 서재를 두었으나 현재 남아 있지 않습니다. 숙종 때 사액 받기 위해 건물을 크게 수리했는데, 그때 고직사를

48) 강수는 《논어》 〈술이〉에서 따온 말로, 공자는 "덕을 닦지 못하는 것, 배움에 힘쓰지 못하는 것, 의를 듣고도 행동으로 옮기지 못하는 것 그리고 착하지 않은 것을 고치지 못하는 것이 나의 걱정거리이다."라고 겸손하게 말하였습니다. 이는 강수의 뜻처럼 항상 학문을 익히고 심신을 수양해야 한다는 것을 의미합니다.

▲ 무성서원에는 다양한 한옥 지붕을 감상할 수 있습니다. 사당엔 맞배지붕, 강당과 현가루엔 팔작지붕 그리고 강수재엔 우진각지붕을 올렸습니다.

강수재로 변경했다는 기록은 있습니다. 이후에도 강수재는 화재로 새로 짓거나 수리한 기록이 남아 있습니다. 현재 건물은 고종 때 새로 지은 건물입니다. 정면 2칸은 마루로, 좌우 각 1칸씩은 온돌방으로 구성했는데, 왼쪽 온돌방은 앞에 툇마루를 두어 사용하기 편리하게 하였습니다. 그런데 오른쪽 온돌방의 앞쪽 문은 엉거주춤한 모습입니다. 문 아래에 바로 아궁이가 있어 출입에 불편할 거 같습니다. 아마 복원하거나 수리하면서 미처 손쓰지 못했나 봅니다.

건물의 규모로 보면 많은 학생이 함께 생활한 듯합니다. 방에서 공부하다가도 마루에서 인기척이 나면 한두 명은 문을 열어 빼꼼히 내다볼 만한데, 오늘은 내다보는 이가 없습니다. 기단에 올라 나지막한 디딤돌에 신발을 가지런히 모으고 마루에 오릅니다.

마루에 오르던 필자는 깜짝 놀랍니다. 깔끔하게 보이던 외부와 달리 마루 위에서 본 부재들의 모습은 안타까움을 자아내게 합니다. 대들보를 포함하여 대부분 부재가 그을리거나 그을린 후 닦아낸 흔적이 역력합니다. 일부 손상된 부재는 전체를 교체하지 못하고 부분적으로 땜

▲ 한옥에선 드문 우진각 지붕입니다. 궁궐에서는 정문 등 큰 문에 적용됩니다.

질한 곳도 있고 제대로 결구되지 않아 쇠 꺾쇠를 박아 놓은 곳도 있습니다. 1887년 4칸 건물로 건축했고, 1904년 강수재의 마루, 벽체, 창호 등을 수리했다고 기록되어 있으니 이후 상황으로 보입니다.

한옥 구조의 특징 중 하나는 부재 간 끼워 맞춤식 조립결구, 짜임새이기 때문에 필요할 경우 분해하여 교체할 수 있습니다. 그러나 위쪽의 부재를 하나씩 분해해야만 아래 부재를 교체할 수 있습니다. 기둥의 경우 아래쪽이 비와 습기의 영향으로 교체해야 하는 경우가 가끔 있습니다. 이런 경우 어떻게 수리할까요? 보조 기둥을 사용합니다. 수리할 기둥 옆에 보조 기둥을 조금씩 올리면서 수리할 기둥을 부분적으로 교체합니다. 아래 사진에서 기둥 상부에 부분적으로 교체한 흔적이 보입니다. 강수재 부재들은 화재에 의한 것으로 보이는데요, 보수가 이루어지면 좋겠습니다.

▲ 안타까운 내부 모습입니다. 국가유산을 제대로 보전할 수 있으면 좋겠습니다.

어떤 형태든 한번 훼손되면 본래의 모습으로 되돌리기 어려운 것이 국가유산입니다. 2006년 창경궁 문정전에 작은 화재가 있었습니다. 방화였지만 주변에 있던 사람들이 잘 조치한 덕분에 현판과 문짝 일부만 훼손되었습니다. 하마터면 문정전과 연결되어 있던 궁궐 정전 중 가장 오래된 국보 명정전이 화마에 휩싸일뻔했습니다. 그러나 안타깝게도 같은 일이 반복되었습니다. 동일 인물이 2008년 숭례문에 다시 방화해서, 조선왕조 오백 년 상징물을 한순간 처참한 잿더미로 만들었습니다. 이후 복원 과정도 쉽지 않았습니다. 조급하게 준비한 탓에 복원이 잘 되었다고 한숨 돌리던 순간 문제가 발생하였습니다. 사용한 목재가 갈라지고 뒤틀리며, 새롭게 단장한 단청이 벗겨 떨어지는 현상이 발생하였습니다. 토지 보상에 불만은 품고 저질렀던 방화범은 이미 실형을 살고 나왔지만, 숭례문의 아픔은 고스란히 시민의 몫이 되었습니다. 최근 경복궁 담장에 낙서한 사람이 사회적 공분을 사는 일도 있었습니다만 소중한 국가유산을 내가 먼저 지키는 시민 의식이 필요한 때입니다.

강수재의 기둥에도 주련이 많습니다. 특히 마루 위에 있는 기둥과 벽면의 주련에는 석전 선생의 악필법보다 더 흔들리는 필체로 쓴 글이 보입니다. 하나라 우왕이 썼다는 하우체입니다. 가뜩이나 읽기 어려운 전서체를 더 흔들어 썼으니 한 글자도 못 읽겠습니다. 다행히 옆에 해서체로 표기하여 알 수 있습니다. 내용은 중국 하나라 우 임금이 백성을 위해 치수 사업을 추진하는 등 훌륭한 인물이었으니 그를 본보기로 삼자는 것입니다.[49] 정면 기둥에 걸려있는 주련은 학문을 익히고 몸소 실천하면 가정과 나라를 다스릴 수 있고 나아가 사람의 도리를 할 수 있다는 내용입니다.

---

49) 4개의 주련 내용은 다음과 같습니다.
(남면) 萬國罔知定 세상이 지극함을 아는 곳으로 정하고
(북면) 家家久太平 집집마다 백성들이 오래도록 평화로우니
(동면) 承帝忘形處 하나라 우임금의 뜻을 잊지 않는 곳이라네.
(벽면) 犇華永弗明 한없이 빛나고 영원히 그 밝음을 떨쳐라.

▲ 하나라 우 임금같이 나라를 이끄는 인물은 오로지 국민을 생각하면 좋겠습니다.

잠시 마루에 앉아 후원을 감상합니다. 봄이면 후원에 매화가 활짝 핍니다. 여름이면 한두 그루씩 서 있는 느티나무, 단풍나무, 배롱나무 등이 시원한 바람 소리를 내고, 가을이면 강당 앞뒤 은행나무가 주변을 노랗게 물들입니다. 봄에 이곳에 오면 불우헌 정극인 선생의 〈상춘곡 賞春曲〉을 읊어보는 건 어떨까요?

> 紅塵홍진에 뭇친 분네 이내 生涯생애 엇더흔고,
> 녯 사름 風流풍류를 미출가 뭇 미출가.
> 天地間천지간 男子남자 몸이 날만흔 이 하건마는,
> 山林산림에 뭇쳐 이셔 至樂지락을 무룰것가.
> 數間茅屋수간모옥을 碧溪水벽계수 앏픠 두고,
> 松竹송죽 鬱鬱裏울울리예 風月主人풍월주인 되어셔라.50)

옛 표현 그대로 표기했지만, 교과서에서 한 번쯤 봤음 직한 글이라 이해될 겁니다. 비록 주변에 민가가 있을지라도 오늘 무성서원 분위기면 상춘곡을 읊을만합니다. 직장이나 학교에서 있었던 번잡한 생각을

50) (블로그) 웅샘 국어 https://blog.naver.com/cwsalt1에서 따왔습니다.

▲ 봄에 방문하면 강수재 뒤 담장 따라 핀 매화꽃을 감상할 수 있습니다.

잠시 접어두고 시를 읽고 후원에 핀 매화를 감상하면서 봄을 만끽하는 것도 좋겠습니다.

하지만 불우헌 선생을 마냥 자연을 즐기며 풍류만 즐긴 인물로 평가하는 것은 바람직스럽지 않습니다. 백성이 어려울 때 홍천사 중창을 추진하는 세종에게 나아가 바른말을 아끼지 않았습니다. 괘씸죄에 귀양까지 간 선생은 처가인 태인에 내려와 후학 양성에 힘썼습니다. 50세가 넘어 관직에 나가 청렴하고 검소한 생활로 모범이 되었던 선생은 문학에 재능을 보였습니다.

세종에 의해 귀양 가기도 했지만, 사대부로부터 외면받던 한글을 과감하게 활용하여 상춘곡을 썼습니다. 상춘곡은 한국 가사문학歌辭文學[51]의 효시로 불립니다. 이후에도 선생은 한글을 사용한 단가短歌 〈불우헌가〉와 경기체가景幾體歌[52]인 〈불우헌곡〉 등을 지어 국문학사에 큰

51) 가사 문학은 시조나 한시처럼 처음부터 어느 한 시형으로 나타난 장르가 아니라, 오랜 세월을 거치면서 우리 고유의 민요적 리듬 위에 향가나 고려가요, 한시 등의 내용이 가미된 새로운 시의 형태로 발전한 장르입니다. 그런 이유로 가사 문학은 우리의 사상과 감정을 표현하는 가장 적합한 시가 장르로 평가받기도 합니다. (네이버 지식백과에서 정리하였습니다.)

52) 고려 후기에 발생하여 조선 전기까지 약 350년간 지속된 긴 형태의 시가입니다.

획을 그은 인물입니다.

최익현 선생이 정읍에 와서 병오창의를 일으킨 이유

강수재에서 나오면 넓은 마당에 비석과 비각이 있습니다. 최근에 만든 비석을 먼저 봅니다. 땅에 지대석을 놓고 거북 모양의 귀부 대신 무궁화 문양을 새긴 사각형 받침돌을, 비신 위에 다시 무궁화 문양의 이수를 올렸습니다. 전면에는 〈병오창의기적비丙午倡義紀蹟碑〉라고 표시되어 있습니다. 1906년丙午年 나라가 어려워 의병을 일으켜倡義 그 공적을 기록한蹟碑 비'란 뜻입니다. 그 내용을 알아보기 위해서는 무성서원의 강습례講習禮를 이해할 필요가 있습니다.

▲ 병오창의를 기념한 비석입니다.

강습례는 기존에 서원이 하던 강회講會[53] 활동을 대원군의 서원 철폐 등의 당시 급변한 환경에 맞춰 변화시킨 것인데,[54] 강회 활동

연이 나누어지고 여음이 있는 속악가사(가시리 등 속요에 해당하는 노래)의 형식을 따라 만든 사대부의 노래입니다. 대부분 '경景 긔 엇더ᄒᆞ니잇고' 또는 '경기하여景幾何如'라는 구절이 4행, 6행에 있어 '경기'를 따서 붙인 명칭입니다. 소수서원 제향 때 부르는 경기체가 형식은 '도동곡'입니다.

53) 서원의 강회는 주기적으로 시행하는 학술행사로 유생들이 한자리에 모여 함께 선현의 글을 읽고 토론을 통해서 서로 간의 생각을 공유하는 모임입니다. 때로는 현실적인 문제 등에 관한 토론도 행해졌습니다.

이란 학문을 강론하며 인간의 도를 찾는 서원의 본질적 기능을 수행하는 것입니다.

여기에 무성서원만의 특징으로 강회의 진행 과정을 제사 지내는 것처럼 순서와 참석자의 자리까지 엄하게 정하고 현실적 문제까지 토론하였습니다. 1873년부터 1880년까지 20차례 진행된 강습례는 회를 거듭할수록 지엽적 문제에서 민족적 현안으로 확대하고 공유함으로써, 지역민의 결집에 큰 영향을 주었습니다.

그 결과가 병오창의로 이어졌습니다. 의병 활동을 주도한 인물은 74살 면암 최익현 선생과 의병장 임병찬 선생이었습니다. 경기도에 있던 최익현 선생은 어떻게 전라도에서 의병 활동을 했을까요? 선생은 1905년 을사늑약이 체결되자 을사늑약 가담자 처단 운동과 항일 운동을 전개하고 있었습니다. 제자 임병찬 선생의 초청으로 무성서원 강습례에 참석한 선생은 당면한 국내 상황을 유생들에게 설명하였습니다. 이때 결집력이 강했던 이곳 서원의 유생들은 구국의 일념으로 800여 명이 모여 호남 의병 활동을 시작하였습니다.

▲ 선생의 초상화는 제자 채용신의 작품입니다. ⓒ국립중앙박물관

비록 봉건주의적 시각을 가졌다는 부정적 평가가 있었지만, 풍전등화 같은 나라의 현실 앞에서 나이 든 몸을 이끌고 용기 있게 나선 최익현 선생도 대단합니다.

---

54) 《한국서원학보 제1호》, 〈19세기 후반 武城書院의 講習禮에 관한 일 고찰〉 박종배, 2011년, 134~138쪽을 참고하였습니다.

▲ 지난여름 활동가들과 쓰시마섬을 답사하여 맨 먼저 방문한 곳이 병오창의 이후 쓰시마섬으로 잡혀가 사망한 최익현 선생 순국비입니다.

또한 평소에 유학의 도를 찾아 혼자서 장수藏修하고 함께 강회하다가, 나라가 어려워지자 배운 것을 실천하는 무성서원의 유생들도 존경스럽습니다. 이런 희생정신을 기리기 위해 1992년 이곳에 기적비를 세우고 매년 추모제를 지내고 있습니다. 기적비 앞 비각을 비롯하여 무성서원에는 4개의 비각을 볼 수 있습니다. 주로 이곳을 거쳐 간 인물의 행적에 관한 불망비입니다.

강수재를 둘러보았으면 서원 뒤 언덕에 올라 보길 추천합니다. 서원 뒤로 편하게 올라 서원 배치의 중심축을 확인할 수 있는 곳은 9개 서원 중 무성서원이 유일합니다. 강수재 후원을 통하든지 마을 길을 따라 올라가면, 서원 뒤에 잘 조성한 공원을 만날 수 있습니다. 언덕 위 긴 의자에 앉아봅니다. 멀리 산에 파이프를 길게 설치한 것처럼 보이는 구조물이 있습니다. 일제강점기에 건설한 유역변경식 수력발전소입니다. 수력발전소가 산에 길게 위치한 것이 특이한데, 멀리 섬진강에서 2km 터널을 뚫고 물길을 돌려 물의 힘으로 발전기를 돌려 전기를 생산하는 곳입니다.

아무튼 느티나무 사이로 멀리 산과 들이 펼쳐져 있고 서원은 마을 가운데 평온하게 들어앉아 있습니다. 눈앞에는 사당, 강당 및 현가루가 중심축에 올려진 모습입니다.

▲ 공원을 조성한 서원 뒤쪽은 힐링 공간입니다. 생경한 왼쪽 모습은 수력발전소입니다.

향교의 기능까지 함께 한 무성서원

앞서 무성서원은 서원과 향교의 특징을 모두 가지고 있다고 했는데, 잠시 서원과 향교를 비교해 볼까요? 교육과 제향 기관으로서 기본적인 기능은 모두 같습니다만 설립 주체가 다릅니다. 향교는 국가가, 서원은 개인이 설립하였습니다. 그래서 향교는 공립으로 관청과 가까운 곳에 주로 위치하였습니다. 서원은 사립 기관으로 민가와 떨어진 곳에 자연 친화적인 공간에 위치합니다. 또 두 기관 모두 양민이 입학할 수 있었으나, 실제 서원의 경우 양반 자제들이 대부분이었고 입학 과정도 까다로웠습니다.

사당에 모신 인물 또한 다릅니다. 향교는 공자를 비롯하여 그의 제자와 한국의 선현을 한꺼번에 모신 반면, 서원에서는 해당 서원과 관련 있는 인물만 모셨습니다. 주요 건물의 배치 방법 역시 다릅니다. 향교는 제사를 모시는 공간을 대성전, 강학 공간을 명륜당이라 정하였습니다. 건물 위치도 평지이면 앞쪽을 대성전, 뒤쪽을 명륜당으로 정하고前廟後學, 경사면에 있으면 그 반대로 배치前學後廟하였습니다. 서원의 경우 대부분 경사면에 위치하므로 앞쪽에 강학 공간, 뒤쪽에 제향 공간의 배치형식前學後廟을 따르고 건물 명칭은 인물이나 고사에서 따왔습니다.

두 기관을 비교하고 나니 앞서 필자가 한 이야기가 이해될까요? 무성서원이 서원이긴 하지만, 지방 관리의 주도하에 많이 운영되었고 누구나 입학할 수 있었습니다. 또 이렇게 민가와 함께 어울려 있는 모습 등이 향교의 모습과 비슷한 이유로, 서원과 향교의 중간적 성격을 가졌다고 말할 수 있습니다.

최치원 선생을 위로하며 더 큰 희망을 안고

▲ 해운대에 앉아 희망을 바라보는 선생의 동상입니다.

사당에서 보았던 최치원 선생의 초상화를 생각합니다. 몇 년 전 휴가차 부산 해운대로 간 적이 있습니다. 아침 일찍 동백섬 정상에 있는 최치원 선생 동상을 보러 갔습니다. 사당 안 초상화 모습과 비슷하게 선생의 동상을 조성해 두었습니다. 선생이 들렀다가 그 절경에 취해 돌에 '해운대海雲臺'란 글을 새겼다고 전해지지만, 근거는 없습니다. 세상을 바꾸려 열과 성을 쏟았지만, 신분의 한계에 절망한 선생은 자연을 벗하며 거닐었을 겁니다. 후대에 최치원 선생을 친구처럼 부르며 글을 지은 인물이 있습니다.

훈구세력으로 대변되지만 글 잘 쓰기로도 유명한 사가정四佳亭 서거정徐居正입니다. 서거정의 글로 최치원 선생을 위로하며 무성서원 답사를 마무리합니다.

고운이여, 고운이여!
그는 바로 儒仙인데,
풍류 고상한 옛일 지금 천 년이 흘렀기에
나는 고운을 불러일으키려고 하였지만,
고운이 오지 않아서 마음이 아득했다네.
그대가 지금 가서 해운대를 찾게 되거든,
나를 위해 고운에게 술 한 잔 올려 주게나.

다. 필암서원

장성부長城府

① 옛 지도에는 필봉서원으로 표시된 필암서원

② 서원 북쪽에 내장산이 있음을 알 수 있는 백양사白羊寺

※ 출처 : 《광여도》 서울대학교 규장각한국학연구원

필암서원筆巖書院

⊙ 모신 인물	하서河西 김인후金麟厚 1510년~1560년 고암鼓巖 양자징梁子徵 1523년~1594년
⊙ 창건/사액	1590년/1662년
⊙ 제 향 일	음력 2, 8월 중정일
⊙ 지정문화재[55]	필암서원 사적 제242호, 문서류 일괄 보물 하서선생문집목판 전남 유형문화재 제215호 하서유묵판화 일괄 전남 유형문화재 제216호 김인후 선생 신도비 전남 전남기념물 제219호 난산비 문화재 자료 제241호

55) 세계유산 '한국의 서원' 학술연구 자료집 I , 한국의 서원 통합보존관리단, 2021년, 82쪽 참고하였습니다.

김인후 선생의 흔적 찾아 먼저 들른 맥동마을

서원을 방문할 때면 필자는 가끔 고민 아닌 고민을 합니다. 세계유산에 등재된 아홉 개 서원은 모두 수도권에서 먼 곳에 있습니다. 이런 이유로 제한된 시간에 어떻게 효과적으로 답사할 수 있을까를 잠시 고민합니다. 서원을 방문할 때는 여유를 가져야 한다고 하고 막상 필자가 그런 고민을 하는 것이 어불성설이긴 하지만 시간에 대한 욕심은 필자도 어쩔 수 없는 모양입니다.

아무튼 필암서원은 이런 고민을 덜어줍니다. 필암서원은 하서河西 김인후金麟厚 선생을 모신 서원인데, 선생 관련한 유적이 근처에 많이 있습니다. 선생이 태어난 맥동마을 입구에 있는 붓바위筆巖, 벼슬을 버리고 제자를 가르쳤던 백화정百花亭, 선생이 인종을 그리며 목 놓아 울었던 난산비卵山碑 그리고 선생의 묘소와 그 입구에 자리한 두 개의 신도비神道碑 등이 필암서원에서 멀지 않은 곳에 모여 있어 답사갈 때면

▲ 넓은 맥동마을 들판 둘레로 김인후 선생과 관련 유적이 모여 있습니다.

발걸음이 가볍습니다.

▲ 맥동마을 표석을 지나면 붓바위가 보입니다.

장성읍에서 필암서원으로 가다 보면 맥호리로 가는 이정표가 보입니다. 관동천을 따라 잠시 가면 붓바위 다리가, 맥동마을 표지석이 보입니다. 20여 미터 더 가면 오른쪽에 그리 크지 않지만 끝이 뾰쪽한 바위가 있습니다. 붓바위필암筆巖입니다. 풍수에서는 산이나 바위가 붓 모양처럼 뾰쪽한 곳에서 큰 인물이 난다고 합니다. 김인후 선생은 조선 중기 고봉 기대승 선생과 함께 호남지방을 대표했던 성리학자였습니다. 이런 훌륭한 인물을 모신 필암서원의 이름 역시 이곳 붓바위에서 유래하였습니다. 어찌 보면 훌륭한 인물이 나서 이렇게 이름을 붙인 건 아닐까는 생각도 듭니다.

붓바위를 지나 맥동마을에 들어서면, 마을은 나지막한 산으로 둘러싸여 있고 그 가운데 들판이 펼쳐진 평화로운 모습입니다. 김인후 선생은 이렇게 좋은 곳의 기운을 받아서인지 어릴 때부터 총명하였습니다. 선생의 어린 시절 이야기는 의외로 많은데 몇 가지만 소개하겠습니다. 선생은 어려서부터 어떤 사물이든 그 속성을 알고자 파고들었습니다. 선생이 다섯 살 때쯤 양파 껍질을 하나씩 까면서 유심히 들여다보고 있었습니다. 선생의 아버지가 먹는 것으로 장난치고 있다고 나무라자, "양파가 여러 겹인데, 그것이 처음 만들어지는 이치를 알고 싶어 살펴보고 있습니다."라고 답하였습니다. 어린 나이임에도 벌써 만물의 생성 원리에 대한 호기심이 발동했다고 할까요.

또 정월 대보름날에 달을 보고 글을 지었습니다. '밝은 저 달은 원래 사사로움이 없어, 제때가 되면 항상 제 높이에서 환하게 뜹니다.' 이때 사사로움이 없다는 말은 어떤 의미일까요? 달은 자연의 법칙에 따르고

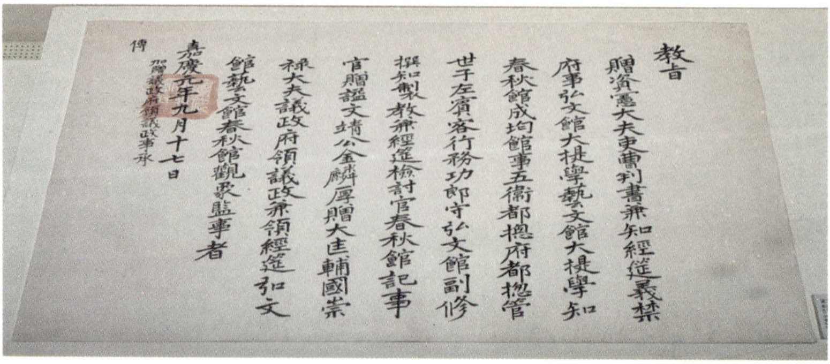
敎旨
贈資憲大夫吏曹判書兼知經筵義禁
府事弘文館大提學藝文館大提學知
春秋館成均館事五衛都摠府都摠管
世子左賓客行務功郎守弘文館副修
撰知製敎兼經筵檢討官春秋館記事
官贈謚文靖公金麟厚贈大匡輔國崇
祿大夫議政府領議政兼領經筵弘文
館藝文館春秋館觀象監事者
嘉慶元年九月十七日
傳

▲김인후 선생을 흠모한 정조가 내린 선생의 영의정 추증 교지입니다.

있다는 것입니다. 이 말은 성리학에서 이미 이 세상은 하늘의 법칙에 따라 움직이고 있다는 것인데, 어린 나이에 그 이치를 알고 있다는 것입니다.

하늘을 보고 지은 글은 더욱 놀랍습니다. 선생은 '하늘의 형체는 둥글고 매우 넓고 비어 있으며, 땅을 둘러 덮어 주고 있다. 그 하늘이 만물을 덮어 주고 있는데, 사람들은 어찌하여 하늘이 무너진다고 걱정할까?'라고 하였습니다. 선생은 천원지방 사상만 알고 있었던 것이 아니었습니다. 선생은 이미 서양에서 인식하고 있던 천체에 대한 과학적 사실도 알고 있었던 겁니다. 어린 나이에 만물의 생성을 궁금해하고 만물의 변화 원리를 이해하려 했다고 생각하니, 선생은 어릴 때부터 다방면에서 자질을 타고난 듯합니다.

마을 집들이 하나둘 보이기 시작하면 난산비를 알리는 이정표가 나오고, 오른쪽 언덕 위에 고택이 보입니다. 백화정百花亭입니다. 이곳은 선생이 고향으로 돌아와 글을 짓고 제자와 강론하던 공간입니다. 현재는 후손 집안의 재각齋閣[56]으로 사용하고 있어 평소에는 문이 잠겨 있습니다. 대문 앞 기단에 앉아 넓은 들판을 바라보며 선생의 어린 시

56) 무덤이나 사당 근처에 지어 제사를 지낼 때 사용하는 공간입니다.

절을 되짚어 봅니다.

선생의 집안은 할머니 대에 여기로 들어와 살았습니다. 이 마을에서 태어난 선생은 10살 때 김안국 선생에게 가서 《소학》을 배웠습니다. 이후 최산두 등 여러 선생을 찾아다니며 학문의 폭을 넓히고 깊이를 더하였습니다.

김인후 선생은 19살 때 성균관에 입학하였습니다. 성균관은 오늘날의 국립대학에 해당하고 당시에는 관료가 될 수 있는 최고의 교육기관이었습니다. 칠월칠석을 맞이하여 글짓기 대회를 열었는데, 선생이 장원을 차지하였습니다. 시골 출신의 어린 유생이 장원했으니 주변 원생이 의심하였고, 당시 홍문관 대제학이었던 이행이 칭찬하면서도 혹시나 하는 생각에 일곱 개 제목을 주고 다시 시험을 보게 하였습니다. 그 글이 너무 뛰어나 대제학이 감탄했다고 전해집니다.[57)]

성균관에서 선생에게 온 행운은 퇴계 이황 선생을 만나 학문적 소통을 가진 것입니다. 학문적 뜻이 맞은 두 선생은 끊임없이 토론하며 서로의 학문적 깊이를 더하는 데 큰 도움이 되었습니다. 이는 이황 선생의 회고 내용 중에 "함께 배우며 벗한 자는 오직 하서 한 사람뿐이었다"는 내용으로 알 수 있습니다.

이렇게 주위의 인정을 받으며 성장한 김인후 선생은 31세에 문과에 급제하였고, 세자를 가르치는 세자시강원에 들어갔습니다. 왕이 될 세자의 스승이었으니 출세의 길로 들어선 것일까요? 선생은 그러지 못하였습니다. 서로의 진심을 열고 소통하며 태평성대를 열고자 약속했던 세자인종와 스승의 굳은 맹세는 왕으로 즉위한 인종의 죽음으로 산산조각이 났습니다. 선생은, 즉위한 지 8개월 만에 생을 마감한 인종의

57) 그때 지은 시로 〈칠석부七夕賦〉가 《하서 전집》에 있습니다.

죽음에 의문을 가지고, 그 원인을 밝히려 했으나 한계를 느끼며 관직에서 물러났습니다.

이후 명종이 왕이 되고 을사사화가 일어나자, 선생은 비통한 심정으로 산림에 은둔하며 제자를 가르치고 글을 쓰며 평생을 보냈습니다. 선생은 1550년 이곳 백화정에 들어와 돌아가시기 전까지 10여 년간 자신의 성리학적 이론을 학문적으로 집대성하였습니다.

'그림움의 분노'를 삭이던 통곡대

백화정을 둘러보고 내려오면서 들판 너머를 바라봅니다. 멀리 달걀처럼 봉긋 솟은 작은 봉우리가 보입니다. 난산卵山입니다. 난산은 세상과 거리를 두었던 선생을 이해할 수 있는 장소입니다.

난산교를 지나 오른쪽 언덕을 오르면 난산비각이 있습니다. 비각을 지나 왼쪽 계단을 따라 올라갑니다. 정상에는 사각형 돌로 만든 통곡대가 있습니다. 하서 김인후 선생은 인종이 승하한 7월 초가 되면

▲ 난산비각은 동그란 알卵을 닮은 난산 뒤에 있습니다.

이곳에 올라 한양이 있는 북쪽 하늘을 향해 크게 소리내어 울다가 새벽닭 울음소리를 듣고 내려왔다고 전해집니다. 인종을 향한 선생의 심정을 잘 표현한 시가 있는데요, 바로 선생의 유고집에 있는 〈유소사[58] 有所思〉입니다.

임의 나이 삼십을 바라볼 때,
　내 나이 서른하고 여섯이었소.
신혼의 단꿈을 반도 다 못 누렸는데,
　시위 떠난 화살처럼 떠나간 님아.
내 마음 돌이라서 구르지 않네,
　세상사 흐르는 물처럼 잊혀지련만.
한창 때 해로할 임 잃어버리고 나니,
　눈 어둡고 이 빠지고 머리가 희었소.
슬픔 속에 사니 봄가을 몇 번이더냐,
　아직도 죽지 못해 살아 있다오.
백주는 옛 물가에 있고,
　남산엔 해마다 고사리가 돋아나누나.
오히려 부럽구려 주왕비周王妃의 생이별은,
　만난다는 희망이나 있으니.[59]

위 시는 언 듯 보기에는 생이별했으니 다시 만날 기회가 실낱같더라도 있을 텐데, 인종이 이 세상에 없으니 그 희망이 없다는 애잔한 시처럼 보입니다. 그런데 선생이 품었던 감정은, 단순히 존경했던 인물 인종이 세상에 없음을 슬퍼한 것일까요? 그것만은 아닐 겁니다. 선생의 당시 환경과 〈유소사〉를 분석한 김경호 교수는 이 시를 '그리움의

58) 유소사는 '생각함이 있다', '그리는 것이 간절하다'의 의미로 한시漢詩에서 자주 보는 표현입니다.

59) 《그리움의 분노 : 하서 김인후의 통곡과 유소사》 김경호, 2013년 논문을 참고하였습니다.

▲ 매년 7월 초 선생이 올라와 인종을 그리워했던 통곡대입니다.

분노'로 표현하였습니다.

단순한 그리움만이 아닌 그 너머에 무언가 있다는 것입니다. 그것은 바로 올바르지 않았던 당시 사회에 대한 강한 저항을 표현한 것입니다. 그러니 분노가 치밀었을 것이고 그렇게 난산에 올라 밤새 울다가 새벽닭이 울고 나서야 마음을 추스르고 내려왔을 겁니다.

김인후 선생의 심정을 이해할 수 있는 내용을 확인하고 가겠습니다. 인종에 이어 명종이 즉위하였습니다. 명종은 김인후 선생의 인물됨을 알았는지 8년에 걸쳐 9차례 관직을 제수하였습니다. 그러나 선생은 단 한 번도 왕의 부름에 따르지 않았습니다. 심지어 명종이 "음식을 보내고 병이 낫거든 역에서 말을 타고 오라"고 했음에도 병을 핑계로 나아가지 않고 인종에 대한 절의를 지켰습니다. 여기서 필자는 이황 선생의 경우를 생각합니다. 이황 선생의 경우엔 계속된 왕의 부름에 미안해서라도 일단 부임하여 잠시 일하면서 눈치를 보고 고향으로 돌아오곤 하였습니다. 독자 여러분이라면 어떻게 하겠습니까? 아무튼 이황 선생과 김인후 선생이 같은 시대 인물이었으니 현명한 신하를 찾기가 어려웠던 명종은 정치하기 힘들었겠다는 생각도 듭니다.

김인후 선생의 감정에 너무 몰입하였습니다. 이곳에 있는 통곡대는 선생이 살아있을 때부터 사용한 것일까요? 그렇지는 않았을 겁니다. 그럴 경황이 없었을 겁니다. 선생의 그런 심정을 이해한 후대 사람들이 만든 작은 단입니다. 통곡대 입구에는 선생의 이런 행적을 기록하고 세운 〈난산비〉가 비각 안에 있습니다. 그런데 난산비 바로 앞에 큰길이 생기고 뒤쪽 언덕 위에 대규모 공사가 진행되고 있습니다. 주민에게 물으니 대규모 전원주택지를 조성하고 있답니다. 김인후 선생의 흔적이 고스란히 남아 있는 이곳이 잘 보존되길 바라봅니다.

이제 왔던 길을 되돌아서 김인후 선생의 묘소와 신도비로 가겠습니다. 역시 길은 멀지 않습니다. 백화정 앞의 맥호로와 만나면 왼쪽으로 5백여 미터 가면 두 개의 신도비가 보입니다. 신도비란 주로 훌륭한 인물의 묘소 입구에 세워 그 인물의 행적을 적은 비석입니다. 당연히 김인후 선생의 묘소는 신도비 뒤 언덕 위에 있습니다. 오른쪽 신도비가 먼저 세워진 것입니다. 난산비처럼 옛 형식을 갖추어, 거북 모양의 받침돌 위에 비신을 세우고 머릿돌을 올린 후 비각으로 보호하는 모습입니다. 비 내용은 1742년 우암 송시열이 김인후 선생의 일생을 정리하여 쓴 것입니다.

왼쪽에 있는 또 하나의 신도비는 최근에 세워진 듯합니다. 크고 깨끗하며 둘레석에 문까지 만들어 달았습니다. 추기追記 신도비입니다.

▲ 선생에 관한 추가 내용을 기록한 새 신도비(왼쪽)가 옛 신도비와 나란히 서 있습니다.

선생에 관한 내용을 추가로 기록하여 세운 신도비입니다. 어떤 내용이 추가 되었을까요? 내용은 후대에 선생을 최애最愛한 왕과 관련 있습니다. 정조입니다. 김인후 선생의 학문을 공부하고 그에 심취한 정조는 1796년 선생의 시호를 문정文靖에서 문정文正으로 바꾼 후, 선생의 신위를 문묘에 모시도록 지시하였습니다. 선생의 관직도 영의정으로 올리고, 신위를 불천위로 정해 영원히 사당에서 제사 지내게 하였습니다. 이러한 내용을 담아 1982년 신도비를 세웠습니다. 여기까지 왔으니, 점심을 건강식으로 먹고 필암서원으로 갑니다.

공원으로 조성된 필암서원 진입 공간

잘 조성된 필암서원 주차장에 차를 세우고 옆에 있는 삼연정三然亭에 올라 잠시 쉽니다. 멀리서 왔다고 봄이면 화사한 꽃들이 반겨주고, 여름이면 시원한 솔바람이 더위를 씻어 줍니다. 가을 답사를 마무리하고 나갈 때면 서쪽으로 넘어가는 태양이 이곳 정자를 예쁘게 물들입니다.

▲ 주차장에서 드론으로 촬영한 필암서원과 마을 전경이며, 왼쪽은 유물전시관입니다.

▲ 봄에 찾은 서원 입구입니다. 확연루를 지나면 예쁜 매화꽃이 기다리고 있습니다.

서원 입구로 향하면 주변을 공원처럼 잘 조성해 두었습니다. 작은 개울을 건너면 서원의 홍살문과 마주합니다. 작은 물길은 서원 앞을 지나는 농업용 수로이지만, 궁궐의 금천[60]처럼 느껴집니다. 홍살문 앞에 서면 뒤로 확연루와 담장이 보이는데, 안쪽 건물은 지붕만 살짝 보입니다. 서원 뒤로 나지막한 산이 있고, 서원은 그 산에 둘러싸인 모습입니다. 전라도와 충청도 지역 서원은 나지막한 산을 배경으로, 넓은 들판을 앞에 두고 있습니다. 경상도 지역 서원은 계곡 주변에 있는데, 이는 지형적 특성 때문입니다. 풍수에서 이곳 필암서원은 봉황이 임금의 조서[61]를 입에 물고 날아가는 모습이라고 합니다. 풍수를 모르는 필자가 보아도 그만큼 평온하고 느낌이 좋습니다.

홍살문 앞에는 대개 하마비가 있어 누구든 여기서 탈것에서 내려 예의를 갖추라고 합니다. 이곳에는 하마비 대신 넓은 다듬잇돌 모양의 하마석이 있습니다. 탈것에 오르내릴 때 디딤돌 역할을 하는데, 노둣돌이라고도 합니다. 눈여겨볼 것은 더 있습니다. 홍살문 기둥은 주초

---

60) 궁궐과 왕릉 등에서 안으로 들어가기 전에 있던 물길입니다. 물길을 건너면서 몸을 단정히 하는 정화수井華水, 화재가 일어났을 때 사용하는 방화수防火水, 풍수에서 배산임수의 물에 해당하는 명당수明堂水의 의미가 있습니다.

61) 조서詔書는 임금의 명령을 알리기 위해 만든 문서를 말합니다.

▲ 왼쪽 사진은 하마석인데 돌이 넓어 안정감이 있습니다. 오른쪽은 홍살문 기둥을 지지하는 지주석인데, 고정하는 부재가 귀엽습니다.

위에 올려져 있고, 기둥이 넘어지지 않도록 돌로 만든 지주가 기둥을 붙들고 있습니다. 기둥을 붙들기 위해 나무를 깎아 연결했는데, 그 둥그런 모습이 귀엽기도 합니다.

확연루에 숨어있는 문양 즐기기

홍살문을 지나 정문으로 향합니다. '확연루廓然樓'입니다. '확연'은 어떤 느낌의 단어일까요? 무언가 넓다거나 뚜렷하다는 느낌이 들지 않나요? 사전적 의미는 넓게 텅 비어 있다는 의미입니다. 출처인 '확연대공廓然大公'62)은 모든 사물에 사심이 없이 공평함을 의미하고 그것을 가진 성인의 마음을 배우려는 군자의 태도를 말합니다. 이는 평생을 확연하게 살려 노력한 하서 김인후 선생을 생각하며 송시열 선생이 쓴 글입니다. 후학들 역시 누각 위에서 유식의 시간을 보내며 선생의 마음을 따르려 다짐했을 겁니다. 약간 가늘면서도 힘찬 글씨가 현판에 꽉 찬 느낌입니다. 같은 글씨의 현판이 누각 안쪽에도 있습니다.

입구에서 바라보는 확연루는 경주 옥산서원 무변루처럼 앞과 양옆이 막혀있어 건물이 돌아앉은 형상입니다. 건물은 정면 3칸, 측면 3칸

62) 확연은 정호의 '군자의 학문은 드넓게 공평하고, 사물에 순응해야 한다'는 말에서 따왔습니다.

▲ 가을날 서원을 방문하면 노란 은행나무와 화려한 단청 색깔이 어울립니다.

의 팔작지붕입니다. 아래층은 출입문인 외삼문이며 위층은 유생들의 유식 공간인 누각입니다. 창과 문에 그려진 태극 문양은 2층 양쪽 창에 2개, 아래층 가운데 신문에 1개가 균형 있게 그려져 있습니다. 건물을 이루고 있는 부재는 일부를 제외하고, 기둥 등 주요 부재는 옛것 그대로입니다.

오른쪽 문으로 들어가려 고개를 숙이는데 발아래 휘어진 문지방이 보입니다. 달처럼 휘어져 월방月枋이라고도 하는데, 모습이 참 예스럽습니다. 안으로 들어서면 오래된 기둥 숲에 들어온 듯합니다. 기둥이 16개인데, 누각이 1672년 만들어졌으나 화재로 소실되고 1752년 중건되었으니 오래된 기둥은 3백 년 가까이 되었습니다. 초석은 모두 근처에서 굴러다니던 돌을 가져다 놓은 듯 그 모습이 자유분방합니다. 초석에 올라탄 기둥 역시 배흘림으로 보이지만 잘 다듬기보다는 가지를 툭툭 자르고 잘 말려 껍질을 벗겨 세운 느낌입니다. 대신 초석과 기둥이 맞닿는 면은 그렝이질[63]을 섬세하게 했는지 딱 맞아 건물에서 안정감을 느낄 수 있습니다.

63) 다듬지 않은 주초를 덤벙주초라고 하며, 주초 위에 기둥이 잘 올려지도록 기둥 아래를 깎아내는 작업을 그렝이질이라고 합니다.

▲ 확연루 아래 그렝이질 해서 세운 기둥들이 확연루를 든든히 받치고 있습니다.

확연루 아래 기둥 숲을 빠져나와 뒤돌아보면 제대로 확연루의 모습을 볼 수 있습니다. 최근에 단청해서인지 무척 화려합니다. 필자는 확연루를 감상하며 궁금한 것과 해보고 싶은 것이 있습니다.

궁금한 것은 누각 위에 조각된 네 마리 용의 머리가 모두 없는 배경입니다. 남계서원 풍영루에서 두 마리 용의 머리가 없는 것은 서애 선생의 말을 빌려 용의 머리가 없더라도 그 상징성이 훼손되지 않는다고 소개한 적이 있습니다. 확연루에는 네 마리나 되는 용의 머리가 없어, 어떻게 정리할지 사실 고민하였습니다. 몇 차례 방문하면서 나름 퍼즐을 맞출 수 있었습니다. 확연루에 오르지 않더라도 확인할 수 있습니다.

남계서원도 그렇지만 용의 몸통은 한옥 부재로 지붕을 받치는 충량에 해당합니다. 기다란 부재에 용 문양을 새긴 것인데, 동서로 청룡과 황룡 각각 2마리입니다. 이 충량의 한쪽 끝이 대들보에 걸쳐있고 용의 머리에 해당하는 부분이 잘려있습니다. 그런데 함께 감상하던 선생님[64]이 대들보에 그려진 용의 머리가 충량의 없어진 용머리 부분과 자연스럽게 연결된다고 하였습니다. 그러고 보니 두 마리 용의 몸통 중에 한 마리 용의 몸통이 대들보에 그려진 용의 모습과 자연스레 이어졌습니다. 신기합니다.

---

64) 진현천 선생님은 서원이 세계유산에 등재되기 직전인 2019년, 세계유산 등재를 기원하며 8백 킬로미터 서원 길을 옛 정신을 생각하며 걸어 답사하였습니다.

▲ 확연루 천장에 베풀어진 용 문양에 하나같이 머리가 없습니다.

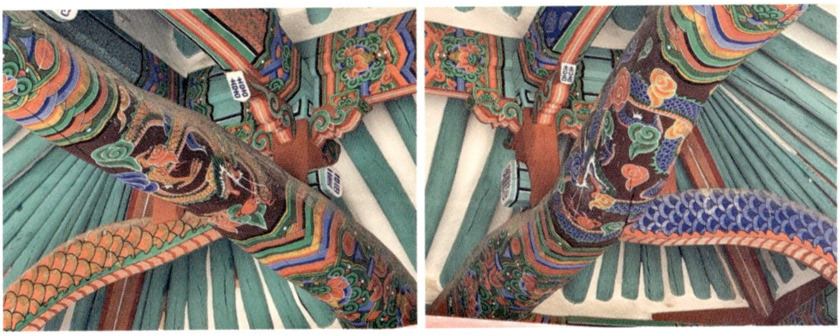

▲ 대들보에 그려진 황룡과 청룡의 머리와 충량의 황룡과 청룡 몸통에 자연스레 연결되니 재미있습니다.

두 마리 용의 머리는 어디에 있을까요? 그때 해설사 선생이 거들었습니다. "확연루 바깥의 서쪽 귀공포65)에 용머리 문양 하나가 있어요." 그 소리에 우르르 밖으로 나가 봤더니, 아니나 다를까 청룡 머리가 있습니다. 동쪽 귀공포에 황룡 머리가 있을까요? 아, 없었습니다. 필자는 청룡 머리의 대각선 쪽인, 안의 동쪽이 궁금하였습니다. 다시 우르르 월방을 지나 안으로 들어갔습니다. 있었습니다. 안의 동쪽 귀공포에 황룡 한 마리가 여의주를 입에 문 채 두 눈을 부릅뜨고 금방이라도 하늘로 날아오를 듯 조각되어 있었습니다. 기가 막힌 기대와 그 결과였습니다. 이렇게 네 마리 용의 머리를 대들보에서 2개, 확연루 밖 서쪽과 안 동쪽의 귀공포에서 찾았습니다. 누각을 지은 대목수는 과연 어떤 생각으로 용의 목을 새기지 않고 대들보에, 안팎 귀공포에 용머리를 새겼는지 자못 궁금합니다. 필암서원에 방문하면 가족과 함께 확인하길 바랍니다. 관찰은 희열입니다!

---

65) 건물 모서리에 있는 공포를 말하며, 귀포라고도 합니다.

▲ 남서쪽 귀공포에서 청룡 머리를, 북동쪽 귀공포에서 황룡 머리를 발견하였습니다.

확연루에서 해보고 싶었던 것은 누각에 올라 바라지창을 모두 열고 마루에 앉아 차경을 감상하는 것이었습니다. 원생들이 공부에 지칠 때쯤, 확연루에 올라 창을 열고 동무들과 정답게 얘기하며 드넓은 들과 높은 산을 보며 호연지기를 기르는 모습을 그리면서 말입니다. 관리하는 선생님의 도움으로 누각에 오를 수 있었습니다. 필자도 바라지창을 열고 시원하게 들어오는 바람을 맞으며 뒤로 물러 마루에 앉았습니다. 창 너머를 바라보며 잠시 사색에 잠겨봅니다. 단풍 들기 시작한 은행나무와 깨끗하게 조경한 서원 앞 모습은 옛날과 다를지라도, 필자가 느끼는 여유는 옛 원생의 느낌과 별반 다르지 않은 듯합니다.

누마루에 앉으니 《하서집》 중에 일명 자연가自然歌로 불리는 〈절로 절로〉란 시가 생각납니다.

청산도 절로 절로
녹수도 절로 절로
산 절로 절로
물 절로 절로하니
산수 간에 나도 절로 절로
그중에 절로 자란 몸이
늙기도 절로 절로 늙으리다.

'절로'란 '저절로'의 준말입니다. 난산에서 목 놓아 설움을 토해낸 선생은 이제 자연으로 귀의한 듯합니다. 세상은 절대자가 만들어 놓은

▲ 확연루 앞으로 난 창을 모두 열고 차경을 감상합니다.

음양의 태극 원리에 의해 움직입니다. 그 원리 속에 산과 물을 포함한 모든 것이 저절로 따라 움직입니다. 그러니 그 움직임을 거스르지 않고 따라 움직입니다. 근심을 버리고 여유롭게. 거기다가 시 운율이 절로 어깨를 들썩이게 합니다. 이렇게 변모한 선생은 성현의 경지에 오르지 않았을까요?

확연루에서 내려오니 청절당과의 사이에 마당이 넓습니다. 그런데 청절당은 확연루 쪽이 아닌 반대쪽으로 놓였습니다. 청절당에 바라지창은 있으나 닫혀 있으니, 마당은 고립된 느낌입니다. 가을이면 마당에 선 두 그루 은행나무 아래에 은행 열매가 많아서인지 불편한 냄새가 주변에 그득합니다. 갑자기 이런 생각이 납니다. 공자가 제자들과 은행나무 아래

▲ 확연루 뒤에 핀 매화는 선비의 향기처럼 은은하게 필자를 맞이합니다.

서 공부했다고 하는데, 은행 열매가 떨어질 때는 어떻게 했을까요? 혼자서 그려보는 상상은 끝이 없습니다.

돌아앉은 청절당, 그 이유는

청절당 왼쪽으로 난 사주문을 통해 안으로 들어갑니다. 남계서원 때부터 서원의 배치 형식이 정해지면서, 유식 공간을 지나면 가운데 마당을 중심으로 좌우에 동서재가 있고 정면에 강당을 배치하였습니다. 필암서원에는 조금 다른 배치 방법을 선택하였습니다. 마당을 중심으로 남쪽에 강당, 다음에 좌우로 동서재 그리고 북쪽에 사당을 배치하였습니다. 이렇게 하니 서당을 포함한 모든 건물이 마당을 바라보고 있는 형상입니다. 마당 한쪽에 정조가 지어준 경장각이 있어 그것을 경배하며 건물을 배치한 것이 아닐까 하는 생각이 듭니다.

청절당 기단에 오릅니다. 중심축에 연결되는 건물이래야 확연루, 청절당, 사당 이렇게 3개뿐이지만 도동서원처럼 중심축 상에 배치되어 있습니다. 청절당 좌우에 진덕재와 숭의재가 있고 숭의재 옆에 특별한 공간인 경장각이 있습니다. 청절당 맞은 편에 사당이 있고 그 오른편에 장판각과 한장사가 있습니다.

▲ 각도를 달리하여 촬영하니 9칸 청절당 대청마루가 더 넓어 보입니다.

▲ 기존 서원에서 보았던 건물 기단의 높이 순서와 다른 모습입니다.

이제까지 답사한 서원을 생각하면, 정문에서 사당으로 갈수록 지면이 높아지거나 건물의 격에 따라 기단이나 건물의 높이를 달리하였습니다. 필암서원은 무성서원과 함께 평지에 조성된 서원입니다. 북쪽으로 갈수록 약간의 경사는 확인할 수는 있습니다. 그러나 눈앞에 보이는 기단 높이는 그 건물이 가지는 격과 비례한다는 통념과 거리가 있습니다. 하급생이 생활하는 숭의재 기단이 가장 높습니다. 다음이 상급생 생활 공간인 진덕재이고 강당인 청절당 기단이 가장 낮습니다. 거기다가 정조의 사랑과 지원을 듬뿍 받아 세운 경장각 기단은 그중에서도 가장 낮습니다. 이런 어색함의 배경에는 또 어떤 이야기가 있는지 자못 궁금합니다.

청절당 대청마루에 걸터앉아 잠시 사당에 위패를 모신 김인후 선생을 생각하며 필암서원 약사를 살펴봅니다. 필암서원은 김인후 선생이 돌아가시고 30년이 지난 1590년 지어졌습니다. 호남 사림[66]은, 기대승 선생과 함께 호남지방을 대표했던 도학자이면서 학문적 깊이가 남달랐고 절의가 높았던 선생을 추모하기 위해, 장성군 황룡면 기산리에 서원을 세웠습니다. 그러나 임진왜란 때 사림이 의병을 결성한 이유

66) 조선 중기에 성리학을 공부하며 그 이론을 바탕으로 정치를 주도한 양반 지배층을 하나의 무리로 표현한 것입니다. 지방 출신의 지식인으로 서원과 깊은 관련이 있습니다.

▲ 가지런한 기와지붕만 보아도 편안합니다. 창절당 기왓장 넘어 사당이 보입니다.

에선지 정유재란 때 불타 없어지고, 1624년 서쪽인 필암리 증산甑山으로 옮겨 다시 세웠습니다.

이후 전라도 유생들이 선생의 학문적 업적을 숭상하여 지속적인 사액을 요청하였습니다. 1662년 선생 사후 100여 년이 지나 현종으로부터 '필암서원'이라는 사액을 받았습니다. 이후 홍수로 인한 침수 위험이 있자, 1672년 다시 서원을 지금의 위치로 옮기면서 진원현의 객사 건물을 옮겨 강당으로 사용하고 있습니다. 더욱이 1796년 정조는 선생의 신위를 문묘에 배향하도록 지시하고 '하서는 동방의 주자'라 극찬하며 직접 제문을 지었습니다. 제문을 보면 "포은 정몽주와 정암 조광조 이후 우리나라 도학이 막혔다가 퇴계 이황과 하서 김인후에 이르러 빛을 발했다."라고 표현하였습니다.

이후에도 필암서원은 호남지방 유학의 본산으로 유학의 발전에 크게 이바지하였습니다. 그래서인지 홍선대원군이 전라도 지방을 한 바퀴 돌고 '문불여장성文不如長城', 즉 학문으로는 장성만 한곳이 없다고 칭송하였습니다. 아마 김인후 선생과 필암서원을 염두에 두고 말하지 않았을까요?

잠시 마당으로 내려와 청절당 전체를 바라봅니다. 건물은 정면 5칸, 측면 3칸 홑처마 맞배지붕입니다. 한옥의 중심 건물은 대개 팔작지붕 형태인데, 이곳은 도동서원의 중정당처럼 맞배지붕입니다. 본래 객사 건물로 사용할 때부터 맞배지붕이어서 그런 모양입니다. 대청마루가 9칸이나 됩니다. 옛날에도 많은 원생이 스승과 학업에 열중했겠지만 지금도 다양한 방법으로 지역 사회의 소통 공간으로 이용하고 있습니다.

마루 좌우에는 온돌방이 있어 원장과 서원 운영에 필요한 공간으로 사용하였습니다. 아궁이와 굴뚝은 현재 잘 사용하지 않으니 수리하면서 크기를 줄인 것으로 보입니다. 온돌방 앞 아궁이가 불을 때기에는 작아 보이고, 굴뚝은 건물 옆면과 담장에 바짝 붙어있어 연기가 잘 빠지지 않을 거 같습니다. 하지만 굴뚝 모습은 재미있는 인형을 연상하게 합니다.

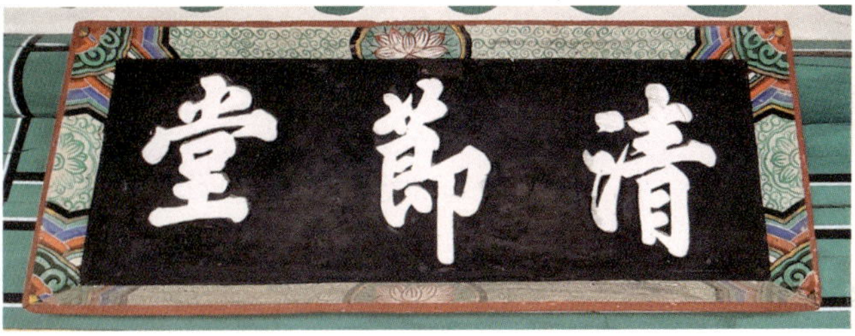

▲ 청절당 현판 글씨는 송준길 글씨입니다.

청절당 처마 밑에 필암서원 현판이, 마루 안쪽에 청절당 현판이 있습니다. 흰색 바탕에 검은색 글씨인 필암서원 현판은 윤봉구의 글씨입니다. 현판 왼쪽에 임인년壬寅年 글씨로 보아 1662년 사액 받았음을 알 수 있습니다. 청절당 현판은 필암서원 원장을 지내기도 한 동춘당 송준길이 썼습니다.

청절당淸節堂이란 이름으로도 선생의 인품을 알 수 있습니다. 도학이 몸에 밴 유학자로서 청렴은 기본이요, 인종에 대한 절개를 굳게 지킨 인물이니까요. 이 표현은 송시열 선생이 쓴 선생의 신도비에서 나왔습니다. 청풍대절淸風大節 즉, 선생은 '평소에는 부드럽고 맑게 부는 바람 같지만 큰 뜻을 위해서는 목숨을 바쳐 꿋꿋하게 지키는' 성품을 가졌다는 뜻입니다. 후학들은 이곳 강당에서 공부가 힘들 때면, 마주 보이는 사당에 계신 선생을 생각하며 마음을 다잡았을 것입니다.

대청마루에 올라 확연루로 난 창 3개를 모두 열고 앉습니다. 머름대[67]에 팔을 걸치고 창밖을 바라봅니다. 창을 통해 차경으로 들어오는 확연루와 담장, 그 너머로 은행나무 등 큰 나무들이 서원을 둘러싸고 담장 안으로는 매화나무들이 안겨있는 모습입니다. 그저 멍하니 바라보는 것만으로도 힐링입니다. 고개를 돌리면 경장각과 우동사 외삼문이 보입니다. 규모가 그리 큰 편은 아니지만 단청을 곱게 입혀 단정합니다. 그에 비해 청절당 단청은 화려한 편은 아닙니다. 가칠단청 위에 선을 넣은 긋기단청입니다. 전체적으로 녹색 계열의 색감을 가지고 있는데, 전통 색채로 뇌록磊綠[68]이라 합니다. 여기에 긴 부재를 따라 검정과 흰 선을 그은 것이 긋기단청입니다. 청절당에는 긴 부재의 끝부분에 검정 띠를 두르고 매화점을 넣은 것이 장식의 대부분을 차지합니다. 매화점은 가운데에 꽃의 중심에 해당하는 흰 원을 찍고 둘레에 5~6개 원을 그린 것을 말하는데, 불교에서는 우주의 기운을 의미하기도 하고 이 기운을 받아 태평화처럼 모든 일이 평온해지기를 기원하는 의미도 담겨 있습니다.[69]

자찬이지만 필자의 관찰력은 청절당에서 내려오면서 빛을 발합니다. 다시 바라본 필암서원 현판 둘레의 문양이 다른 서원의 현판 문양과 다릅니다. 대개 현판의 둘레는 칠보문양이나 꽃과 풀 문양이고 가로 돌출 부분은 봉황문양입니다. 처음에는 테두리가 한눈에 들어오지 않았습니다. 다시 한번 바라본 현판 테두리는 용 문양입니다. 청룡과 황룡이 몸을 꼬아 테두리를 장식하고 군데군데 단청의 휘[70]를 넣어 여러

---

67) 머름은 한옥 창에 설치한 높은 문지방입니다. 높이가 30~45㎝ 정도이며, 이는 사람이 앉아 팔을 걸쳤을 때 편안함을 느끼는 높이 입니다. 또 머름은 신체적 편안함과 아울러 심리적 안정감을 주며 사생활 보호 역할도 합니다. 한옥에서 머름이 있는 곳을 창으로, 머름이 없는 것을 문으로 구분합니다.

68) 산화된 구리가 포함된 녹색을 띤 광물로 채색의 원료로 사용합니다.

69) 《현대불교》 기획 특집 기사인 강우방의 〈하늘도 법당에도 무량보주 가득〉 내용과 《한국의 단청》 곽동해, 283쪽 등을 참고하였습니다.

70) 한옥 모로단청에서 양쪽에 넣은 선 모양의 장식으로 형식에 따라 늘휘, 인휘, 바자휘 등으로 구분합니다. 《알기쉬운 한국건축 용어사전》 김왕직, 288쪽을 참고하였습니다.

색이 어우러져 있습니다. 또 아래위 테두리 가운데엔 안상문71)을 그리고 그 가운데 학 문양을 넣었습니다. 현판을 만든 화공의 상상력은 과연 어디까지일까요? 감탄과 함께 존경심이 절로 일어납니다.

▲ 필암서원 현판 글씨는 윤봉구 글씨인데, 테두리 문양이 흥미롭습니다.

청절당에서 내려서면 오른쪽에 소개하고 싶은 것이 하나 더 있습니다. 대부분 관람객이 접근할 생각을 하지 않는 곳입니다. 화장실 지붕 꼭대기에 있는 절병통입니다. 이미 도동서원 환주문에서 소개하였습니다만 이곳 절병통은 항아리를 이용해 만들어 더 순박하고 재미있습니다. 절병통의 기능이 지붕 꼭대기에 기와가 모인 꼭지에 빗물이 들어가지 않도록 막는 것입니다. 그런데 한옥을 지으면서 한두 개 필요한 절병통을 일부러 만들기엔 비용과 시간이 많이 들어갑니다. 그러니 간단하게 단지 두어 개를 포개어 절병통 대신 사용하였습니다. 단지 하나는 뒤집어 놓고 또 하나는 바로 올린 모습이 재미있어 한참을 바라봅니다.

▲ 청절당 옆 화장실 지붕이 모임지붕인데 단지 두 개로 만든 것이 재밌습니다.

71) 안상문眼象紋은 상서로운 동물인 코끼리 눈 모양의 무늬로, 불교 장식에서 시작하여 조선시대 다양하게 사용된 문양입니다.

▲ 숭의재는 하급 원생이 생활하던 공간으로 가운데 마루에 벽을 넣고 문을 달았습니다.

진덕재 대들보 아래 앙증스레 매달린 연꽃 보아지

청절당 앞에는 원생들의 생활공간인 진덕재進德齋[72]와 숭의재崇義齋[73]가 서로 마주하고 있습니다. 두 건물 모두 정면 4칸, 측면 2칸에 홑처마 맞배지붕입니다. 이제 동서재 두 건물의 차이를 발견할 수 있을까요? 먼저 눈에 띄는 것은 마루입니다. 진덕재에는 마루가 트여있습니다만, 숭의재엔 벽으로 막았습니다. 벽이 있는 이유를 정확하게 알 수 없지만 한때 원생이 많아지면서 생활할 공간이 필요하지 않았나 생각됩니다. 경주 옥산서원에서는 무변루 누각에 온돌방을 넣을 정도로 기거하는 사람이 많은 적이 있다고 하니까요.

두 건물은 2칸 대청마루와 앞쪽 4칸 툇마루가 있습니다. 마루 쪽 툇마루는 낮고 온돌방 쪽 툇마루는 높게 조성하였습니다. 마루 쪽엔 내려오기 편하게 툇마루가 낮고 온돌방 쪽에는 아궁이에 불을 지피기 편

---

72) 진덕은 《주역》 〈중천건〉에 '군자는 덕을 향해 나아가고 업을 닦나니, 충성되고 미덥게 하는 것이 덕으로 나아가는 것이다'에서 따온 말입니다. 올바른 행실로 덕을 쌓는 학문에 힘써야 한다는 의미입니다.

73) 숭의는 '의'를 숭상한다는 뜻인데, '의'는 인간이 지켜야 할 다섯 가지 도리인 '인의예지신仁義禮智信'에서 나왔습니다. 또 '의'는 서쪽을 뜻하므로 서쪽 건물명에 많이 붙입니다. 서울 사대문 중 사라진 돈의문의 '의'자 역시 서쪽을 의미합니다.

▲ 진덕재는 상급 원생이 생활하던 공간으로 가운데 마루를 틔어 둔 것이 다릅니다.

하게 툇마루를 높였습니다. 설계도 없이 머리로만 신체의 동작을 고려하여 휴먼스케일[74]을 적용한 듯합니다.

진덕재 대청마루에는 자기를 봐 달라고 노래하는 작은 연꽃 봉오리가 있습니다. 찾아볼까요? 대들보 밑으로 갑니다. 형광등이 달린 부재입니다. 대들보는 앞뒤 기둥에 걸쳐있는데, 앞 기둥과 대들보가 만나는 아랫부분에 꽃봉오리가 매달려 있습니다. 바로 찾았나요? 연꽃 모양 보아지입니다. 한옥에서 보아지는 중요한 역할을 합니다. 대들보가 한옥의 부재 중 가장 크고 굵지만, 실제 기둥에 끼워지는 부분은 깎여져 있어 의외로 가늡니다. 잘 부러질 수 있다는 얘기죠. 그래서 약한 대들보 목을

▲ 작품에 마지막 낙관을 새기듯 대들보 아래 보아지에 예쁜 연꽃 문양을 새겼습니다.

74) 건축 용어로 사람 인체의 치수를 바탕으로 건물의 길이, 면적, 공간을 설계하고 설치하여, 사람에게 최적의 자세와 동작을 제공하는 크기를 말합니다.

아래에서 받쳐주게 되는데, 그 부재가 보아지입니다. 여기에 대목수는, 작가가 작품에 자신만의 낙관을 찍듯, 자기만의 연꽃 보아지를 만들어 베풀었습니다. 얼마나 귀여운지 모릅니다.

김인후 바라기 정조가 지어준 경장각

숭의재 앞에 작지만 격을 갖춘 건물은 경장각敬藏閣입니다. 앞서 언급했지만, 정조는 김인후 선생을 존경하였습니다. 왜 그랬을까요? 정조는 세손 때부터 학문에 매달렸습니다. 경희궁 존현각에서 자객으로부터 여러 차례 침입을 받고도 오로지 몸와 마음의 수양을 통하여 적과 신하의 실력을 뛰어넘었습니다. 또 능력 있는 사람이라면 서얼75)이라도 검서관으로 등용하여 함께 정책을 만들어 나갔던 정조였습니다. 그러니 김인후 선생의 글을 보고 학문적 깊이에 감탄하고, 선왕에 대한 절의와 인품에 빠져들 수밖에 없었던 모양입니다.

▲ 정조가 내탕금을 보내어 경장각을 지어서인지 품격이 느껴집니다.

---

75) 서얼庶孼은 양반의 후손 가운데 첩妾이 낳은 자식을 말하는데, 그중 양인 신분의 첩이 낳은 자식을 서자庶子, 천민 신분의 첩이 낳은 자식을 얼자孼子라고 합니다.

정조는 내탕금[76]을 내주면서 인종의 어제御製[77]를 보관할 공간을 조성하도록 지시하였습니다. 그 어제가 인종이 그린 묵죽도墨竹圖며, 보관한 공간이 경장각敬藏閣입니다. 숭의재 툇마루에 앉아 경장각을 감상하면서 인종과 김인후 선생의 이야기를 더듬어 봅니다. 중종의 맏아들이었던 인종은 어머니 없이 성장하며, 계비였던 문정왕후의 견제를 받았습니다. 비록 세자의 몸이었지만 미래가 불투명했던 인종에게, 세자시강원 설서[78]였던 김인후 선생은 학문뿐만 아니라 모든 면에서 의지할 수 있는 신하이자 스승이었습니다.

어느 날 인종은 선생에게 그림 한 점을 내어줍니다. 비단에 대나무와 바위를 그린 그림이었습니다. 선생은 "감사합니다"하고 받았을까요? 아닙니다. 한참을 고민하던 선생은 그림의 왼쪽 여백에 작심한 듯 시를 써 내려갔습니다.

根枝節葉盡精微	뿌리 가지 잎새 마디 모두 다 정미精微[79]롭고
石友精神在範圍	바위를 친구 삼은 뜻 여기에 들어 있습니다.
始覺聖神侔造化	깨닫노니 성스러운 우리 임금 조화를 짝하사
一團天地不能違	천지와 함께 뭉쳐 어김이 없으십니다.[80]

세자의 마음을 이미 헤아렸고 돌처럼 굳게 따르겠다는 선생의 맹세를 글로 표현했으니, 인종은 천군만마를 얻은 듯했을 겁니다. 왕은 신하를 신뢰하고 배려하고 신하는 충성을 맹세하고 따랐으니, 후대에 군신 관계의 모범이라 할 수 있습니다.

---

76) 임금과 왕실에서 사적으로 사용할 수 있는 재산을 말합니다. 백성이 어려울 때나 신하를 포상할 때 사용하기도 하였습니다. 오늘날 비자금과는 구별됩니다.

77) 임금이 몸소 지은 글, 시, 그림과 문서 등을 말합니다.

78) 세자시강원世子侍講院에 소속된 정7품 관직으로 세자에게 유교의 사상과 교리 등을 가르쳤던 직책입니다.

79) 정미는 '정밀하고 자세하다'는 뜻입니다. 인종을 잘 알고 있던 김인후 선생은 인종이 앞으로 어떻게 정치할 것인지 잘 알 수 있다는 뜻이 아닐까요?

80) 《한국의 서원유산 1》 한국서원연합회, 2014년, 281쪽을 참고하였습니다.

▲ 세자와 스승 간 약속을 상징하는 묵죽도 그림과 글입니다. ⓒ국립광주박물관

이런 그림과 글을 알게 된 정조는 내탕금을 열어 인종 어제를 보관할 건물을 짓게 한 것입니다. 또 이런 귀한 어제를 잘 보관하라는 의미로 건물 이름을 경장각으로 짓고 그 현판을 힘찬 초서로 직접 써주었습니다. 계몽 군주 정조가 즐거이 했을 겁니다. 이후 묵죽도를 오래도록 보관하기 위해 3차례 목판에 새겨 보관하였습니다.

▲ 네 귀퉁이 공포 자리에 왕을 상징하는 용이 조각된 것으로 알았으나 북서쪽 귀공포 자리에는 용 대신 봉황이 조각되어 있습니다.

왕이 선사한 경장각은 어떤 모습일까요? 정면 3칸, 측면 1칸의 팔작지붕으로 규모는 작아 보입니다. 그러나 겹처마를 갖추고 화려한 단청까지 입고 있어 매우 세련되었습니다. 기단은 낮으나 무게감이 있고 앞에 디딤돌을 잘 깎아 두었습니다. 초석은 다른 건물과 달리 기둥과 맞닿는 부분을 둥글게 깎았습니다. 정조 시대에 만든 건물이니 기둥 역시 2백 년을 지난 듯 세월의 흔적이 보입니다. 돈암서원 응도당처럼 기둥 위에 출목을 하나 두고 이익공 공포를 결구하였습니다. 맨 아래 초익공 자리에는 제공 모양에 막 피려는 듯한 연꽃 봉오리를 새겼습니다. 이익공 자리에는 새 날개 모양의 익공을 새겼고, 그 위에는 봉황 머리 형상을 깎아 올렸습니다. 이익공 공포를 단순하게 표현하지 않고 건물의 격에 맞춰 장식한 것입니다.

용의 머리와 관련한 이야기는 경장각에도 있습니다. 용머리가 귀공포 세 곳엔 있고 북서쪽 귀공포엔 없습니다. 이 건물에 용머리를 깎아 올린 것은 이곳에 있는 왕의 그림을 지킨다는 상징성이 클 것입니다. 그런데 네 방향 중 한 방향만 용 머리를 없앤 것은 어떤 의미일까요? 다음 답사에서는 숨은 이야기가 있는지 찾아봐야겠습니다. 필자에게는 이런 상징을 찾는 것이 서원을 답사하는 또 다른 재미입니다.

인종이 하사한 묵죽도와 묵죽도 목판은 경장각 내부에 있을까요? 창경궁 명정전 창호 살처럼 아름다운 꽃살 문양을 한, 경장각 가운데 여닫이문을 열어봅니다. 바닥은 우물마루이고 정면 벽면에 작은 여닫

▲ 경장각 내부 모습으로 위에 묵죽도를 보관한 감실이 있고 아래에 목판이 있습니다.

이문이 달린 감실[81]이 보입니다. 묵죽도를 넣어 두었던 곳입니다. 궁궐의 어진[82]이나 사찰의 탱화, 또는 사대부의 초상화 등을 보관할 때는 말아서 상자에 넣어 보관하는데, 묵죽도의 경우 왕의 하사품으로 귀한 만큼 감실과 같은 곳에 보관한 것으로 보입니다.

지금은 묵죽도를 복사하여 감실 아래에 걸어두었고, 목판들은 벽에 둘러 세워 놓았습니다. 오른쪽 벽면에는 김인후 선생 관련한 비문을 탁본[83]하여 붙였습니다. 경장각 내부에는 시간이 흘러 흐려지긴 했지만, 모로단청도 베풀어 놓았고 지조와 절개를 상징하는 대나무와 소나

81) 사당 안에 신주나 위패를 모셔 두는 수납공간을 말합니다.

82) 왕의 초상화입니다.

83) 비석, 기와, 기물 따위에 새겨진 글씨나 무늬를 종이에 그대로 떠내는 작업이나 그렇게 떠낸 종이를 말합니다.

무 등을 그렸습니다. 비록 작은 공간이지만 선생에 대한 존경심과 자부심으로 꽉 찬 모습입니다.

계생비의 받침돌에서 발견한 귀면 문양

우동사로 발걸음을 옮기는데, 앞에 비석이 하나 있습니다. 대개 묘정비廟庭碑가 있어 서당에 모신 선현이나 서원의 역사가 정리되어 있습니다. 이 비석은 한 가지 기능이 더 있습니다. 계생비繫牲碑입니다. 앞서 서원에서 본 희생단과 같습니다. 제사에 제물로 사용할 가축을 매어 놓고 제관들이 검사하는 절차를 거칩니다. 예의 근본은 같고 행하는 기준은 있으나, 서원의 상황에 따라 방법을 달리하는 융통성을 발휘했다고나 할까요.

▲ 받침돌에 8개 귀면 문양이 있습니다.

비석에는 서원 설립 배경, 간단한 역사 그리고 모셔진 인물에 관한 기록이 있습니다. 받침돌에 특이한 문양을 발견할 수 있습니다. 비석의 받침돌을 자세히 보면 귀면 문양이 있습니다.

그것도 각 면과 모서리에 모두 8개나 새겨져 있습니다. 무서운 모습에 사당에 들어가려던 나쁜 기운이 무서워 멀리 도망갈 듯합니다. 이 또한 처음 보는 것으로 이채롭습니다.

서원 단청의 극치를 감상할 수 있는 우동사

사당인 우동사祐東祠 내삼문 앞에 섰습니다. 정면 3칸, 측면 1칸 맞배지붕 건물로 홑처마지만 다소 큰 이익공 공포가 있고 단청이 칠해져 있어서인지 규모가 있어 보입니다. 다른 서원과 차이가 있다면, 가운데 신문에만 이태극 문양이 있다는 것과 또 세 마리 용머리가 그려져 있는

▲ 내삼문에도 세 마리 용이 지키고 있는 모습인데, 어딨는지 찾아볼까요.

것입니다. 내삼문까지 용 문양을 넣은 것은 의외입니다. 필자는 김인후 선생 바라기인 정조의 지원으로 여러 건축물이나 조형물을 만들면서 그 격을 높이려 한 것으로 봅니다. 아무튼 황룡, 청룡에 주룡朱龍 붉은 색 용까지 세 마리 용이 내삼문에서 지키고 있는 모습이 흥미롭습니다.

내삼문을 들어서면 사당은 정면 3, 측면 2칸 맞배지붕에다 측면에 풍판을 달았습니다. 다소곳한 모습인데, 사당은 제향 공간의 핵심 건물입니다. 기단 위에 긴 초석이 보이는데, 자세히 보면 자연석 주초 위에 다시 팔각형 긴 초석을 올렸습니다. 돌 위에 다시 돌을 올려 나무 기둥을 올린 셈인데, 흐트러짐 없이 안정적입니다. 돌 색깔이 다른 것으로 봐서 보수하는 과정에서 기둥을 자르고 긴 초석으로 교체한 것으로 보입니다.

▲ 우동사는 사찰의 건물처럼 화려한 금단청으로 갈아입혔습니다.

기둥 위에는 이익공 공포를 올렸는데, 그 모습이 경장각 공포보다 화려합니다. 단청 역시 이제껏 보아온 사당의 단청 중 가장 화려합니다. 기회가 된다면 사당 외부를 둘러보길 추천합니다. 벽면에는 사찰 벽면처럼 수려한 산수화가 그려져 있고, 사당 부재 곳곳에 공간만 있으면 여지없이 매화, 난초, 국화, 대나무, 모란, 소나무, 포도나무에 파초까지 화사하게 그렸습니다.

정면에 현판이 있습니다. 우동사祐東祠 글씨가 간결한 느낌인데, 주자의 글씨를 모아 만들었습니다. 우동이란 단어는 선생의 신도문에 있던 글에서 따왔습니다. '하늘의 도움祐으로 인하여 동방東邦 우리나라에 태어난 이가 하서 김인후'란 의미입니다. 사당에는 김인후 선생 외에 모신 인물이 있을까요? 귀갑 문양 창호 살로 꾸며진 문을 열고 사당 안으로 들어갑니다. 문을 열면 정면에 향을 올린 탁자가 있고 뒤에 제상祭床이 있습니다. 그 뒤로 교의交椅가 제상에 걸터앉은 형상이고 그 위에 감실을 두었습니다. 감실 안에 선생의 신위가 있겠지요. 동쪽 벽면에 한 분을 더 모시고 있는데, 선생의 제자이며 사위였던 고암鼓巖 양자징梁子徵입니다. 선생은 조선시대 대표적 정원으로 알려진 소쇄원의 주인인 소쇄옹 양산보의 아들입니다. 김인후 선생의 수제자이며 사위입니다. 이후 이황, 이이, 성혼 등의 문하에서 공부했는데, 정조 때 사당에 배향하였습니다.

▲ 사당에는 김인후 선생과 사위이며 제자였던 양자징의 위패가 모셔져 있습니다.

▲ 필암서원 방문할 때 소쇄원 방문을 추천합니다. 조용하고 경관이 아름답습니다.

사당 내부는 외부와 마찬가지로 단청으로 화려하게 꾸몄습니다. 세 벽면은 12개 풍경의 산수화로 꾸몄으며, 나머지 공간 역시 식물뿐만 아니라 잉어, 용, 봉황과 학 등 다양한 문양으로 채웠습니다. 산수화 아래에는 난산비에서 언급했던 〈유소사〉 등 선생의 글을 한글 번역하여 붙였습니다.

무엇보다 필자의 눈에 띄는 것은 김인후 선생 위패 뒤에 그려진 〈천명도天命道〉[84] 입니다. 둥근 원 안에 네모가 있고, 또 그 안에 원과 네모로 만들어진 도형이 있습니다.

그 가운데 '중中' 자부터 여러 한자가 있는 그림입니다. 당시 정지운에 의해 정리된 천명도는 김인후 선생이나 이황 선생의 해석에 따라 조금씩 변형된 모습으로 남아 있습니다. 우리가 알고 있는 이황 선생과

84) 〈하서 김인후의 도학과 성리학〉 이동희, 퇴계학논집 8호, 2011년 논문을 참고하였습니다.

고봉 기대승 선생의 〈사단칠정론〉 논쟁이 이 천명도에서 시작되었습니다. 사단칠정 논쟁이 〈소학〉 수준에 머물러 있던 조선 전기의 철학을, 이기 심성론理氣心性論으로 본격화하여 조선 중기 성리학의 수준을 한 단계 끌어올리는 역할을 했다고 평가받고 있습니다.[85]

▲ 천명도는 조선 전기 철학을 한 단계 끌어올렸다는 평가를 받습니다.
ⓒ필암서원 종합정비계획 4권, 113쪽

이런 귀중한 그림은 개요나마 감상하고 가는 것이 좋겠죠? 천명도는 천지인을 중심으로 한 천인합일[86] 사상을 그림으로 표현한 것입니다. 큰 원이 하늘이고 검은색 네모가 땅입니다. 네모 안에 머리는 둥글고 몸은 네모나게 그려진 것이 인간입니다. 그림은 인간을 포함한 우주의 모든 존재는 하늘로부터 명을 받아 본질을 이루고 있습니다. 즉, 하늘이 정해놓은 프로그램에 따라 작동된다는 것입니다. 인간 좌우에 그려진 문양은 동물과 식물을 상징하는데, 인간만큼 완전하지 않다는 표현입니다. 그림에 보이는 문자들은 성리학의 논리를 의미하며 배치되었습니다.[87]

---

85) 〈秋巒 鄭之雲 著述 天命圖說의 思想史的 位相〉 박성순, 2014년 동양고전연구 제54집의 논문을 참고하였습니다.

86) 유학에서 사람과 자연이 하나임을 가리키는 개념으로, 인간과 자연을 유기적인 관계로 보고 조화를 강조하는 이론입니다.

87) 〈하서 김인후의 도학과 성리학〉 이동희, 퇴계학논집 8호, 2011년 자료를 참고하였습니다.

▲ 우동사 주변으로 볼만한 것이 많습니다. 단청과 공포가 화려할 뿐만 아니라 창호 문양과 측면 박공 장식까지 장식에 멋을 부렸습니다.

김인후 선생은 평생의 철학적 이론을 정리하여 천명도를 그렸을 겁니다. 천명도를 보고 있으니 알 듯 말 듯하다가, 갑자기 머리가 어지러워 선생께 인사하고 사당을 나섭니다.

전사청은 제향 때 필요한 제수를 마련하고 준비하는 공간입니다. 평소에는 제기를 보관합니다. 장서각은 서원에서 사용하던 도서를 보관한 건물로 지금은 유물전시관이 기능을 대신하고 있습니다. 장서각이 있던 자리의 동쪽에는 장판각이 있습니다.

선생의 문집 등을 목판으로 보관하는 건물로 정면 3칸, 측면 1칸 맞배지붕입니다. 습기로 인해 목판이 훼손되는 것을 예방하기 위해 문과 창을 모두 바람이 드나들도록 망을 설치하였습니다. 창을 통해 판각을 잘 관찰할 수 있는데요, 그 수가 얼마나 될까요? 〈하서전집〉 649판을 비롯하여 〈무이구곡〉, 〈백련초해〉 등 무려 698개의 판각[88]이 있습니다.

대개의 서원에서는 판각을 별도의 공간에 옮겨 보관하고 있는데, 필암서원에서는 원형 그대로 보존하고 있습니다. 그래서인지 여기서는 장판각도 문화재로 지정·보존하고 있습니다.

88) 《장성 필암서원 종합정비 기본계획》 장성군청, 2015년, 115쪽부터 참고하였습니다.

▲ 우동사 옆에 장판각과 한장사가 나란히 서있습니다. 장판각에는 지금도 판각을 가지런하게 진열하여 소장하고 있습니다.

장판각 동쪽에는 살림살이 집처럼 생긴 정면 3칸, 측면 2칸의 툇마루가 있는 맞배지붕 건물이 있습니다. 한장사汗丈舍입니다. 서원에서 일하는 사람을 한장 또는 수복守僕이라 하는데, 그 우두머리가 살았던 공간입니다. 서원의 살림살이를 담당하는 공간은 고직사로 강당인 청절당의 서쪽에 있습니다.

김인후 선생의 철학을 집성한 천명도를 기억하며

서원을 나서면 어느덧 해 질 녘입니다. 산책하듯 삼연정 앞 주차장으로 걸어오며 해넘이를 봅니다. 공교롭게도 해넘이 방향이 맥동마을 붓 바위 쪽입니다. 필자의 마음은 아직 김인후 선생을 떠나지 못하는 걸까요? 서원 방문을 거듭하면서, 서원에 모셔진 선현을 생각하면 콧등이 찡해지는 이유가 무엇일까요?

▲ 해가 먼 산을 넘어가는 시간에 삼연정에 앉아 필암서원 답사를 마무리합니다.

오늘은 지는 해를 바라보며, 하서 김인후 선생 바라기였던 정조의 글을 되새기며 필암서원 답사를 마무리합니다.

> 선생은 해동의 주돈이며 호남의 공자이다. 인성과 천명, 음양에 관한 깊은 학문적 능력은 아득히 태극도와 같은 수준에 이르렀도다. 사물의 이치를 밝히며 뜻을 정성스레 품고 마음을 바르게 가지는 요지는 먼저 《소학》에 힘을 쏟는 것이었다. (중간 생략) 내면에 쌓인 강건하고 곧고 단정한 성품은 엄동설한의 소나무와 같고, 밖으로 드러난 빛나고 온화하고 순수한 자태는 맑은 물 위의 연꽃이었다.89)

---

89) 《조선왕조실록》〈정조실록〉 정조 20년(1796) 11월 8일, '김인후를 문묘에 종사하는 의식을 행하면서 선포한 교서'에서 따왔습니다.

참고 자료

단행본

남상욱 외 2명, 아빠와 함께 걷는 서원 길, (주)미래엔, 2015년
강명관, 조선시대 책과 지식의 역사, 천년의상상, 2014년
강판권, 선비가 사랑한 나무—나무와 성리학 이야기, 한겨레출판, 2014년
김기주, 맑은 강물 같은 문화의 흐름, 濫溪書院, 경인문화사, 2015년
김동욱, 한국건축의 역사, 기문당, 2015년
김병일, 선비처럼, 나남, 2015년
김봉열, 김봉열의 한국건축 이야기2—앎과 삶의 공간, 돌베개, 2006년
김봉열, 김봉열의 한국건축 이야기3—이 땅에 새겨진 정신, 돌베개, 2006년
김왕직, 알기 쉬운 한국건축 용어사전, 동녘, 2022년
김홍식, 조선동물기, 서해문집, 2014년
김희곤, 한국의 서원, 정신 위에 지은 공간, 미술문화, 2019년
문화재청, 논산 돈암서원 응도당 정밀실측 보고서, 문화재청, 2011년
박수연, 안녕, 서원, 책과 나무, 2023년
백인산, 선비의 향기, 그림으로 만나다, 다섯수레, 2012년
서현, 배흘림기둥의 고백, 효형출판, 2012년
오주석, 오주석, 한국의 美 특강, 푸른역사, 2021년
유홍준, 유홍준의 한국 미술사 강의4, (주)눌와, 2022년
이기동, 나의 서원 나의 유학, 사람의 무늬, 2018년
이동구, 도산서원 이야기, 도산서원관리사무소, 2022년
이상해, 書院, 열화당, 1998년
이상현, 인문학, 한옥에 살다, 채륜, 203년
이성원, 천년의 선비를 찾아서, 푸른역사, 2008년
이수환, 朝鮮後期書院硏究, 일호각(一湖閣), 2001년
이우성, 陶山書院, 한길사, 2001년
이종호, 한국의 서원, 유네스코 세계유산, 진한엠앤비, 2019년
장경호, 韓國의 傳統建築, 문예출판사, 1992년

장성군, 장성 필암서원 종합 정비 기본계획, 장성군청, 2015년
장영훈, 조선시대의 명문사학, 서원을 가다, 도서출판 담디, 2005년
정순우, 서원의 사회사, 태학사, 2013년
정순호, 일두 유적을 찾아서, (사)일두기념사업회, 2021년
정순호, 참다운 선비 일두 정여창, (사)일두기념사업회, 2016년
정순호 외2, 일두 정여창 종가의 전통문화, (사)일두기념사업회, 2022년
정재경, 鄭汝昌 硏究, 집문당, 1987년
주정자 외, 전통놀이 사용설명서, 한국역사인문교육원, 2024년
최종엽, 오십에 읽는 논어, 유노북스, 2021년
최지원, 유학자의 동물원, 알렙, 2015년
퇴계 이황, 陶山雜詠(권갑현 정리), 도산서원 선비문화수련원, 2020년
한국국학진흥원, 도산서원을 통해 본 조선후기 사회사, 새물결, 2014년
한국의서원 통합보존관리단, 한국의 서원 건축, 단청, 한국의서원 통합보존관리단, 2015년
한국의서원 통합보존관리단, 세계유산 한국의 서원 주요 건축물 이력, 한국의서원 통합보존관리단, 2021년
한국의서원 통합보존관리단, 한국의 서원, 세계유산 목록 등재 백서, 한국의 서원 통합보존관리단, 2020년
한국의서원 통합보존관리단, 세계유산 한국의 서원 학술연구 자료집, 한국의서원 통합보존관리단, 2021년
한국의서원 통합보존관리단, 한국 서원 종합 안내서, 한국의서원 통합보존관리단, 2020년
한국서원연합회, 한국의 서원문화, 한국서원연합회, 2014년
한국서원연합회, 한국의 서원 유산1, 한국서원연합회, 2014년
허균, 전통 건축장식의 비밀, 대원사, 2015년
허균, 전통미술의 상징 세계, 옛 그림을 보는 법, 돌베개, 2013년

논 문

강우방, 하늘도 법당도 무량보주 가득, 현대불교 기획특집 기사, 2013년
김경호, 그리움의 분노—하서 김인후의 통곡과 유소사, 전남대학교, 2013년
김영숙, 세계유산 한국의 서원 보존과 활용 증대 방안 연구 (돈암서원 중심), 한국전통문화대학교, 2021년

노선희, 서원 문의 태극 문양 연구, 서경대학교, 2019년
도지예, 韓國書院의 立地와 空間構成에 관한 風水地理的 硏究(『陽宅三要』의 관점을 中心으로), 영남대학교 대학원, 2023년
박성순, 秋巒 鄭之雲 著述 天命圖說의 思想史的 位相, 동양고전연구 제54집, 2014년
박종배, 19세기 후반 무성서원의 강습례에 관한 일 고찰, 한국서원학보 제1호, 2011년
안영훈, 정읍 무성서원과 선비문화 원류 최치원, 대순사상논총 제40집, 2022년
이광우, 고·중세 한국 私學의 전통이 서원 출현에 이르기까지, 한국서원학회, 2020년
이동희, 하서 김인후의 도학과 성리학, 퇴계학논집 8호, 2011년
이상해, '한국의 서원'의 유네스코 세계유산 목록 등재
과정과 탁월한 보편적 가치, 한국서원학회, 2019년
조 에스더, 조선 왕조 후반기 어해도의 상징성 연구, 포항대학교, 2013년
홍영의, 고려시대 경기지역의 명문 기와 사례와 명문의 성격, 국민대학교, 2018년

홈페이지

사단법인 한국서원연합회, http://www.seowonstay.com
(재)세계유산 한국의 서원 통합관리센터, https://www.k-seowon.or.kr
위키백과, https://ko.wikipedia.org
청주고인쇄박물관, https://cheongju.go.kr/jikjiworld/index.do#n
한국고전번역원, https: //www.itkc.or.kr
한국국학진흥원, https://www.koreastudy.or.kr/
한국민족문화대백과사전, https://encykorea.aks.ac.kr
한국사데이터베이스, https://db.history.go.kr/

유튜브

김상범, 도산서원 풍수_김상범 명리학
정목 스님, 가을 아래 앉아서_가을 특집
조인철 교수, 〈인물과 풍수〉 '사계 김장생 1, 2부'